把心放上去

「用心則樂」人生學

增訂版

林本堅 院士——著

目錄 contents

一第二部一 漫漫成長路 085

〈專文推薦〉

一位極度專注和投入的人

蔣尚義

二〇一八年二月初，我的老同事和好友林本堅院士，寫了封簡單的電子郵件給我，告訴我他要出版一本書，分享他在生活、工作和信仰上的點點滴滴。因為我在他的書中出現多次，所以想請我為新書寫篇序文。受寵若驚之餘，雖然我的文筆不怎麼好，還是答應盡力而為。

本堅和我同一段時間在半導體產業工作，我久仰他的大名，他也是臺大電機系的學長。但因為他從事微影技術的研發，我偏向電晶體元件開發和製程整合，他常去的技術研討會是SPIE（半導體模組技術的一個重要年會），不同於我參加的IEDM（一個半導體元件的年會），他在美國東岸IBM工作，我在加州的HP，我們並不認識。

我第一次見到他是二〇〇〇年，在台積電，當時印象最深刻的是他那非常專注的眼神。在以後十多年的相處中，也充分感受到他這個特點；他處理每件事情，無論是生活、工作和信仰，都是極度專注和完全投入。

我和本堅接觸最多的，還是在工作上。台積電成立的早期，先進技術有待發展，研發團隊雖不乏優秀的工程師，但實際經驗稍嫌不足，在各個領域需要請到有經驗的人來領導，以收事半功倍之效。

在微影技術上，本堅毫無疑問是首選，但真正要做時問題就來了。首先，當時微影技術研發部門中，已由一位年輕、優秀、MIT畢業的嚴濤南博士負責，他是我從德州儀器請來的；他做得很好，我卻要另找人來當他的上司，他不服怎麼辦？溝通的結果，很讓我感動的是，濤南不但很樂意，而且主動幫忙聯絡。

接著第二個問題是，當時公司全部的微影研發人員只有五十人左右，是部級單位，屬於模組研發處，處長是梁孟松博士。我們都知道一路走下去，這部門勢必要擴充到處級單位，但是要從孟松那裡分出三分之一的人，也不能忽視他內心可能有的感受。好在孟松一聽是本堅，就告訴我，那麼大牌的人他也不敢管。事隔將近二十年，我還是會因為能順利邀請到本堅來台積電而感到欣慰，除了託本堅的好名聲之福外，也特別感謝濤南和孟松的無私精神。也如本堅所說的，是神的旨意。

研發組織裡有非常多的聰明人，對技術有深入和透徹的了解。但是技術造詣最深的人，不一定能同時是優秀的主管人才。本堅加入台積電一陣子之後，我常去他部門的辦公區走走。發現一到那裡，馬上感受到的是愉快的工作氣氛。

本堅的英文名是 Burn，他有了個外號，叫 Burn 爺爺，是個頂溫暖的尊稱。我就非常放心，本堅不但技術上是第一把手，同時也是很優秀的管理人才，是難得的組合。在他的帶領下，他的處從五十多人擴充到七百多人，成為全世界最領先的微影技術研發部門，台積電能請到他來真幸運。他後來也晉升為副總經理，同時是「台積科技院」有史以來，唯一的一位「傑出院士」。

在半導體技術發展史中，本堅貢獻最大的是提出浸潤式微影技術的構想，並說服業界接受，而成為一代主流的技術。

在二〇〇二年，當時業界正在全力推動157奈米以取代193奈米，但過程中有一個大困難——主要來自提煉不出完美的透鏡材料，可讓157奈米的紫外線高純度地成像。記得有一天，他看我在辦公室，就進來談一個他的新構想，和我們常有的討論一樣。但那次比較特別的是，除了談他的想法，還提供了很詳細的計劃，關鍵地方他都仔細計算過，讓我印象深刻。這就是有名的浸潤式微影技術的構想。

可以預先想到的是，提出這麼大規模的改變方案，一定有人贊成，也有人反對，在技術圈子裡是這樣，在商業利益圈子裡更是這樣。我對微影技術的了解並不深入，雖然覺得很有道理，我無法幫助他說服技術界的專家們。

接下來的幾個月裡，他去了美國、歐洲、日本，在技術研討會上發表演說，和設備廠商交流。在這同時，我幫他擋利益圈內的反彈，確實有大公司的高層主管表達嚴重關切，希望我能管管他，不要攪局。就這樣，本堅像一位堅定的傳道者，靠著他的專注、完全的投入、無比的信心，走遍世界，說服了所有的人。不久後，整個業界157奈米的開發正式停止，取而代之的是浸潤式的193奈米。

除了在工作上，專注和投入也表現在他的日常生活中。

本堅有兩項我熟知的嗜好：網球和攝影。部門活動時，常看到他拿著相機到處取鏡頭，最明顯的仍是他那專注的眼神。他拍得不多，但每一張在拍之前，一定很認真地看好角度、對好鏡頭，才按下快門。看照片時，他也會很專心地分析每一張照片，好在哪裡、哪裡需要改進。我們一起打過網球，幾乎每一場打完後，他也是專注地分析，剛才的某一球應該怎麼打會更好；這是我和別的球友打球很少有的經驗。

我第一次從台積電退休是在二〇〇六年。二〇〇九年張董事長要我回去工作，九月底回任時，聽說本堅在幾個月前有了退意，我馬上去找他，請他無論如何也要留下來幫忙。他告訴我願意考慮。幾天後他說，原本計劃退休去傳道，這是他長久以來的心願，但是如果張董事長和我願意接受他的傳道，他可以留下來。

他的提議讓我很感動。我當時告訴他，我本人可以答應，但他對張董事長的請求，我只能傳個話。我確實傳了話，記得董事長笑笑，未置可否。事後我聽說，本堅送過他一本相關的書，他收下了，其餘的我就不知道了。

當時本堅每個月在竹南勝利堂講一次道，他每次都把他的講稿用電子郵件傳給我，我每篇都認真讀過。讀他的講稿也同樣感受到「他寫每個字的專注和投入」。他文筆很好，條理清楚，講稿也是一點不馬虎，文法標點符號都中規中矩。我曾聽說傳道可分為傳道理、道德或道路，本堅的方式是比較偏向講道理的。

我很高興有機會認識了林本堅院士。和他交往過程中，他常幫助我反省很多事情，他讓我體會最深刻的，就是做每件事情都要極度專注和完全投入。

（本文作者為台積電前共同營運長）

〈專文推薦〉

他的心，跟上他的每一個步伐

沈　正

「神為愛祂的人所預備的，是眼睛未曾看見，耳朵未曾聽見，人心也未曾想過的。」聖經新約哥林多前書2章9節的這句經文，在本書中多次被作者引用，似乎就強調並串聯了作者人生的寫照。並且清晰地陳明，基督信仰是他生命中最重要的。這信仰引領了他人生的每一步。

全書的見證陳述中，無論是學業、事業、婚姻、家庭等各方面，或許我們欣賞及感嘆他的成才、成器、成熟、成功，是他殷勤、奮鬥、努力、堅持而獲得的。是的，的確如此。但是作者卻是從他個人的領受並經歷，認為這是上帝對他特別的「恩寵」。他是蒙揀選、蒙慈愛、蒙恩惠、蒙賜福的。這其中的內容，深信是作者渴望與讀者分享的主軸。

然而，本堅長老有好些方面，非常值得我們學習與效法。

他「行事」認真、冷靜、深思、熟慮、有恆。這都是一位工程師及科學家亟需具備的。而這些特點，長時期顯明在他的研究與工作中。這些特點又是能夠融合在他的「事業」上，日復一日，終有所成。

他「為人」謙讓、和睦、熱情、體恤、寬潤。令與他相處的人、接觸的人，都會感到溫暖。這更加添了他成功的因素，相得益彰。

這其中的啟示是：他的心，跟上了他的每一個步伐。

當然，誠實、誠懇、誠摯是貫串他人生的生命特質。加上為父的心，教導、幫助、滋潤、影響了同輩及晚輩。

全書中，不能不提的，就是台積電為他榮休而特設的晚會，整個光環圍繞著作者。我不是科技人，不那麼了解其中的「奧祕」。但從台積電的長官、同事所給予的讚語中，可以感受到作者對於台積電以及對於國家的偉大貢獻。而於此，他仍是謙虛表明，這是上帝的引領與祝福。

謝謝你，本堅長老，你已經按照上帝的旨意，服事了這個世代。

（本文作者為台北中華福音神學院董事長、台北信友堂榮休牧師）

〈專文推薦〉

夫妻同心，讓平淡的日子活起來

黃修慧

我一直以為不平凡的人記下他不平凡的人生事蹟，自己有滿足的喜悅，也會令讀者嚮往，或者有一日也有不平凡的機會來臨，發揮成值得傳授的經歷。當夫君有意要寫不屬科技類的書，我低聲自語：「唉！平凡的他，有何可寫？」

細讀夫君寫的生活點滴，似在平常的人生中領悟出非凡的價值。好些記載，有如再次身歷其境，雖然沒有當時的欣喜或哀傷，但不免暗暗地微笑或稍許的鼻酸。又有好些與他處在同一事件，卻有不同的領悟與感受，可見兩個個體並肩走在人生路上，想法與看見不盡相同。看著夫君的這本書，既奇特又新鮮，我也有諸多話可說呢。

每一天都是新的。面對新的一天，可以用過往累積的知識與經驗，也可以憑直覺和各人當時的情緒。夫君多是活在前者，以理性為做決定的前提，由此也發展出一些人生的理論與原則，一旦理論及原則形成更是一絲不苟地付諸實行。殊不知人與人之間的互動，常會因對方的過往與當時的狀況而產生不同的後果，所以如何執行得妥善，因人、因時、因地而異，也須有所變通。

講到金三角：家庭、工作、生命的平衡，我對這結論舉雙手贊成。其中家庭的一切，特別是我有參與其中的50多年，兩個人都在不斷地改變。一開始活在「一個人吃飽了全家不餓」的單純，想做就做，或想不做就不做；婚後這樣就不合適了，總有另一半要納入考量。抒發情緒的方式，說話的語調，該說的、不該說的……，即使是感情極融洽的夫妻，也不能為所欲為。

書中夫君為快樂下定義：「……快樂則是，去打球沒有人囉唆。」他對此事有所考量，為得到打球之樂的對策是：「……我也多挑……時候去打球，這問題（被囉嗦）已不復存在。」他的確以為他的努力產生了果效。我也確實看見了他有努力，但我這廂卻是如此這般盤算的：「我聽到了他戲言中對快樂的期待，又發現囉唆無濟於事，我選擇調整自己，發掘忍耐與接受之外還可以有自己的樂趣，可以快樂的自處勝過強奪別人的快樂。」

夫君，我也努力了喔。

「我的家庭真可愛」是結婚者的嚮往，需要智慧與努力，夫妻並肩達成，聖經的原則：「同心才能可同行」、「神的愛是人相愛的典範」、「患難生忍耐、忍耐生老練、老練生盼望……以致成熟」，這是神恩賜給我們的智慧。

工作與興趣符合或在工作中發現興趣，會令人興奮。願意擺上，看見努力的成效，有成就感，就會更願繼續前進。看見自己的不足，願意與人配搭，學習合作與互補，給自己成長的空間。

誰沒有困難？把遇到的難處視為給予的挑戰，成為創新的機會。「願意努力，願意與人配搭，願意接受挑戰」是本堅在字裡行間所要表達的，也是我這個旁觀者察覺到他做事的態度。從照相到光學，從工程師到管理，從球拍到浸潤式微影的發明，充滿正面的能力，在哪裡跌倒就在那裡再站起來，以神應許的「日子如何力量也如何」去做他分內的工。

對丈夫專業的內涵一無所知的妻子，又如何成為他的幫助？台語的老公，妻子稱為「ㄤ」（安），我認為妻子令老公「安」也非常重要。妻子在自己的本分（工作）中發掘樂趣，不斷讓自己成長，可以合作並互補，視難處為挑戰，讓平淡的日子活起來。

人有體、魂、靈，都要照顧合宜才健康，缺一不可。在眾多的生活層面，需要找到它們的平衡。只活在時間裡的人，忽略了永恆，並不完整。感謝主，當我們認識天地的主宰，知道生命的方向為什麼而活，知道並經歷力量的源頭，主所應許的喜樂與平安就常同在。不但對今天，對永恆也都有確據，這是何等寶貴、有福的人生。

我們一起同奔天路。

謹將本書獻給

我的Lothersecoomaid黄修慧，以及

我們的雙親

〈前言〉

我的金三角：家庭、工作、生命的平衡

我把家庭、工作、生命比喻成人的金三角，而且努力維持這金三角的平衡。在這本書裡，我描述了數十年的實踐所得，也希望野人獻曝能得榮神益人的果效。

三角形是一個最基本的多邊形，缺少任何一角就不成形了。為什麼這三角形是金的？則表示這是一個好東西，是一個寶貴的東西，是大家想要的東西。

這三個角中任何一角，和其他兩個角是緊緊連繫的，若能互相支持就會產生穩定的作用。

工作的重要性大家都懂。沒有工作，如何維生？

家庭的重要性也都懂。沒有家庭，如何度日？

生命的重要性大家也懂。沒有屬靈的生命，活著如何有意義？

既然家庭、工作、生命都重要，怎樣兼顧？怎樣讓它們互補？

首先來看工作和家庭。我們一天工作10小時、12小時、……16小時，每天清醒的時間差不多都花在工作上，可見工作多重要。不少人下班後還帶筆電回家繼續工作，我也不例外。

有些人沒有時間關心家人，有些人則是沒有心思關心家人，工作成了最好的藉口。公司為了要我們努力工作，把工作環境預備得很好，給我們優厚的待遇，也給我們適當的壓力，叫我們躲在公司裡，不願意回家。我相信有很多同仁，覺得在公司比較容易有成就感，和同事們溝通用的是共同的專業語言，和團隊一齊打拚、有共同的目標，很容易同心。回家要看配偶的嘴臉，聽小孩的哭鬧，幫忙家務，還不如在公司清靜些。

另外一個極端是，有人覺得工作壓力太大，不管做得多好，老闆都不滿意。同事之間惡性競爭，處處刁難，資料不肯分享。顧客貪得無厭，給他多少好處都不滿足。所以這些人不喜歡上班，希望從家裡得到安慰。

這兩種情形都不好。家和工作是相輔相成的，缺一不可。怎麼講？若是配偶不高興你，你能安心工作嗎？能夠不會因此出錯嗎？你在公司不開心，回家能談笑自若嗎？能給你的配偶安全感嗎？

那如何能兼顧家和工作呢？我覺得兩方面都需要用心去做，用對的方法去做，要依靠主去做。家顧到了，配偶會給你最大的幫助，可以好好專心工作。工作顧到了，可以安心享受天倫之樂。

先講家庭吧。已婚者都有結婚證書，但是誰有結婚文憑？現代人的婚姻是經過戀愛和交往才成立的。有戀愛有交往，足夠準備我們過幸福的結婚生活嗎？為什麼應徵工作需要一份文憑？為什麼和一個沒有一起長大的人過親密、有默契、互補不互損的生活，不需要有好的訓練？既使是青梅竹馬的夫婦，他們婚前的生活和婚後的生活是不一樣的，也一樣需要作對的準備。沒有這準備，不用心去建造好的婚姻生活，是不可能成功的。關於這一點，第一部「我的家庭真可愛」，有我點點滴滴的心得。

說到工作，每個人都為自己的工作擔心。怎樣才能稱職？怎樣才不會被裁員？怎樣才能升遷？剛剛說到沒有人有結婚文憑，可是人人都有畢業文憑。有文憑夠嗎？考一百分能保證我們一帆風順、步步高陞嗎？台灣的教育注重個人的本領，唸書、考試、升學，都是個人的本領；不只強調個人而且排斥合作，以免幫了別人，把自己給比下去！

然而，在工作場所講究的是合作。1+1必須遠大於2，絕對不能小於2，否則為什麼要有團隊？很多人以為只要埋頭苦幹，賣命地工作，自然會得到賞識。埋頭苦幹，在工作上用心是必要的條件，還有更重要的是要做對的工作、用對的方法。不過，這對錯是從老闆的觀點，而不是從自己的觀點。

老闆的觀點多半比你對。並不是因為他是老闆就一定對，而是因為他看到的比較全面，比較接近公司的觀點。當然有時候你在自己的專業上比老闆清楚，看得比較對。那你就要用不傷害他自尊心的方法讓老闆同意你的觀點，轉而能幫助他向他的老闆爭取。記得互尊、互信、互助——和老闆互相尊敬是非常需要的。關於這些「互」動的討論，本書的第四部「職場之破浪乘風」，有好幾處談到。

說到埋頭苦幹，我舉一個例子。

修慧和我剛結婚的時候，還不是很會做菜。她有時做了很久才擠出一道菜，看見我吃得不很起勁，就對我說：「這道菜花很多功夫才做出來的。」我只好回她說：「菜做得好壞不見得跟時間成正比。」可見要做對的工作，必須用對的方法才不會徒勞無功。關於工作的討論，在第四部我分享了我的經驗和方法。

我們在公司裡做事，不要用「這世界非我家」作藉口，要用心去做，不敷衍了事。我們要為公司和老闆的好處著想，服事他像服事主一樣。可是若是你的老闆沒有好操守，又要你做主不喜悅的事情時，你當然沒有辦法服事他像服事主一樣，那就是你該換老闆的時候了；若是全公司都沒有好操守，那就是該換公司的時候了。

老闆千萬不要把屬下當作奴隸兵。你要安排他做能發揮、可以學習、能繼續成長的工作。他知道你用心待他，為他設想之後，你所得到的回報是無可限量的。就像你對配偶好所得到的回報一樣。你鼓勵合作，維持互助的環境，得來的是一個強勁的、合群的、1+1必須遠大於2的團隊。當老闆的除了不落井下石、讓屬下喪志之外，還必須非常公平才能得到大家的信任，願意為公司打拚。

我們為老闆設想，為屬下設想，為配偶設想，為孩子設想，為教會設想，為主設想。不用一天到晚叫主啊！主啊！向主求這個、求那個。應該說：「主啊！我知道祢愛這個，惡那個。主啊！我願意為祢做這個，為祢做那個。」用這樣的心態求主之後，祂為你所準備的回應是眼睛未曾看見，耳朵未曾聽見，人心未曾想到的。

最後我們來談談生命。這裡的生命指屬天的生命。一個人可以有健壯的身體但是並不保證屬天的生命也健康。他努力工作，建造家庭、成功、成名、賺大錢、得高位，如果沒有生命，那這一切都是虛空的。出生後長大、上小、中、大學、研究院，為了找一份好差事，賺錢、成家、育兒、供他們上學，希望他們找到一份好工作……周而復始，有意義嗎？

有沒有意義要看天地有沒有一位主宰。如果沒有，那上述的只好是他生命的意義。

若有主宰的話，則必須做主宰認為對的事，生命才有意義。我們事奉地上的老闆得做他認為對的事，何況事奉天上的老闆呢！

那我怎樣知道天地有主宰，祂跟我有什麼關係，對我有什麼期望？這一點，我會在「天路歷程」這一部說明清楚的。

生命需要成長和操練。我們需要明白神的話（就是聖經），把祂的話行出來，讓世人感受到祂話語帶出的能力和愛，並把祂的話傳出去，叫人也得到同樣豐盛的生命。

這三角（生命、家庭、工作）是互相支持的：有豐盛的生命使你對工作更有熱情，有豐盛的生命使你更愛家人，有和諧的家庭使你安心工作，工作有成使你更愛主、更愛家。工場和家庭提供你跟他人分享生命的機會。

這三角是同心的，以上帝為中心；是金的，因為非常寶貴，也是每一個人的所有。

接下來，我將我的所有，呈現給讀這本書的每位讀者。

第一部
我的家庭真可愛

我的父親：是創業家、教育家，也是慈善家

我父親在族譜上的名字是林邦慶，字漢泉，英文名威廉，是廣東潮安人，出生於一九一六年農曆八月十七日。父親的祖父林敬音是獨子。生一女兩男。女最長，嫁給中醫師。長男紹平，卅九歲去世，葬在廣東潮州。次男紹田是我的祖父，賣雜貨維生，廿九歲去世，生時品行不好，改過後不久就去世。這事影響了父親的人生觀，令父親對改過有畏懼感。

曾祖父七十三歲時，住在潮州的菴埠。一天在大廳喝蕃薯湯，起來時不慎跌倒，次日隨即去世，當時父親十一歲。曾祖父離世前，要爸爸獨自進房吩咐後事：「要把書讀好，生意學好，你在越南林合成公司有股份。」林合成是我的祖父紹田和他的哥哥紹平合創的公司。

我有一位優秀的父親

此事之前，父親愛玩不喜歡讀書，常和我的二伯逃課到郊外玩。有一次溜課被告發，結果被祖母痛打一頓，幸而曾祖父攔阻才沒有打出事。父親一年級讀了兩年，二年級也讀了兩年。三年級聽了曾祖父的遺囑後考第六名（卻是出於老師有點偏心）。

父親十一歲到越南的義安小學重讀三年級，到了四年級考第六名，五年級考第一，以後都得第一。

父親十五歲小學畢業，和同學四人同去汕頭考市立一中，結果只有他一人考上。父親此時甚是得意，創辦越南同學會，被選為會長。因為他太活躍，在市立一中讀了初一便轉到現代中學就讀初二。讀了一年半，因為被軍閥的太太看上而趕緊退學回越南。

父親的英文非常好，想繼續唸書，而且是希望到香港讀英文。後來終於如願成行，先到青華英文中學插班讀四年級，不久考進喇沙（La Salle）英文書院四年級。喇沙英文書院每周都要寫一篇作文。父親的第一篇作文僅得25分（文法雖好但不會運用），第二篇45分，第三篇65分，之後進步神速，都在80和85分之間。全港英文比賽時得91分，是全港第一。在喇沙第一年的四次考試：第一次考第六名，之後三次全為居首。後來，父親是免學費念到畢業的。

我的母親唐聲亮，早父親一年從西南中文中學畢業。她的哥哥唐業鎮是父親青華中學的同學，他們因為這層關係而認識，並於一九四一年八月結婚。

全家移居越南避難

父親畢業後，和三位朋友創辦鎮業公司，專營化學原料。後來，日本入侵香港，父親帶了十一位家人去越南，直到抗戰勝利後，從潮州赴越避難的家人才回家鄉。但父母親和我們幾個孩子留在越南。父親任林合成公司的副總經理。主要的生意是將進口貨物轉批發到鄉下，包括紙類、糖類、麵粉、罐頭等。

父親後來自行創辦「振合興公司」，賣製作偶像祭品的顏色紙。經營不善後，改創「振合成公司」經營油類。振合成結束後開「林漢泉公司」，進口砂糖和牛奶。父親是讀書人，不善和商家競爭，這些公司都不出色，最後一家甚至宣布破產。

破產後，父親白天在三達油公司（Standard Oil Company）上班，晚上則開補習班教英文。短短的十一個月，父親白天薪水加倍，晚上的補習班學生也增加到兩百多人。週一到週六晚上七時至十時分單雙日和早晚班，一共開了四班。那時，我白天在華校上初中，晚上則到父親的英文補習班上課。

一九五四年七月一日父親摒除萬難，創辦了越南第一所英文學校——林威廉英文書院（William Lin Institute）。此時已上高一的我，也在下學期時被父親從華校轉到他的四年制首創班上課。以後的曲折故事，有上帝帶領的見證，我在「波折重重的高中生」會詳細敘述。

父親辦學很成功，成長很快。他的英文文法好，會寫作，會用英語和外國人對話，而且會教課，聲音洪亮咬字清楚，很有說服力。人人都喜歡他教的課。

有教學的功力又知人善任，加上創業的經驗、經營的頭腦，許多學生從晚上的英文補習班轉到白天的正規學校，林威廉英文書院顛峰時期的學生達三千多人。不久，有好幾家模仿的競爭對手，但都趕不上父親。林威廉英文書院成為越南首屈一指的英文學校，亦是海外馳名的學府。

父親辦學廿年，桃李滿門。越南各大公司，澳、美、歐、亞各洲都有林威廉英文書院的校友。據說這些英文學校中，只有林威廉出來的才會用英語對答。林威廉英文書院在越南立案為中學，在台灣則認定為高中文憑，有十位第一屆畢業生以林威廉英文書院的文憑來台灣升大學。

一九七五年南越易手給北越的共產黨後，所有的英文學校都停辦。林威廉英文書院亦不例外，父親的事業從此結束。數年後他用香港前居民的身分申請到香港，後來於一九八六年八月十二日經四弟本壯申請澳洲居民，一九九七年十二月十三日因腎癌病逝澳洲。

負責任、成功，但不是好榜樣

父親在喇沙英文書院就學時已接觸基督教，創辦林威廉英文書院時亦主動聘請傳教士教授聖經，可是仍保持傳統宗教的信仰。幸虧上帝特別施恩，多次藉著神跡奇事、聖經的教訓、主內弟兄姐妹的愛心，和已信主的兒女們的關心來感動他。終於在澳洲布里斯本陳佩智醫師的帶領下，正式接受耶穌基督為救主，並在布里斯本華人基督教祐泰堂受洗。父親信主的經過和屬靈生命的成長，我在「杏樹開花，雨後雲彩反回」會詳細縷述。

父親沒有信主以前靠良心行事。他對孩子們衣食住行的需要是很負責的，我們要學琴等，他也很願意付學費，也很慷慨資助親友。事業蒸蒸日上時，參加了國際獅子會，樂意認捐助人，後來做到當地獅子會的總監。

父親在私生活上，則不要我們模仿他，譬如抽煙、喝酒、打牌等。他自己行之有素，但是不准我們做。父親雖因事業繁忙，不知道我們的生活細節，可是一旦知道我們做了他不喜歡的事，是會責打的。他對我們的管教甚嚴，可能受了祖母責打教育的影響，這對我卻是反教育。我對孩子們只訓不打，效果一點不差的。在「學做父母親」中，我會說明我是怎麼做父親的。

父母親郎才女貌、聰明有主見，是很多人羨慕的對象。他們都是高中畢業，在那時代是相當高的學位。他們談戀愛時，就常常因意見不合而吵架。結婚之後，因大家庭複雜，父親又學了一些當地生意人的娛樂方式，受過高等教育的母親無法接受，他們終於在一九五四年離婚。這也是當時保守的華人社會一大震撼。他們結婚十三年生下三男二女，分手不只使自己痛苦，而且波及了孩子們及很多親友。父母親離婚對孩子們的影響至鉅，我經歷過這種痛苦，深深覺得婚姻是要慎重經營的。只要雙方不自私、肯檢討、肯改過，不應該會失敗。教會提倡的「婚前輔導」，是墜人愛河男女的必修課。

我的母親：難忘的奮鬥意志和慈祥笑容

母親唐聲亮，一九二一年出生於印尼坤甸，是外祖父唐勝喜和外祖母童牡丹唯一的女兒。母親從小父母寵愛有加，受多元教育，除了正規的高中課程之外，在音樂、美術、書法上俱有心得，對游泳、羽毛球、網球、舞蹈等皆有興趣。

母親先後在越南西貢的廣肇學校及誠志學校擔任老師。除了正常授課以外，母親每年和有才華、也對造就學生有負擔的曹、麥兩位老師，合辦全校的遊藝會，頗得校內外的好評。

母親和曹老師、麥老師不但教學生們唱歌跳舞，也常常為學生鋼琴伴奏；母親甚至帶著她的幼稚園學生，錄了一張搖鈴打鼓的唱片，並在西貢的華語廣播電台播出。這在當年可是一大創舉。

母親非常關心教育

母親對我們兄弟姐妹照顧得無微不至，無論是教育方向、生活需要，都為我們考慮周詳。以我為例，唸幼稚園的時候，母親常常為我補習，教我很多在學校學不到的本領，並抓著我的手教我寫字。

她也用心為我爭取遊藝會上的表演，有時甚至是扮成女生的表演。這種男扮女裝的事我和二弟都做過，因為母親想生一個女兒卻連生了兩個兒子，想得焦急就把我們兄弟倆扮女生充數。後來生了三妹，母親對她的寵愛自不在話下。

我的小學一共換了三個學校，越換對我的學業越有幫助，母親功不可沒。後來到台灣升學，申請學校，辦出境手續，都靠母親到處打聽、辛苦奔波才得成行。我是長子，比弟妹們早一點懂事，小時常常聆聽母親的委曲，也常和她一齊看書。她愛躺在床上看小說，我就躺在她身邊一起看。

父母離婚後，母親念念不忘我們，她特別安排了忠心的管家杏姑照顧我們，她自己也常來看我們、幫我們規劃未來的發展；我們去看她的時候，母親也會給我們準備很多好吃的東西。

可是，我們都是偷偷去看母親的，因為不敢告訴父親。萬一不小心被父親知道了，免不了一頓痛打，理由是外出必須讓他知道。可是他越打我們，我們就越不敢相告，後來是我們的大姑媽幫忙勸父親，才把這個結打開，讓我們不需要心驚膽戰地去看母親。

這位大姑媽我們都稱她為大姑娘。大姑丈的妻子（就是父親的姐姐）很早去世，大姑娘是大姑丈的續弦。大姑娘很聰明，心地又善良，常常為母親打抱不平，是母親在林合成大家庭裡面最親近的朋友。

大姑娘家的孩子和我們常常玩在一起。我的表哥世豪比我大一歲，跟我很要好；小表妹世堅和五妹同年，兩小也很要好。表妹世明和她妹妹世玲的年歲恰好跟二弟和三妹錯開。二弟比世玲大，他們的兩位母親居然異想天開，在他們大概六、七歲大時，好玩地把結婚禮服和西裝修改變小，讓他們玩結婚的遊戲。不料成年之後，二弟竟真的和表妹世玲結為夫妻，傳為佳話。

我們都長大成家立業了，在自己的領域各有成就。我算是對半導體製程的研發和教育有點貢獻。

二弟本固學農，在澳洲及加拿大分別讀完學士、碩士，為加拿大政府工作，後來做到加拿大使館的農業參事先後派駐中國和印度。

三妹少亮在美國學商，拿到MBA學位，在商業領域很有貢獻；其中我熟知的是：幫四弟把他的太極拳事業成功地在美國推展開來。

四弟本壯在澳洲學醫，出來執業後對太極拳很有興趣，特地到北京拜名師。之後把他醫學的造詣、太極的領悟，和最先進的錄影技術結合，把太極拳推廣到全世界使用英語的地區。

五妹幼亮從小跟在母親身邊學鋼琴，母親用她的本領幫五妹找名師、爭取表演機會，後來父親資助她到美國深造，取得鋼琴博士；畢業後教琴，學生得獎無數。我們兄弟姊妹現在有這些成就，都是母親當年對我們的啟發和栽培的結果。

子女們努力不懈的典範

一九六八年母親到美國參加我的婚禮，接著就在美國定居。雖然兒女們按月寄錢給母親，但她本著自力更生的原則，仍然努力工作充實生命。母親學了裁剪、美容、烹飪、烘烤、裝飾蛋糕等，也考取紐約州的美容執照，當過美容師。後來在紐約育幼中心任教，桃李滿門；直到七十多歲，因摔跤必須換髖骨才退休。

母親是在美國接受主的，先後在96街的紐約華人基督教會和紐約中國基督徒團契聚會。母親退休後，時常和五位兒女、九位孫兒女、及六位曾孫兒女團聚，並參加各種教會及社區的活動，平時也以琴、畫、運動自娛。二〇一三年四月九日止了勞苦，歸回天家。

母親的個性很強，一直到最後病危還不肯抱怨身體的痛苦，非要有人問起，她才會勉強說感覺到頭暈。我們對她的奮鬥意志和慈祥的笑容，永誌不忘。

生命的另一半：我的妻子修慧

我的妻子黃修慧生於雲南昆明。我生於越南堤岸。

她從台北的空軍子弟小學到師大附中木柵分部到北一女。我從崇正學校的幼稚園讀到二年級轉坤德學校，五年下學期轉穗城學校初中畢業，到知用中學讀到高二轉新竹省立中學。

她在台北的長老會濟南路國語禮拜堂信主受洗，後來在羅斯福路的信友堂。我在堤岸的宣道會福音堂信主，在台北宣道會受洗，大二開始在台北浸信會懷恩堂聚會。

雖然我在台大電機系四年級時，她在台大動物系一年級，但兩人各走各的，從未接軌、互不認識，各自奔天路。上帝奇妙的安排讓我們在俄亥俄州立大學認識，一年後訂婚，兩年後結婚，迄今已超過五十年。二〇一八年慶祝金婚。

上帝是怎樣把我們擺在一起的？

修慧在台大的成績很好，可是因為父母親不放心讓獨生女離家出國，她畢業後的計劃是留在學校當助教。幸虧這不是上帝的計劃。

有一年暑假，信友堂的陸俞玉梅姐妹從俄亥俄州立大學回台省親。她的年紀比我們大，長一輩，那時在俄州大修數學博士。我和陸姐妹在同一個查經班聚會，因而認得。後來修慧認陸姊妹為乾媽，我跟她叫慣了，在仔細說明我們婚事之前的故事時，我就直接先尊稱為陸乾媽了。

陸乾媽在教會和修慧的父母談起孩子們的未來，對他們把女兒留在身邊的作法不以為然，勸他們要放手，讓她出去締造自己的天地。修慧的父母也是很開通的人，他們同意送修慧留美的大方向，接著想來想去，覺得最放心的方法是跟乾媽到俄州大讀研究院，可以住在一起互相照顧，於是就拜了乾爸（陸彼得）和乾媽。乾媽畢業後，到基督教神學院教數學，乾爸因而可以免費讀神學，很有心得，寫了許多釋經的書。我講道或查經時，經常會參考他的著作。

話說修慧跟乾媽到了俄州大，因為錯過了秋季班獎學金申請的時間，只得到入學許可。眼見在大學中一起拚命K書的同學們，一個個進入嚮往又有獎學金的大學，修慧羨慕之餘，在離台前也申請幾所長春藤大學冬季班的入學許可和獎學金。在尚未得到這些大學的回音之前，修慧還是先到俄州大就讀生理系的秋季班。

如果我是修慧，一定會問上帝為什麼給一個愛祂的人這樣的安排？不過，上帝的計劃高過我們的計劃，我們是後知後覺。在這裡先賣個關子，等一下會說明。

這對乾母女抵達不久，便受邀到一個國際學生的聚會，我也在應邀之列。不過，我那時正在主持一個校際的中西部中國學生的夏令會，趕到會場時大家都已坐定。在修慧的眼中，她覺得這麼冒冒失失闖進來的人給中國人丟臉，所以對我印象很差。這件事在以後她講述我們的戀愛史時，是一定會提到的橋段。

上帝畢竟憐憫了我，因為那天晚上乾母女必須有人開車送她們回家。雖然她們的住處離會場不遠，但天黑了，還是有車子接送較安全。可能我在乾媽心中的印象還可以，她倚老賣老地很自然地請我送她們回家。我本著助人的原則，很爽快地答應了。

其實那天晚上我對修慧的印象也平平。因為那時她瘦瘦的，頭髮短短的，有點弱不禁風的樣子。還好她乾淨整齊，有一股清秀、善解人意的氣質。到家後乾媽請我進去坐，修慧也切了一些水果款待。交談之後，我提議日後主日接送做禮拜，也樂意帶她們去買菜。

好感隨著多接觸和多認識而產生。和修慧在一起不會冷場，跟她通電話也很喜樂，雙方都很自然，沒有拘束感。我後來知道她為什麼喜歡坐我的車子出去。因為我那時開一部小小的德製Opel雙門休旅車，是手排的。她容易暈車，坐那些大而飄然的美國車會不舒服。我的車子像她在台灣坐慣的吉普車一樣，不會使她暈車。

那時，修慧也熱門起來，有很多男同學向她獻殷勤。我比較突出，因為我是重生得救的基督徒，不像那些為了她而去做禮拜的同學。我那部不會暈車的小車子，更是如虎添翼。

除了照相和錄音，還有鮮花和歌唱

漸漸，我覺得該要約她出去才是，不能只做禮拜和買菜。我知道她很愛父母親，靈機一動，帶照相機約她去照相，目的是可以寄給父母親。這方法果然有效。

後來，我又想到一個辦法。我那時有一個還是很稀少的錄音機。我就約到她家錄音，把錄音帶寄給她的父母親。那時打長途電話很貴，用錄音帶可以省下長途電話的錢。

我比修慧早三年到俄州大，人地比她熟，常會給她一些很令她欣賞的服務。有一次她需要研讀一本被定義為參考書、不能帶出生理系圖書館的書。我知道以後，到別系的圖書館去找，居然找到、借到、而且可以帶出來給她，這舉動使她芳心大悅。

我們認識後的每一個滿週月，我都會送花。第一週月一朵，以後兩朵、三朵……。如果按照這個級數來算，到了現在，我每個月要送她六百多朵花了。修慧是很體貼的，一年多之後她就說服我不用再每個月加一朵花了。

除了愛主，善解人意，會待人接物，有氣質之外，修慧很會唱歌，她的歌聲很美，音域也很廣，還會顫音。我很喜歡歌唱，但是不會正確發聲，也不會吸氣，雖然拉提琴的時候會奏顫音，但是唱歌卻辦不到。我跟她在一起時喜歡跟她合唱，也常常請教她顫音之道。可惜合唱雖然做到了（而且很享受），但顫音一直學不會。後來，我在佛羅里達州的天帕教會濫竽充數擔任唱詩班的指揮，我買了指揮的教科書來研讀，書中也提到正確的吸氣及發音之法——原來這些做對了，顫音自然出來。

寫到這裡，我必須向讀者們介紹修慧的父母親——我的岳父母。

岳父黃仁生是空軍少將，管財務，清廉正直，空軍退役後加入中華航空公司，當第一任的會計處長，算是創辦華航的主要員工之一。岳父也是愛主的基督徒，台北信友堂的長老。

家中最先信主的是岳母黃張瑛。她本來是麻將迷，為了打牌可以廢寢忘食，不管家事。岳父干涉無效，只能有時借題發揮影射一下，岳母知道是對她打牌的暗示之後，會大發脾氣，搞得家中雞犬不寧。有一天，岳母被請去參加姐妹會，深受感動就接受了主。信主之後生命有明顯的改變，不但生活有見證，而且熱心傳福音，以前牌友到黃家門口叫一聲「三缺一」岳母就立即出去。信主後牌友經過黃家門口則是躲躲藏藏地閃過去，深怕給黃太太瞧見、拉去聚會。

岳父本來不知道福音、不認識主。他看見太太有這麼大的改變，就要明白到底。他天天讀經，熟讀後欣然接受主，並繼續追求，最後成為信友堂的長老。

我們要結婚當然得徵求雙親的同意。岳父母必須調查清楚才能讓女兒嫁出去。在美國這邊他們相信女兒的判斷和眼光，沒有多大的問題。但他們還跑到越南去打聽，聽到大家對林威廉校長的大公子的評語之後，才答應女兒的婚事。

我們認識一年後訂婚，再過一年結婚。訂婚時我向賓客們交代為什麼我們的結合是神的旨意。除了上述很多點之外，還有一件令我存在心中的事情。

當我開始留意修慧以後，我注意到，幾乎每天無論有意無意，例行或例外，我總會看到她。記得有一天，我想今天應該不會看到她了；沒想到從駕駛座抬頭一望，她就站在街口等綠燈。

我平時寡言鮮語，訂婚那天在台上居然侃侃而談，令與會者很感動。當天的來賓有很多還沒有信主，我抓住機會見證神的作為。

我們的婚禮花了很多心思，錢花不多效果卻很好。禮堂在哥倫布市（Columbus）的雷恩街浸信會（Lane Avenue Baptist Church）。那是一個很保守的教會，卻有一個很美觀現代化的教堂，有很多人想到這漂亮的禮堂結婚，牧師不勝其煩。幸虧我在那裡已聚會很長的一段時間，美國牧師欣然答應幫我們主持婚禮，作婚姻輔導，並推薦一位男高音會友獻詩「主禱文」。

雙方家長有我的母親和岳父母。父親沒來，因為他在我們訂婚時主持訂婚，結婚時輪到母親參加。我有三位伴郎：二弟林本固，好友李卓偉和文增鴻；伴娘是二弟的妻子許世玲、三妹林少亮和五妹林幼亮。接待員是同學黃啟鵬和朱明典。婚禮的來賓包括我的博士導師柯仕督（Stuart Collins Jr.），俄州大天線實驗中心的幾位同事，修慧的導師和同事，以及幾乎全部的中國同學會成員。茶會設在俄州大的學生中心。

慎重的結婚宣誓

我們的婚禮有三點與眾不同的地方：

一、當牧師問意願的時候，一般人都只會說"I do."（我願意）。我們倆則認為回答牧師的時候，必須把所有同意的各點背下來，並在眾人面前大聲清楚地宣告。我的誓詞如下：

I, Burn Jeng Lin, take Sue Huang to be my lawfully wedded wife. I solemnly promise before God and these witnesses that I will love, honor, and cherish her; in happiness and in sorrow, in health and in sickness, in prosperity and in poverty, and that forsaking all others for her alone, I will perform unto her all the duties that a husband owes unto his wife, so long as we both shall live.

（我林本堅娶黃修慧為我合法的妻子。我鄭重地在上帝和眾人面前承諾，只要我倆在世，我要愛她、尊重她、和珍惜她；無論是快樂或憂愁，健康或患病，富裕或貧窮，都必如此委身，並為她摒棄一切第三者。我堅定要為她盡丈夫對妻子的一切責任。）

二、婚禮結束之後有當地美國報紙的記者來採訪、並照相登報。這是一位九十多歲的美國退休傳教士馬德絲夫人（Mrs. Meddox）給我們的結婚禮物。我們常去她家中查經，有時也幫她帶查經，互動得很好。後來我們才知道她的兒子是喬治亞州的州長，有些影響力。

三、婚禮後我們兩人離開了親友，單獨到城中心唯一圓柱型建築的哥倫布飯店（Christopher Inn）共度新婚之夜。但是度蜜月時，則浩浩蕩蕩帶了三位長輩和三妹從俄亥俄州一直玩到紐約州。其中有一個美妙的插曲：我們的女兒的名字是Christiana，因為她起源在Christopher Inn。她的中間名也有點巧妙，我在「智商高又貼心的女兒——林靈霖」那篇文章會詳細說明。

究竟上帝是怎樣安排我們兩人從不同的背景結合成為一體？祂差了陸乾媽到台灣說服修慧的父母親讓修慧到美國深造，而且不到別的學校，只到俄州大。修慧知道有留學的機會，離台以前就申請了好幾所知名的學校，大都是她的同學們申請的長春藤學校。既然到了俄州大，別的學校遲無回音，她只好死心塌地留在哥倫布城。後來雙親到美國參加我們的婚禮時，修慧的母親提到有些學校給修慧入學許可及獎學金，但她不想修慧分心，因而沒有將錄取資料轉寄給修慧。

我這裡也有上帝特別的帶領。我得碩士之後申請一些學校的博士進修，申請到的有加州的柏克萊大學。認識修慧之後，離開哥倫布市的意願大減，決定在俄州大念博士。回想起來，上帝的帶領是很奇妙的。

王子和公主，過了54年之後……

常常聽說「結婚是戀愛的墳墓」。修慧和我有很好的戀愛史，而且看來是上帝的帶領。結婚是我們戀愛的墳墓嗎？婚後共同生活一年一年地過去，當年的誓言經得起考驗嗎？

我們是一九六八年結婚的，到了二〇二二年，整整過了五十四年。黃修慧還是我所愛的妻子，但是多了一個名字，就是Lothersecoomaid，是lover, mother, secretary, cook, maid（愛人、母親、秘書、大廚、女傭）的綜合字，當然在字典中找不到，是我為她創造的尊稱。但是自從二〇一八年這本書出第一版之後，已經可以在google查到這個字。

她的名字可多。除了以上的長名，還有：Sue、Sue媽、黃修、林媽媽、林大媽、修慧姐、修慧老師、修慧輔導（屬靈的母親）等。可見她識人之廣，帶動的事情之多。

相對而言，我只有：林爸爸、Burn、Burn爺爺而已。

愛是我們結合的原因，所以在Lothersecoomaid中居首。兩個不同背景的人朝夕生活在一起，就是靠著愛，互相尊重、互相諒解、互相幫助、以長補短。

笨男生努力迎頭趕上

修慧的競爭性很強，不曉得是不是在北一女養成的？北一女有一樣榮譽：三項列甲等，就是智育、體育、德育這三項都資優。她為了這榮譽，在體育上會拚命跑跑跳跳，絕不認輸的。在智育上，她的記性特強、腦筋也動得快，所以很佔優勢。

每逢動物系考試快到的時候，修慧會逗一些記性不太好的男生，問他們記不起的問題，看到他們焦急的表情，就會很得意。幸虧她是基督徒，只做良性競爭，對德育是有幫助的。上述令男生焦急、使這些同學趕快加油的例子，其實也是良性的。

結婚後要做Lothersecoomaid，當然也要做得比競爭對手好。她的競爭對手無他，就是我。在愛配偶上，她要做得比我好，有時也用逗男生的方法指出她比我更愛對方；我這個笨男生就會焦急，努力迎頭趕上。

對孩子們，修慧又是嚴母，又是他們的開心果。她認真的時候，孩子們是必定聽從的。晚上就寢的時候，她只要喚 one, two, three，姐弟們便會爭先恐後跑進房間登上床。玩的時候，她會想出很多很開心的事跟他們打成一片。現在七十七歲的她，帶領教會兩歲半到四歲的幼幼班，也會用小小孩開心的方法把真理教導他們。這些幼兒看到修慧老師，會搶著抓住她的手不放。

修慧的字寫得比我好。在不能用電腦的時候，她很幫得上忙。她又很會上臉書和 Line，是搜集資料的好幫手，是好 sec（秘書）。最近她愛上畫水彩畫，當然也列甲等。我保持競爭壓力的資格是：能用倉頡法觸控打中文、會繪圖和攝影。

男傭女傭合作無間

在下廚上，我比修慧早三年赴美，所以在日常的烹飪上多了三年的經驗，因此剛結婚時，我有機會教她一些做菜的本領。她剛來美時，可倚靠的工具是一根岳母傳下來的擀麵棍，岳母把她成名的包餃子本領傳授給修慧，加上牛肉麵、蔥油餅等拿手好菜。這些食物都是我們孩子長大離家後很嚮往的，回家時會特別央求媽媽準備這些菜。

結婚後修慧學會用傅培梅食譜做出一手好菜。IBM同事的太太們都是很能幹的，北一女出來的也不少。她們那股三項列甲等的精神，用在烹飪上便宜了先生們的口福。

我們應邀到同事家中用餐時，菜是一道道上來的，像是在高級餐廳。修慧的競爭天性使她練就出高級餐廳的功力。有一道菜，是她綜合動物系所學和烹飪技術做出來的無骨八寶鴨。起因在一次我們家的宴會中，我這男主人需要把全鴨切開，說骨頭真礙事，鴨子沒有骨頭多好。

我自己也有幾道菜是受人歡迎的。我很會炒牛肉、炒菠菜、做北京烤鴨、廣東白斬雞、炒飯等。我不用食譜，所做的菜都是用作實驗的方法，朝著好味道和悅目的目標做出來的。可是重複性不高。有一次修慧事情太多，叫我解決兩個孩子和姪女姪兒的午餐，我想來想去，就做了一道白斬雞，並用薑、蔥、油、鹽調了醬。菜一端出來，一掃而空，令下廚的很開心。

還有一次，也是需要我做飯。我就把冰箱中用得上的剩菜都付之炒飯。把飯炒得很香，我是有些秘訣的。飯後問五人好不好吃。都說好。問吃出什麼佐料，有一樣他們猜不出來。原來我把冰箱裡脆脆的華夫餅切碎炒進去。這華夫餅又吸味又有脆脆的口感，對好吃和不糟蹋食物都有貢獻。

說到女傭。我們家的男傭女傭合作無間。女傭管購衣、洗衣、做飯、照顧孩子的起居、打掃、種花、種菜等。男傭管修房子、漆房子、修車子、除草、吸塵、洗碗、倒垃圾等。岳母來訪時，男傭可以不洗碗，因為岳母認為這是女人家的事。後來女傭嫌男傭洗碗達不到她的標準，男傭得以終生免洗碗。到後來吸塵有iRobot，車子交給原廠維修，公寓沒有草地可除草，男傭形同被解雇了，只好專心倒垃圾和做點零工。因為有Lothersecoomaid，男傭也得創一個代表性的名子。我花了好些功夫才拼出Loather HSGman: Lover-Father-Handyman-Servant-Garbageman（愛人—父親—雜務工—男傭—垃圾工）。

一次在從美歸台的伉儷查經班中，施奕強弟兄帶查經時問了一句：「幸福是什麼？」在場的老夫老妻一時間不曉得該怎樣給一個不公式化的回答。我靈機一動說：「幸福是和心愛的人結為夫妻，白首偕老。快樂則是，去打球沒有人囉唆。」

剛結婚時，修慧不高興我每週去桌球社。現在有互相了解了，我也多挑早上她還沒起床時去打網球。這問題已不復存在。

剛結婚時，最嚴重的問題應該算婆媳問題。我們不知道母親要留下來長住，只租了一個兩臥室的學生公寓，房間特別小，住三個人是捉襟見肘的。而且母親剛從越南來美，對兒子和媳婦有一些期望，不盡符合留美學子的生活。感謝主賜給修慧智慧度過這一段艱苦的日子。到了後來，母親會主動在電話上跟修慧聊天或商量事情，本來只給我準備的蔘燉燕窩，也會為她準備。

我們結婚50週年金婚的二〇一八年，我們辦了一場盛宴慶祝。詳情記在〈金婚年的五件大事〉中。

五十四年來，王子和公主，幸福又快樂。

智商高又貼心的女兒——林靈霖

我女兒的名字是林靈霖，唸起來是林林林，英文就是Linlin Lin，靈感來自我的台大經濟學教授林霖；加了一個靈字，是聖靈如甘霖臨到。她的英文首名是Christiana，因為她的生命在我們洞房花燭夜的飯店Christopher Inn開始。中間名就是Linlin。

當我們第一次把她介紹給查經班的弟兄姐妹時，有人驚呼「零零零」。好吧，雖然發音變成了Lingling Ling，但是也有趣。我們以後的孩子何不用二進制，叫000、001、010，等等？我們的老二是兒子，要知道他的名字，下一篇就知道了。

靈霖是老大。我們特別留意做十全十美的父母，要從胎教開始。修慧過了害喜期，我就每天給她聽貝多芬第一交響曲的錄音帶，心想可以從第一陸續放到第九，但要重複放很多次，結果第一交響曲始終沒有換下來，害得修慧聽得很厭煩。靈霖出生後，我加入別的音樂，有器樂和聲樂，獨奏和合奏，後來再加上名家用各種語言朗誦的詩。我常拿著她的手隨著音樂指揮，想起來有點像當年母親握著我的手教我寫字一樣。母親沒有成功。我也沒有成功。

爸爸心中的奇女子

女兒和兒子的音感都很準，他們都有拿手的樂器，女兒的是鋼琴和小提琴。她當過大教會詩班的司琴，也在學校組過一個絃樂四重奏的樂團，但是沒聽說過指揮什麼樂隊或詩班。

我們在家中只用國語交談，不用英文，理由是以後學英文的機會很多，學中文的機會相對少。不過給孩子們看的電視，如芝麻街（Seseame Street）、羅傑斯先生的街坊（Mr. Rogers' Neighborhood）都是用英語而且沒有中文字幕。我們堅持在家中講中文的結果是，女兒的中文交談可以魚目混珠，常人不容易察覺她是在美國長大的。兒子的中文交談就比較差，因為有姐姐跟他講英文。

我一直很有恆心堅持講中文，所以他們還以為爸爸不會講英文。直到女兒十歲以後，帶他們去參加鈴木音樂夏令營，常要和其他的父母親交談，他們才知道我會英文。

在家中只講中文一事就破功了。

靈霖的功課一直很好，我們不需要太擔心。有一天學校請修慧去談話，說是要提醒她教養靈霖需要留意的事。我們倆心裡七上八下，不曉得老師要說什麼？原來是校方想提醒我們：靈霖的智商很高，要因材施教。修慧當時沒告訴我靈霖的智商有多高（現在再問，她說不記得了），我只好從靈霖後來的表現，來判定智商測驗可不可靠。

靈霖在美國考大學聯考（Scholastic Achievement Test）的成績是八百多分，非常高的；靈霖說她班上同學的分數都比她低，考七百多分的同學不少。她申請到耶魯大學等好幾所長春藤大學，後來選擇到耶魯。耶魯收學生的取決不光在聯考的成績，還要看課外活動的表現、潛力和氣質。最重要的是有沒有耶魯人的氣質。因此除了各種審核之外，校方還請了一位住在附近的校友跟女兒面談，一切都通過後才接納她。

下一個表現是事業上的，選系影響事業。我對女兒的審斷很放心，沒有特別的要求。但是修慧很希望她學醫，所以鼓勵她修醫預科。但女兒有自己的想法。她本來得到IBM的優秀學生獎學金，除了有獎學金之外，每年暑假可以到公司工作，薪金不低。她只在大一暑假時做了一次，大二時自動放棄，跑到華盛頓去幫窮苦人打官司（Public Defendant）。我們問她一個年青女子在被告的嫌犯當中收集筆錄，會不會很危險？她說不會，內行人都知道什麼時候可以到什麼地方。

耶魯大學是一所人文科學的學府，學生可以到三年級才選系。到了抉擇的時候，女兒決定選政治系。她解釋說：如果完全照自己的意思，她會選歷史系，這是耶魯最強的系，很多人選這系，但是她怕我們覺得歷史系不能維生，所以退而求其次選政治系。其實耶魯的政治系也很有名氣，出了好幾任總統。

我們接受她的選擇，心裡當然不妄想她將來當美國總統。只想到華人在政治方面有所投入也是好的。

畢業後怎麼找事呢？靈霖畢業時正值總統大選年，她志願去幫助民主黨競選，數月後柯林頓脫穎而出成為民主黨的總統候選人，她被總部派去幫助柯林頓競選。後來，柯林頓進了白宮，她也隨著進入白宮當柯林頓總統和夫人的幕僚。

在白宮工作數年後，轉職到國防部，並到喬治城大學（Georgetown University）唸帶職班的法律博士。她考到紐約、新澤西和維吉尼亞三州的律師執照，並得到紐約的工作，但是因為男朋友的關係，決定在維吉尼亞成家立業，後來當上一個高科技公司的法務長，並幫助執行長處理他的職務。

善解人意的好姐姐

女兒不但在事業上有成就，相夫教子也很有辦法，對親人和朋友都很貼心。她想得很仔細，也做得很周到。二〇一六年，一位台積電老同事的女兒患了一個頭痛的怪病，拜訪了台灣所有的醫院和名醫都醫不好，偶然發現到歐美旅行時便沒有頭痛。為了決定要不要長居美國，同事的女兒計劃到美國東西部各長住數週，證實這種遷居的療法。

我在女兒住家附近有間公寓，平時沒人住，就提供給同事的女兒和妻子作實驗。我告訴靈霖有這麼一回事，如果她們有什麼特別的需要，我會請她們去找她幫忙。想不到靈霖主動地在她們抵達以前，就在公寓放了一些用品和食物，免得她們初到人地生疏的地方，還要到處張羅。

記得靈霖兩歲大時，我們在教會的退修會用餐。靈霖自己用餐具吃飯，做了一些不恰當的動作，我盯著她。她一注意到我，立刻搖搖頭，連說"No, No"，那動作和語氣像極了我準備要用的語氣。靈霖說完，立即就中規中矩地用餐，可見靈霖的善解人意是很早就有的。

岳母看到靈霖乖，以為我們的家教一定很嚴，家法也一定很兇。其實我們的家教和家法都是用講理，不用體罰的。詳情可參考「學做父母親」一章。

靈霖也會做姐姐，很疼愛弟弟，她在外面分到什麼好吃的東西，一定會帶回家跟弟弟分享。現在兩人成家之後，弟弟也常以姐姐的家為家，和姐姐談心，跟姪兒們玩。弟弟保護姐姐，有外人要欺侮姐姐，弟弟一定挺身而出。

我感覺在這事上也有一點功勞。他們很小的時候，我不是立了家規不用家法嗎？差不多同時我也決定了不必逼他們互相以眼還眼、以牙還牙。有些父母親怕孩子在外面吃虧，逼他們對手足還手，學習抵擋外來的欺侮，結果是得不償失的。

靈霖生了兩個兒子，今年（二〇一八年）十五和十一歲。我的大外孫已經可以在網球場上和我爭長短，小外孫則是喜歡跟外祖父母下西洋棋。他們的中文名是李奕靈和李奕義。

會心的讀者應該可以領會我們的命名法。

他是調皮的好人和好兒子——林靈毅

我的兒子有好幾個名字。

很多人猜到的是林靈毅（零零壹），這是因為我們用二進法命名女兒名字的緣故；不過，他的正名是林宗黃——為了安慰岳父想抱內孫之心。岳父岳母生了一男一女。女兒是我的妻子修慧。兒子修治，大學畢業時到碧潭游泳不幸溺水，來不及為岳父留後，因此我的兒子名宗黃，表達我對岳家的心意。加以我希望兒子將來成為耶穌基督的好門徒，所以英文名是約翰（John）。

兒子剛出生時，喜歡睡在我的肩膀上。有時抱出去，只有我的肩膀才能使他安睡。他安睡，我得安慰，覺得當能滿足兒子需要的父親真樂。

兒子的身體狀況很好，兩眼視力是2.0，混身的細胞很靈敏。他才幾個月大的時候就不喜歡碰到草。我們有時要逗他玩，就把他帶到門前的草地上，抓住他的兩隻手慢慢地把他垂到草地上。他的腳底板一感覺到下面的草，便會提高一點，我們再放下一點，他的腳就再提高一點，把調皮的雙親笑死了。所以，我們應該也不可以怪他日後的調皮。

和媽媽一樣，遇強則更強

我不是一個多話的人，女兒也不是。兒子偏偏很多話。全家出遊的時候，在車子裡總是聽到他滔滔不絕的聲音。如果突然鴉雀無聲，那一定是他睡著了；等到他睡醒，一定又是滔滔不絕。

兒子學爬是欲進反退的，等到學會之後爬得很快，在家裡飛快地用手腳爬來爬去。他對自己的速度滿意得很，一點走路的意願都沒有，我們用盡方法都不能叫他用兩條腿走路。幸虧有一天我們到朋友家去，他家中有一位小女孩跟我們兒子的年紀相仿，這小女孩會走路；兒子看在眼裡不甘示弱，回家後也就馬上走了起來。

到了五歲左右，我在公司的佈告板上看到一則用鈴木法教小提琴的招生廣告，那時女兒已開始學鋼琴。我想讓兒子學小提琴的時機到了，便給他報名。原來這位老師是一位同事的太太，名叫 Esther Slonjewski，從正統的音樂名校畢業。她採取了鈴木法收了不少學生。

鈴木法要求父親或母親跟學生一齊上課，回來和孩子一起練琴，讓孩子像跟父母親學母語一樣來學拉琴。那時我的琴技已有相當的基礎，跟兒子一齊練琴倒是對他很有幫助，因此兒子的琴技進步得很快。我們晚飯後便到樓上練琴。父子一齊用功很樂。

一天，我留意到女兒在門外聽我們練琴。我就問她要不要進來一起拉琴。女兒連連點頭，於是我急忙幫她買了一把¼的琴（兒子的琴⅛），我們三人每天晚飯後便到樓上享受學習的樂趣。

大約學了三個月，Slonjewski老師安排她的學生們在IBM研究中心的禮堂演奏。兒子也排了有一點難度的短曲。我在家中和他練習時，覺得還可以，但並不那麼精彩。不料上了台，兒子一出手便覺得不同凡響，令老爸大大驚訝，兒子在很多同事面前為我爭了光。兒子長大一點之後談起此事，他說：因為在爸爸的公司演奏，不能丟爸爸的臉，所以特別用心拉琴。

不怯場是兒子的特點。一般人上台的表現會打一些折扣，兒子剛好相反。以後他在學校的大型音樂會獨奏莫札特協奏曲的表現，也是比練習時好。

兒子最令人驚嘆的一次表演，是在小學六年級的一個音樂會中。他拉的並不是非常難奏的曲子，可是帶出來的音色是令人驚豔的。這不是父親對自己兒子的主觀感覺。他的競爭對手是茱麗葉四重奏小提琴手的女兒，會後她的母親向我們道賀，口裡不停地說："That sound! That sound!"（那音色！那音色！）。之後，兒子被選為學校交響樂團的首席小提琴。這令我們想起小女生刺激他用雙腿走路的往事——他擅長用最好的表現去面對競爭。

行事高深莫測！

可惜兒子的興趣不在小提琴，他喜歡畫畫，尤其是漫畫。他為中學週報提供一個漫畫連載欄，進了大學繼續為校刊提供漫畫欄。他幫畢業年刊畫了一張當年的總統候選人（Bush vs. Dukakas）的漫畫，非常傳神。我們鼓勵他在這方面下工夫，要為他找老師。結果兒子說千萬不可，難得有一件事可以隨心所欲地去玩味，不願意有老師抹殺掉樂趣。

另外一件可惜的事是棄網球學籃球。他因為身高不足，最後沒選上籃球校隊；而且到了現在，因為過度跳躍膝蓋已經受損。這可以給喜歡籃球的年青人借鏡。

兒子大學念的是卡內基大學（Carnegie Mellon University）的「工業繪圖管理系」（Industrial Graphic Management）。他矢志要轉美術系，問清楚所須的手續後便積極地準備畫集等資料。他花了很多工夫和教授及美術系的同學溝通，終於得到了轉系的許可。不料最後決定不轉系！原因有二：

(1)必須多修一年。

(2)留在原來的系，將來可以做美術系同學的老闆。

他現在擔任FILA的美術主任（Arts Director），終於像當初預料的。兒子的個子不是很大，小時很容易成為霸凌的對象。幸虧他發展了一套自衛的本領，霸凌者不敢惹他；不止如此，他看到弱者被人欺負時還會挺身而出抵擋惡者。這些事是他成年以後才告訴我們的。有一件事倒是我親眼目擊的。我們一齊從紐約的地鐵走上街面的時候，看到一位長者提皮箱下階梯，他毫不猶疑地在附耳告訴她之後，幫她把皮箱帶到樓梯底下。

一次，有小偷光臨他的住處。小偷是撬開後面的窗子進來的，但他忘記在窗口留一條退路，所以當兒子從前門回來時，小偷無路可逃，只能擊倒兒子從前門出去。不料兒子很快抓起一根棒球棍，把小偷制服送警。

我很感謝主，在我們鞭長莫及的時候隨時保護這位兒子，願他每次化險為夷的時候，領會祂的看顧。

學做父母親

一個為家庭謀生的家長，需要在繁忙的工作中抽時間和孩子建立快樂美好的關係，教他們做人，使孩子們長大之後，對父母親有美好的回憶，在生命的道路上跑得有意義、有價值。我用父親代表這樣一位家長，無論父母親都適用。

誰不想當一個好父親，跟孩子們有很好的關係，把自己的孩子帶成對社會有貢獻的人？可是只有少數人成功，關鍵不在於想不想做，而是會不會做。

我剛做父親時缺少經驗，很希望有人分享他的心得。所以希望這一章對讀者們有幫助。

其實，好父親不必做得很辛苦，我打算用一些成功的父親和一些失敗的父親，跟大家一起思考怎樣很喜樂、很享受地做個好父親。這些方法不單單用在做個好父親身上，對待父母親、妻子、親戚、朋友，一樣會有好的效果。

怎樣知道父親做得成功？以下一些現象是重要的判準。

- 孩子會跟你談心嗎？他遇到困難時會找你商量嗎？
- 他有安全感知道雙親的婚姻不會破裂嗎？
- 他有安全感知道不管成就多或少，你都愛他嗎？
- 他是一個誠信、正直、能不辭勞苦（懂得委身）、懂得委心（把心放上去）的人嗎？
- 他學你的優點，遠避你的缺點嗎？
- 他不抽煙、不吸毒、不酗酒，避免婚前性行為，不會受壞朋友的影響嗎？
- 他會交朋友，會得到同儕的尊敬嗎？他會承認自己的錯，也有自信，願意原諒人嗎？
- 你在孩子們的心中是好丈夫、好朋友、捍衛者、守信、有原則的人嗎？
- 你跟他一齊做過一些讓他終生難忘的事嗎？

一位成功父親的故事

以上是摘自麥克道爾（Josh McDowell）的《*The Father Connection*》（B&H Publishing, 2008），他在書中提到一位成功的父親：這位父親的兒子結婚時，在同學、同事、朋友中挑選伴郎，結果父親是首選。能讓兒子打從心底邀請父親當伴郎，這位父親在兒子的心中，絕對是一位非常稱職的父親。

麥克道爾本身也是一位成功的父親，他這本書的序是由已成年的四位子女各寫一篇的。在他的書中提到，曾有記者來家中採訪；來者不善，想問出麥克道爾的弱點，好作悚人聽聞的文章，增加雜誌的銷量。她問麥克道爾當時八歲的老二：「你對父親的哪一件事不滿意？」兒子絞盡腦汁說：「想不出來。」可是這位記者窮追不捨，終於逼出一件事，就是兒子不喜歡麥克道爾出差。可是他最喜歡父親的事卻是「父親花很多時間跟我在一起」。麥克道爾說兩者沒有矛盾，因為他出差的時候常會帶一個孩子一起去，每天也會打電話回家跟太太和孩子們談話。回家後會在孩子們身上多花時間作為彌補。

學作好父親應該在什麼時候開始？應該在做兒子的時候，兒子在好父親身上可以看到很好的榜樣。很不幸，很多父親沒有好榜樣，不但把孩子糟蹋了，而且令孩子對天父產生錯覺，很難領會天父的慈愛，也不願意接受天父的管教。不過，這些不幸的孩子可以把父親的缺點當作警惕、不重蹈覆轍才是。自己的錯誤必須自己承擔，不能用父親作為藉口。

有一次，麥克道爾在校園向一千多位高中生講道。來了一群龐克搖滾樂手。他們的形象是非常駭人的，頭髮染成奇怪的顏色，身上掛著鐵鍊，衣著也肯定令人不安。這群人在離麥克道爾約七公尺的地方聽道。其他聽道的人不免擔心他們是否要來搗蛋。

麥克道爾講完，走下講台，樂手的首領很快地走到他的身邊。這時一千多雙眼睛盯著這位看起來很可怕的人，不曉得他接下來要做什麼。因為距離遠，絕大多數的觀眾看不見這年青人滿臉眼淚，也聽不到他請求麥克道爾擁抱他。最後，大家只看到麥克道爾緊緊地抱著他，這年青人的頭靠在麥克道爾的肩膀上大哭。經過漫長的擁抱之後，他帶著淚說：「我的父親從來沒有擁抱過我，也從來沒有說過他愛我。」要是他的父親懂得向兒子表達愛，這位年青人可能長成優秀青年，而不是龐克樂手。

記憶中，我的父親也從來沒有擁抱過我，沒有表現出他愛我，雖然我知道實際上他蠻愛我。可能因此我現在擁抱兒女也輕飄飄的，沒有表現太多感情。

小時候，記得一次拿第一名的獎狀給父親看時，父親一聲不響，臉無表情，害我以為他不高興。其實他內心是高興的。我怎麼知道呢？因為我初中畢業的那學期，因為體育不及格，所以名次排在全科及格的同學之後，而得了35名。我的父親立刻注意到（其實我的體育並沒有那麼差。因為體育成績是學期中每一項體育成績的平均，畢業那學期，我高分的體育項目成績被拿去當作畢業考成績，結果剩下成績較低的項目）。

我相信東方的父親多半不習慣稱讚孩子。他考了九十九分，父母親會責問為什麼沒有考一百分。對付愛看別人缺點的習慣，我的原則是看到某人一個短處，就要去發掘他的一件長處。我剛剛說了我父親不好的地方，依照這原則，我應該講一些他的優點。

記得我來台灣念高中時，需要買機票。可是那一陣子父親臉色沉重（大概是因為經濟壓力），我不敢向他提這件事，到了不能再等才鼓起勇氣求他。父親立刻說他會去張羅。那時他腿抽筋的病正在發作，我看著他從車子一拐一拐走到旅行社付費的身影，心中非常不捨，眼淚滿眶，為父親的愛而感動。

尊重他人的身教

無論是父親還是母親，我們必須了解每一個孩子在上帝面前都是珍貴的。一個班級的幾十位同學中，一定有第一名也有最後一名。倘若不幸自己的孩子最後一名，不應該打他一頓，或是罵他笨蛋（其實既使不是笨蛋，多罵幾次他就會信以為真，變成笨蛋了）。父母要關心孩子，平時多留意他們讀書、作息的方法、交的朋友等等；要找機會發掘值得稱讚的地方，去鼓勵他們。千萬不要拿他們和有成就的兄弟姐妹比，或是跟別人的孩子比，因為每個人都有獨特之處。

有一則統計：父母親給孩子負面跟正面的反應是40對1之比；此外，兒童心理師覺得需要4次正面的鼓勵才能消解1次負面的反應。也就是說，40次負面反應需要160次正面的鼓勵才能抵消！而且有些負面反應是消解不了的。像我考第一的獎狀換得無言的板臉，雖然我不跟父親計較，但是還是忘不了這件事。

在以身作則的事上，也有懸殊的效果。父親可以做很多正面的榜樣，孩子們不一定學得到，也有可能他們不願意學。可是父親一不小心作了負面的榜樣，孩子們很快就會模仿。

我們希望孩子們打從心底尊重父母，而不是因為他們怕處罰，這需要先以身作則，尊重自己的父母親、配偶、同事、老闆、教會的弟兄姐妹和同工。

父母也要尊重孩子。怎樣尊重他們呢？不要痛罵他們，責打連想都不用想了。孩子從出生到成年只有短短的十幾年跟我們在一起，受我們的管教。他們獨立之後，想起當年你痛打他們，彼此都會很尷尬。

我兩個孩子都很乖，兒子雖然調皮一點，還是一個可愛的乖孩子。他們乖不是打出來的。我平生打過女兒的手心一次，其實輕輕，一點都不痛。可是雖然只有三歲，她的自尊心受到打擊，哭得很可憐。令我實在不忍心。想來想去，其實毋須用「打」來管教，於是跟修慧約法三章，不用體罰教孩子，要用講理。之後，不管女兒只有三歲，兒子只有一歲，我們一概用講理教育他們。有時用問題，有時候用解釋。為了尊重他們，我們不用命令，還是可以達到目的。要記得我們跟孩子都是上帝的兒女。上帝只有兒女，沒有孫子女。

我說要愛孩子、要鼓勵孩子，並不是叫大家一味溺愛。孩子們必須學習尊重別人和國家社會。他們的確要有規矩，不能妨礙別人的自由。否則損人害己的事會頻頻發生，殺人案會層出不窮。我們應該怎樣兼顧愛和規矩，把孩子教育成對社會有益、誠信、正直、努力的人？

記得兒子小時會想用哭鬧來達到目的。若是他沒有好的理由，就讓他去哭，甚至請他到自己的房間裡去哭，拜託祖父母不要干涉。過了幾次，知道用哭鬧不能達到目的，他也就不再無理取鬧。

麥克道爾書中記載有一對夫婦常常吵架，很小心不讓孩子們聽到。一個晚上，他們五年級的兒子已上床睡覺。夫妻兩人在自己的臥室吵架，越吵越大聲。正吵得不可開交的時候，妻子一轉眼看見兒子呆立在門外，淚流滿面。丈夫趕快把兒子抱起來。兒子問他們說：「爸爸媽媽，是不是要離婚了？我好朋友剛離婚的爸爸媽媽就是常常吵架的。」

如果你是這對父母，會怎麼辦？感謝主！這對夫婦很有智慧。他們向孩子道歉，承認吵架是錯的，而且向孩子解釋說他們兩人會永遠相愛，吵架只是磨合的一個過程，有時候免不了會發生，但是會盡量避免。他們兩人是互相委身，成為一體，終生不分離的。這也算是機會教育，讓孩子對結婚有正確的態度，對夫妻的磨合有所認識，還給他們安全感。

上述的不安全感來自五年級的孩子。這孩子還小，到了成年就不會有問題吧？其實這永遠是一個問題。我一位朋友的孩子結婚，不准父親參加婚禮，因為父親見異思遷，拋棄了原配娶新歡。離婚對任何年齡的孩子、對家庭都是浩劫，都是上帝不喜悅的。

找機會一起做有趣的事

說到母親。父親在家中得不得到尊重，母親有很大的決定性，她能支持父親對孩子們做的事，也能讓父親在孩子們面前顯得很無能。母親還有提醒父親的作用。麥克道爾的兒子七歲時跑來找爸爸。那時麥克道爾正趕著在限期前交差。兒子還沒有開口，他就先說：「現在不行，我必須把這稿子趕出來。」兒子失望地離開了。過一下，母親出現了，她對丈夫說：「限期一輩子都會有，但是有多少機會，你七歲的兒子告訴你，他需要你？」這個很有智慧的妻子提醒了一位事業心很重的丈夫。

當然我們在職場工作的都知道限期非常重要。若是這事情落到我身上，我會好好想一想有沒有好辦法抽出時間給孩子，兼顧孩子的需要和限期的壓力。萬一真的不行，我會很婉轉地跟孩子解釋，趁機也讓他知道他不是世界的中心。

一個不板著臉、願意認錯的父親，一個笑口常開、對生命樂觀的父親，是很可親的。再加上一些幽默感就更加不得了。可是他不能做溺愛的父親，要有原則、有信念，客觀地分辨對錯，堅持做對的事情。

父親要做孩子們的朋友，可以常找機會和他們在一起。譬如接送孩子上下學、一起用餐、散步等等。其實這種機會常常有，但當兩人單獨在一起時不知道要講什麼話，下面是一些建議：

●什麼是你今天（平生）最得意的事？（最喜歡的事？最尷尬的事？）

我兒子小的時候，有一天放學回來，我簡單地問他：「你今天過得怎樣？」他立刻滔滔不絕跟我講他在學校的經歷。這是千金不換的。兒子長大了，不能再回童年，也不在自己的身邊。他們和我們相處就這麼十多年，應該好好珍惜。

●你什麼時候覺得和上帝最親近？（不要問靈性好不好，因為這不是一個恰當的破冰問題）

●假如你可以問上帝一個問題，你會問什麼？假如你可以向上帝求一件事，你會求什麼？

●你最想到什麼地方旅行？

●我們的家怎樣會變得更好？

父母親和孩子們應該有用來做增進了解和增進感情的相處時間，最好是一些終生難忘經歷——當然指好的經歷而不是痛苦的回憶。這裡有些例子。

●跟父（母）親約會：除了增進感情之外，還可以學習跟異性朋友約會時該做的事。

●全家動員，為媽媽做一頓飯：特別在母親節的時候。

●列出你和孩子們愛媽媽的原因，然後一起去告訴她。照樣用在父親和祖父母身上。

●談談每人最尷尬的事：會很討笑，降低心防的門檻。

●一起讀一段聖經或背聖經金句，並討論其意義。

●家庭禱告，家庭禮拜。

●一起打球、攝影、種花或植樹、玩電腦遊戲、玩桌上遊戲，下棋、採果子、騎腳踏車、放風箏、玩遙控飛機等。教騎腳車和教開車也很好，不過要小心，不要動氣，弄巧成拙。

●一起看孩子愛看的電視節目，以便知道他的想法和愛好。

●到附近的公園散步是交談的好機會。

●定期吃一頓正式的晚餐，享受氣氛，學餐桌禮貌等。

●一起做家事、做健身操。

我們不喜歡孩子說謊，可是也不要逼他們說謊。譬如：你若問：「是不是你打破杯子？到底有沒有？快說！快說！」他很可能就說謊否認。可是如果你問：「你打破杯子的時候有沒有割到手？」他會告訴你有沒有割到。如果你問錯了，他會說根本沒有打破杯子，何從割到手？這回答的可信度高多了。

我們的女兒從小就很乖。岳母想：是不是爸爸很兇，常常打她，才會這麼聽話。岳母很聰明，她要問個究竟但是又想到女兒可能怕我，不敢講實話，所以她不問：「爸爸有沒有常常打你？」而問：「爸爸打人痛不痛？」我們的女兒被問得很困惑，說不知道，因為爸爸沒有打過她。其實我打過她一次，輕輕拍了她的手心，她就很委屈地哭了，我才和修慧約定要尊重他們。事過數年，大概她打從心底裡原諒了我，完全忘記這件事了。

家中二三趣事

勝利的郵箱

郵箱是一個很普通的東西，能有什麼有趣的故事？

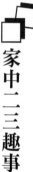

話說我們那時住在紐約州的蘇母斯鎮（Somers），地廣屋稀，每所房子佔地兩畝。信箱必須樹立在路邊草地上，方便郵差開車送信。有些鄰居喜歡別出心裁的信箱，這些信箱多半比較昂貴。我覺得要自己做才有意思。

剛好有一位好朋友的滑雪技術升級，把換下的雪橇送給我，鼓勵我學滑雪。我溜冰的技術還不錯，在學校時修溜冰的課，單人溜冰從初班修到中班，又修了冰上舞蹈的雙人溜冰。可是我對滑雪一直裹足不前，因為看到很多擅長滑雪的同事，過了滑雪季節都帶著拐杖來上班。滑雪受傷的可能性實在太高了！

那雙紅紅白白很漂亮的雪橇放在地下室很可惜，何不拿一根來做郵箱的支柱？我買了一個六角形黑顏色的郵箱，並在地上挖了一個洞。雪橇依著30度的傾斜放到洞中，然後灌水泥固定在地上，再把泥土和草鋪在上面。信箱就很優雅美觀地支撐在路邊。

好景不常。深夜裡有惡作劇的年青人在社區開車閒蕩，有時破壞草地或信箱。我們的信箱成為他們的標的，夜裡有人開車把信箱撞倒，雪橇也折斷了；我們全家感到很懊惱。我雖然還有一根同樣的雪橇，但是再做一根還是會舊戲重演。

我想雪橇的材料是木頭和玻璃纖維做的，一撞就斷；要它不折斷最好加上鋼筋。於是我在雪橇的背後用螺絲鎖定了兩根方鋼管，照樣灌水泥，深埋在地裡。我們高枕無憂地睡了很多晚。有一夜，我們聽到撞擊的聲音，沒有太警覺。第二天看到信箱屹立不倒，草地上有輪胎的痕跡，並有頭燈的燈罩散落在草地上。從此不用再為郵箱煩惱了。也希望對方沒有受傷、學到功課，能以建設性的方式消磨時光。

家人學開車

到了美國，學會開車是自立的開始。但是教熟人開車不容易，尤其是教女朋友。

跟修慧交往的時候，教她開車是感情的大考驗。一般的動作如踩油門前進、踩剎車、左轉、右轉、遵從交通規矩等，學起來容易，但是平行停車是一個難題。

我仔細觀察之後，發現問題出在她在倒車時對操縱輪盤沒有感覺，要左反右，要右反左。解決方法是讓她繞著一個小亭倒車。左繞倒車熟了就換右繞。接著我說可以赴考場了。考官帶她路考之後便叫她在路邊兩根棍子之間停車。她信心滿滿地把車尾倒進去，做得十全十美。考官非常滿意，說可以了。不料修慧堅持要照課本所寫，把車頭擺正，令考官很不耐煩。他大聲說不用擺正，你再不開出來，我會判妳不及格。

有一年，她帶孩子回台省親，我看中了一部手排的Capri跑車。她回美後，我賠了很多不是，並保證會把她教會開手排車。可是教手排不容易。她到了有點上坡的街口起跑就會熄火。原因是離合器和油門的配合不容易。如果她在一檔上成功地起動，換二檔、三檔、四檔會越來越容易。我決定讓她專心學一檔起動。假日我們在學校有點斜坡的路練習。熄火就再試，成功起動就把車子倒回來再試。這樣練習了多次，她的左右腳配合得非常很好。往後我買過福特Fiesta、福斯Scirocco、寶馬528i、賓士250S, 230SL, 240D等手排車，她都開來開去毫無難處。

女兒和兒子都會開手排的車子。他們從小學起，難處比較少。不過他們考駕照時我出差去了，修慧租了自排的小車子，讓他們容易過關；這好像有點取巧。不過他們現在開手排車都駕輕就熟，很會享受開手排車之樂。

隱形人

我買了第一棟房子的時候，捉摸到如何在牆中拉線。於是在每個臥室都拉了喇叭線，放置立體聲的兩個喇叭。在客廳放音樂，任何房間都可以聽到音樂。

一天，我們一家四口都在床上睡午覺時，我告訴六歲大的女兒和四歲大的兒子：爸爸會隱形，立即表演給他們看。我當著他們的面離開房間，然後把門關起來，悄悄地跑到樓下的客廳，把音響開到最小聲以免他們聽到我插上麥克風，接著慢慢地把音量轉大後，對著麥克風用陰森森的語氣說："Hello! This is daddy."（哈囉！爸爸在這裡。）我在客廳可以聽到樓上太太、女兒和兒子的驚呼聲。隱形人不亦樂乎！

我和老鼠＋松鼠的鬥智

住在美國，會有很多野生動物介入生活。最常發生的是在馬路上看到被車子蹍過的動物屍體，像貓狗之類的。如果撞到的是大一點的動物（像鹿），車子也會毀損。雖然政府規定被撞的鹿歸車主所有，但是得不償失，沒有人喜歡撞到鹿。

鹿和兔子等喜歡吃人類種植的水果和蔬菜，園主的心血在一夜之間化為烏有。靠近山區的住宅，還會有熊闖入。靠近佛羅里達州沼澤地帶的居民的後園，可能會有鱷魚入侵。松鼠、狸貓、田鼠、菓鼠、狐狸和各種鳥類，更是人類住處的常客。

侵入我們家的動物有浣熊、松鼠和老鼠等。有很平常的侵入，也有意想不到的狀況。有一隻松鼠跑到我們家的閣樓，我們用誘獸籠捉到之後帶到十五英哩之外放生；過不久，有另一隻松鼠進駐閣樓，我們又得重來一次。這是因為我們家靠近屋頂的牆有一個洞，松鼠進出容易。可是我們找不到那個洞，只好不厭其煩地捕了又捕。有一次，兒子在捕到的松鼠身上塗上一點漆，想求證是不是以前的松鼠又回來了。結果不是。松鼠有地域感，原來的松鼠離開了，新的松鼠才會進來。

意想不到的情況是有一隻松鼠特別聰明，誘獸籠對牠完全無效。不管我們用什麼餌，都被吃光卻抓不到牠。那隻松鼠經常在兒子房間的天花板上奔跑，噪音不斷，兒子是最大的受害者。我們試了很多方法都解不開這個謎。

結果修慧說話了：「你是一家之主，又是博士，怎麼對這小東西無計可施？」其實，她是台大動物系的高材生，我只會電機，不懂動物的。既然太座有令，只好動高科技的腦筋。

那是在一九八二年我們住進紐約州的斯卡史道鎮（Scarsdale）後發生的事，那年代最先進的錄影機是VHS卡式錄影機。錄影帶的匣子很大，但是用慢速可以連續錄影八個鐘頭。我在天花板上的閣樓裝了錄影相機和配套的錄帶機，並架上照明燈，照常把誘獸籠設好，然後把通到天花板的樓梯口關閉。

過了一晚，誘獸籠裡的餌被吃光了，松鼠當然沒有捉到。但是我有錄影帶。

在錄音帶的開頭，誘餌清楚地在籠子裡。到了帶尾誘餌已不見。可見這八個鐘頭沒有白費。可是費時這麼久，如何可以省點時間看到松鼠的秘密？靈機一動，我快轉到帶子的中間，看誘餌在不在？然後快轉到誘餌還在的那一半帶子的中間。這樣快轉了幾次就找到了最關鍵的幾分鐘！

和雙鼠聯盟的對戰

看了那幾分鐘，全家恍然大悟，嘖嘖稱奇。原來除了松鼠，還有老鼠幫忙吃餌。我們先看到松鼠兩個眼睛的反光，但是沒有看到別的行動，因為牠不在燈光照到的範圍裡。然後一隻小老鼠出現了。它飛快地進去咬了一點餌——因為老鼠很輕，不會觸動誘獸籠的機紘——然後安然地出來。過不久，老鼠回來又咬了一點餌。我看牠咬得不多，心想老鼠要咬多少次才能把餌吃得精光？

噢！老鼠的智商不比我低，它也不耐煩吃得這麼慢。老鼠第三次出現的時候用兩隻後腿站立，一跳一跳地跳進去，然後用前腿把餌取出來，接著捧著全部的餌一跳一跳地離開籠子。

好了！秘密揭曉了。有辦法破解這雙鼠聯盟嗎？加上捕鼠板！可是牠們又聰明又合作。松鼠先生會先跑去觸動捕鼠板，然後把它甩掉。老鼠免禍。

解決方法是個個擊破。我們在餌上動腦筋，把松鼠不愛的餌放在捕鼠板上。這樣試了幾次，老鼠終於被擊斃；松鼠也被送到十五哩外放生。我很惋惜這隻聰明的老鼠。值得安慰的是，牠的聰明行為的影像，我保存了卅多年，比牠的天然壽命長很多。

我們閣樓的洞還是沒有找到。後來有一位聰明的工頭幫我們裝修房子時，建議了一個好主意。他叫我們在房子裡向天花板敲打，敲打時他埋伏在房子外面觀看。果然敲打不久，工頭看見松鼠在屋頂和外牆之間的一個小洞奔出來。他趁著松鼠跑出來時，趕快到天花板上把洞堵住；如果松鼠被關在裡，它會拚命在牆上或天花板咬個破洞的。

後來我們推想出為什麼會有一個洞。

我們的屋頂有一個天窗。初搬進去時，我們常常把天窗打開讓閣樓透氣，引進了一頭浣熊，我們不知情下把天窗關閉，這隻浣熊試圖咬破一個洞出去。後來，我們在晚上打開天窗讓浣熊出去、趁牠還沒回來時把天窗關起來，就此杜絕了浣熊之患。不料，浣熊當時咬破的洞口，跑進了一隻松鼠，就是這故事的開始。

One more time!

我們搬到佛羅里達州的時候也有幾個動物造訪的故事，幸虧和鱷魚無關。

房子的後園的圍牆內有一個游泳池。有一天來了一位不速之客，是一隻飛進來的野鴨子，紅嘴黑羽，還蠻好看的。牠愛我們的游泳池，因為在池旁有矮樹及樹上和地裡的小蟲，又有食物又有廁所。我們起先很歡迎，後來沒有那麼熱烈。野鴨大概感覺到該吃的和留下的都達到飽和，就毅然飛離了。

有一天我在書房用功時，忽然有像翅膀打在牆上的聲音。這聲音越來越響，就在我書桌邊的牆裡傳出來。美國房子的牆都是中空的，靠外面的是木板，靠裡面的是石膏板。從聲音判斷，大概是一隻不小的鳥掉到內外板的中間，在那裡撥翼要飛上去。我不忍心牠死在我的牆裡，也怕牠的屍體會發臭，所以想辦法把鳥救出來。

夾在牆中的動物怎樣救呢？只好把石膏板鋸開一個洞，讓鳥可以飛出來。因為是石膏板，事後不難把洞補回去。我在儲藏室還有當年捕松鼠的籠子，我把籠子打開、頂著洞，這樣那鳥出來就會在籠裡，不致在書房亂飛。

我就按著計劃做了。為了讓鳥可以放心出來，我離開書房，把門關起來，在門外細心地聽。過不久，果然聽到跑進籠子的聲音。把門打開一看，原來是松鼠。

老朋友，久違了。

第二部

漫漫成長路

從出生、四個小學，到初中

我是在香港發生的。因為戰亂，母親把胎中的我帶到越南出生。雖然那時越南也被日本佔領，但是因為統治越南的法國在歐洲已經被德國佔領，日本取下越南並沒花太多力氣，所以在日本佔領的地區中，越南相對平靜。平靜歸平靜，物資還是欠缺的。據說我嬰兒時有點營養不良就是這緣故。

我可能對出生有一點記憶。年紀非常小的時候，腦海裡常常湧起從暗到亮的一個回憶。懂事以後會推想是不是出母胎的回憶，但是無從證實。我記得的事是母親握著我的手教我寫字。她的字寫得好，但是我的字很難看。相信她相當失望。她教我從一數到一百倒是很成功。

在我很小的時候，九舅常常抱我去散步，還會偷偷親我。另外一位年青英俊的細舅是二外祖母的獨生子，一位有抱負的青年，喜歡照相，有一台35 mm的攝影機；他拍過我的大頭照，是有照片為證的。可惜細舅患了肺病，那時還沒有抗生素，所以很早就永別了。

我對細舅沒有記憶，是長大後母親告訴我的。倒是他的女友送我們家一隻小哈巴狗，和我的二弟本固同歲。母親給小狗取名「固固」，不只有二弟的名字，而且「固」字的潮州話和「久」同音。這小狗後來長成大狗，活到高齡，是被我們寵愛的狗。

因為我是頭生的。在弟妹尚未出生之前，我獨佔母親的啟發至少兩年，以後我的學歷也佈滿母親的足跡。我的幼稚園和小一、二是在客家幫（越南的華人社會有很多自治的幫會，像潮州幫、客家幫等）辦的崇正學校讀的。我很早進幼稚園，以致到了小一的時候比同班同學小兩歲。母親怕我受同學欺負，讓我再讀一次一年級。我還不太懂事，因而也不在意留班，還以為一年級是可以繼續不斷讀下去的。

到了三年級，母親把我轉到坤德女子學校。其實該校的男生不少，幾乎佔了一半，名為女子學校只是從以前男女必須分校時遺留下來的校名。坤德應該是一個很好的學校，因為我一位很會唸書的知用中學同學也在那裡讀過，我的堂姐和堂兄也在坤德讀書。

四年級是我如大夢初醒之年，在班上的排名是個位數——記得是第四或第六。以後功課就繼續向前。我發現學校的圖書館可以借書，於是每週一本把《水滸傳》、《西遊記》、和《三國演義》都一本本看完。我的大表姐許世文先後借給我大仲馬的《俠隱記》和《福爾摩斯全集》。

坤德全校只有兩位男老師。一位張老師是訓導主任，道貌岸然，望之生畏，我們都敬而遠之。有一次母親到訪，和張老師在學校的天井交談，我在母親的身旁。接著老師也跟我談話、表示關心，並問我想要什麼東西。學校的天井有一個大瓦缸養了很多金魚，我平時在天井逗留時常常觀賞這些金魚。我一眼看見這魚缸，不曉得哪來的勇氣，說我想要幾條金魚。意出望外地，張老師捲起袖子，撈出幾條金魚放在玻璃缸給我帶回家。

另外一位男老師是蔡老師，教五、六學年的全班，兩班在同一教室的左右邊上課。五年級在右，老師教完一邊到另一邊教，空下的一邊就做作業。這樣分班不是學生人數不夠的問題，我想可能是師資不足的關係。蔡老師要同學們參加課後的補習班，當然得繳學費。我沒有參加，因為不覺得有需要，後來被老師罵，只好乖乖上他的補習班。

蔡老師有一個陋習是打學生的腦後。有很多同學遭殃。我倖免。但是有一次在分班上課的時候，老師在左邊的六年級教課，我們班臨帖，用毛筆寫大楷。沒想到蔡老師站在我的後面看我寫字。忽然我腦部一震，挨了一個腦光。可見我的字是不及格的。母親教我寫字想必也花了不少傷心的時光，只是沒有給我腦光。

我在坤德女子學校讀到五年級的上學期，然後轉到廣肇幫辦的穗城學校，這是最大的華校。學生有二千多人。師資和設備都是很好的。有小學與初中。母親抓住一個機會，讓我學期一結束就轉過去。記得我因故沒有參加結業典禮，後來去見蔡老師補領成績單。他把成績單交給我，沒講什麼話。我不曉得他知不知道我要轉學，一看成績單，我居然考了第一。那是我有意識以來，平生第一次考第一，但是沒有什麼表揚就悄悄地離開坤德了。

我在穗城一直唸到初中畢業，度過很安定美好的學習時光。穗城有籃球場、田徑場等，提供籃球、排球、桌球、跳高、跳遠、短跑、單雙槓、繩梯等設備。體育主任陳英潮老師在國內體專畢業，所以我們才得到那麼完備的體育教育，我以後上的中學都沒有那麼認真地教體育，大學更不用說了。穗城有童子軍的訓練，據說童子軍主任吳其照老師出自黃埔軍校。我讀的五年級有智仁勇三班。我記得我是五仁和六仁，後來是初一智、初二仁、初三仁。

我們除了國語課需要寫作文之外，每週必須交一篇週記。我的班主任譚慧嫻老師很欣賞我的週記，因為我不記流水帳，每一篇都記載有意義的主題。她在我的週記簿上常常寫了很多鼓勵性的批註。這件事同學們都不知道。

但是有一件事是他們知道的。算術課教到三層括弧，做作業時，我覺得應該列出整條有三層括弧的式子，然後再一層層地把答案算出來。全班只有我做到，所以老師請我在黑板上向同學示範。過不久，老師為了提高大家的算術水準，要學生們選出幾位算術比較好的同學幫忙大家學算術。我高票當選。

初中唸的國文，採用台灣中央印刷局的課本，編列的文章以「智、仁、勇」為主題。我們除了學文學之外，在品格的陶冶和人生的抱負得益不少。國文每年必須背一篇長文。我因此得以欣賞中國文學的一些精粹，像〈琵琶行〉等。因為穗城是廣肇幫辦的，授課用粵語，〈琵琶行〉用粵語背誦別有一番風味。

其實考第一不是我的特長。我在小學時考過一次第一，初中時也只有一次。那是在初一的時候。並不是我那一年考得特別好，而是常常考第一的女同學體育不及格，必須分到不及格的同學中排名。以後這位女同學在體育上痛下功夫，我就再沒有機會了。我在初中畢業時也吃了一次體育不及格的虧（請見「學做父母親」）。我在穗城的音樂活動，在後面的「用心音樂的生涯」中會詳細說明。

穗城沒有高中部，初中畢業時，我在「嶺南」和「知用」這兩所高名氣的高中選了「知用」，並高分錄取。後來穗城加辦高中，我已不便轉回，不得不向我的初中同學道別。初中畢業典禮上所唱的畢業歌「送別」，令我感觸很深。

長亭外，古道邊，芳草碧連天。
晚風拂柳笛聲殘，夕陽山外山。
天之涯，地之角，知交半零落。
一瓢濁酒盡餘歡，今宵別夢寒。

別了，穗城同學們！我們各奔前程，後會有期。

波折重重的高中生

我初中畢業時，越南有兩所華人高中：嶺南和知用。這兩所學校在大陸都有前身，師資和長處各有千秋。從客觀的條件看來，我應該選嶺南，因為該校離我們家很近，走一兩條街就到了。而且嶺南是基督教學校，有一些教會的弟兄姐妹已在嶺南就讀，會升到高一和我同班。可是好幾位同學告訴我，知用有一位很有名的數學老師，因此我並沒有太多考量就報考知用。

當時父親的英文中學已成立，這應該是另一個需要慎重考慮的選擇。但我沒有提出要進入英文中學的正規班，父親可能很傷心，卻也沒有任何表示。上帝知道這些，祂有更好的安排。

我投考知用中學很順利，高一的數學老師居然就是盛傳的那一位。高一上學期我考得第二名。正要繳高一下的學費時，父親和我深談，他要我轉到他的學校。好吧！父命難違，我從知用退學、轉到林威廉英文書院第一屆的第二學期。

這樣過了一個學期。

高中三年唸三個高中

第二年開學前，父親叫我到辦公室告訴我，知用中學因越南政府的規定，必須以越文授課為主，所以沒有辦法繼續辦正規班。他們打算用補習班的方式每天下午教國英數理等主科，歷史地理等就省略了。但他們不能在學校授課，要租借林威廉英文書院的教室。因此我可以上午讀林威廉英文書院，下午在原地讀知用中文中學。就這樣我讀了高二上，在這班上我考第三。

高二下，知用補習班租到離正校更近的教室，歡迎我跟他們過去，於是我得以繼續同時上中英文學校的生涯。接著，到台灣升學的機會來了。

高一的時候，我幾乎坐上台灣派來接學子回國升學的專機，但因越南政府的政策沒能成行。現在機會又來了。遺憾的是我必須離開我在知用認識的兩位好朋友：文增鴻和梁志堅。

志堅也是一天讀兩校的，不同點在他同時讀高二和高三——當然是在兩個不同學校的補習班讀的。

增鴻是一位大才子，文筆和畫筆都好。他畫了我們英文老師的漫畫，像極了，而且把她的特徵都畫出來。高二考第一的當然是他。

高一時沒能成行到台灣升學的原因則是：自從吳廷琰總統征服軍閥，統一南越之後，開始排華。越南本來是中國的屬國，在大都市華人集散的地方，不但有商店和學校，還有醫院、戲院、各幫的公所等。據說中法戰爭是中國戰勝的，但是捷訊送到北京太慢，當滿清政府得到消息時，不平等條約已簽定。幸而當時的法國仍容許那些華人的社會結構，也因此華人在越南有相當大的經濟影響力，新的越南政府受不了便執行排華政策。

那時中華民國在越南只有領事館，為了安撫海外的僑胞，把領事館升格為大使館。首任大使袁子健抵越時，華人萬人空巷歡迎他，可見對祖國寄望之切。

排華的條款中有一項規定是越南出生的華人必須入越籍，這一項打中很多學子，包括我。祖國看重這些青年，特別設立了道南中學，派專機到越南接不願入籍的學生回台。專機來了兩批，到了要接我的第三批，就被越南政府禁止了。因此我才在越南讀到高二。

母親知道我赴台心切，花盡心機為我奔跑，終於找到可以申請到台灣升學並且合法離越的辦法。那時中華民國的教育部還沒有承認林威廉英文書院，但是知用是被承認的。幸虧我在知用有足夠的成績申請插班新竹中學的高三，而且也得到批准。要是我從高一上起在林威廉英文書院上課，就來不成台灣了；要是專機把我接到道南中學，我也不會到新竹中學了。在新竹的那一年，影響我的人生甚鉅（詳情記在「竹中高三：一載定半百」）。

其實我母親不放心我到台灣讀高三，因為知道要考聯考才能進大學，怕我考不過本地同學。我自己倒是初生之犢不怕虎，憑著信心赴台闖關。

我在林威廉英文書院那三學期奠定了扎實的英文基礎，讓我以後在閱讀、寫作、溝通、演講上都能駕輕就熟。謝謝爸爸開了這麼好的學校。

我的升學歸功於上帝不尋常的設計，是眼未曾看見，耳未曾聽過，人心未曾想到的。我那兩位好朋友在知用畢業後也來台灣升學，因為知用那位數學名師的推薦，都進了成大機械系。我因一位在台大電機就讀的弟兄的一番話，考進台大電機。

竹中高三：一載定半百

我很羡慕在竹中有三年或六年學歷的校友，因為我只上了第十二屆的高三戊班。這一年雖短，對以後的五十多年人生影響極大。

進竹中的衝擊

進了校門，和同學交談之下便知道學校採用軍訓，大家都必須剃光頭，幸虧那一年比較寬鬆，平頭就可以了。我又聽說功課很重，考試很難，老師很嚴，教官很兇，校長是廣東人，滿口廣東國語，高二要考游泳、要視唱五線譜，高三要跑五千公尺。

我插班高三免了游泳和五線譜之劫，應該很高興才對。可是我不能愧對竹中的同學，後來在大一的暑假跑去成大的游泳池學會換氣，用蛙式游五十公尺。那時我會看譜拉小提琴和夏威夷吉他，雖然有視奏的能力，但是視唱的功力很低，及至後來參加了正規的詩班才掌握了視唱。

我在竹中非常享受，不是物質上的，而是生活上的。在越南讀高二時，我每天要上八小時的課，也要做中英文功課。做功課房間的隔壁就是父親學校夜班的教室，老師的聲音隔牆干擾。早上讀聖經的時候也有人上課。後來我學會閉耳功，讀書時不管外面多嘈雜，總可以有相當程度的專心。

我們住在父親辦的學校，沒有固定的床。每天要等到夜班都下了課，把長桌合併成床，鋪上草席，掛上蚊帳才能睡覺。到了竹中住宿舍，雖然五張雙人的疊架床把房間擠得滿滿，但是各人有固定的床，令我覺得很有安定感。固定的床用處很多，可以放點小東西，也可以晾乾內衣褲。外層的衣服需要交洗，但是捨不得花錢熨，就把衣服折疊好放在枕頭底下，睡覺時可以把衣服壓平。我每天清晨跑到後山讀聖經，在操場運動，都是享受。更不要說每天晚上有固定的時間在安靜的教室做功課。

我心中擔心的是不曉得竹中的課業有多難。第一個小考是物理。我得了59分，是我有史以來從沒有得過的低分。我覺得國內的程度真是名不虛傳，以後需要加倍努力。命題的物理老師羅宇勳，是台大的物理學士、竹中的學長。他對我們的期望過高，那一場小考給班上的同學下馬威，也令我格外儆醒。一直到考過了期考，我的擔心才去掉。我考到第六名。國內考得比我好的同學的數目，是越南的兩倍多。記得考第一名的是吳義雄，他也是班長。第二名是陳維和，後來考進台大地質系。吳義雄則保送台大化學系。

我被推舉代表戊班參加全校不分年級的英語演講比賽。那時高二有一位國外來的同學，英語流利得很。我覺得勝算不大，但是本著竹中的精神還是用心準備。我手上剛好有一本《*The Tales of Shakespeare*》，是林威廉英文書院的教科書。我選了其中〈The Taming of the Shrew〉（馴悍記）的故事。這故事記載一個很強悍的少女嫁給一位很有眼光、也很有智慧的男子，被這男子馴服成為良妻。反之，她那溫柔美麗的妹妹結婚後變成駕馭丈夫的潑婦。這故事曾多次拍成電影，讀者應該很熟悉。

劇中有一幕婚禮，牧師問男方願不願意娶Katherine為妻，那位準丈夫故意用震撼全場的聲音說願意。我在演講時也照著劇本用震撼全場的聲音說這句話，並把手中那本書砸擊講台。台下的師生們果然被我震撼住，全場鴉雀無聲，居然讓我得了第一名。

那時台灣的物資缺乏，伙食很少有肉。每月有兩天加菜，加上節慶日加菜，可以分到一片五花肉，平常的主食是白菜和白飯。早餐的稀飯偶而會有花生米。有一天，一位室友建議我們十人合夥買一打小鴨子，把牠們養大後加菜。於是竹中的後山便多了一群小鴨。這些鴨子倒也很好養。我們任何人興致來時就去挖蚯蚓給牠們吃。沒有人管時，牠們自己會想辦法解決。

幾天不見就會長大一些。只是後來不曉得有人來偷或是給後山的野獸抓去，等到可以果腹時只剩下幾隻。我們每次抓一隻，請宿舍的廚師幫忙烹調。那時覺得很滿意，可是現在回想，覺得好對不起這些鴨子。當時不應該吃牠們的，應該在後山給牠們開拓一個可以安居繁殖的地方。

另外一個加菜的方法是把家裡寄來的臘腸烤熟來吃。有同學用鐵線包紮半球形的燒杯成為一個可以耐火的架子，把棉花放在燒炌中再澆點酒精，點燃了就可以烤臘腸。這種土製的爐子被稱為原子爐。教官聞到香味會來檢查，接著就是警察和小販鬥智的遊戲了。

我的同學

戊班的同學我大半認得。他們都對我很好，並沒有因為我是插班生或僑生而排斥我。詹勳壹也是基督徒，好幾次請我到他家裡吃飯，令我覺得非常溫馨。

除了前面提過的吳義雄和陳維和，我們班上出了好幾位知名人物：許信良後來當了民進黨的主席，呂溪木則當過師大校長。

甲班的王思昆品學兼優，人緣也很好，畢業典禮時得大獎，人人都認得，我也不例外。甲班的菲律賓僑生呂新智人見人熟，喜歡幫助人，畢業典禮時得了最佳服務獎。新智後來進了台大電機和我繼續同窗四年。他畢業後出來創業，聽說相當成功，可是正當壯年卻因心臟病去世，算是竹中和台大同學中，最先和大家永別的。

甲班的陳敬騰是越南知用中學的學長。敬騰的功課很好，而且很樂於助人。畢業後到師大深造，順理為人師；回越後也從事教職。越南變色之後，敬騰要回台居住，可是台灣政府不批准居留；辛校長到各機關奔跑，終於為他爭取到台灣的居留權。因此敬騰對校長非常感恩，每逢校長的逝世週年，敬騰會和校長的公子辛三立一家去掃墓。不幸，敬騰也辭世了。

丙班的江博明是最近在第十二屆五十年重聚時再見面的。博明是中央研究院的院士，為竹中增光。他是非常敬業認真的人，對網球一樣很認真。可惜他也離開我們了。

丁班的李仲同也是基督徒，後來也在台大電機。大學時我到浸信會懷恩堂聚會，他到Friendship Corner。我們有時用台大的教室一起查經，也邀請同學參加。後來他娶到高安，我娶到黃修慧；兩人是北一女的同學。高安台大植物系，修慧動物系，比我們小三屆。兩位太座也都是基督徒。我們在奧斯汀時和仲同在同一個教會事奉。我們又是IBM的同事——我在美國東北角的IBM，他在南部。

己班李清江也是台大電機的同學。台大畢業後很多同學出國，清江選擇留在台灣。他後來升任到中華電信的副總經理，比很多出國的同學有更高的成就。我公元二千年回台後，很惋惜地參加了他的喪禮。報上登載他因自殺身亡，但同學們覺得清江不是輕生的人，真相未明。

高二學生中，有一位越南僑生林明德，他是小提琴高手。明德介紹我拉流浪者之歌，令我大開眼（耳）界。明德後來唸醫，頗有成就。他的女兒是專業小提琴家，我最近去聽過她在台北開的演奏會。

高一有一位張肇康越南僑生，後來在美國創辦化學實驗室，很有成就。張系國也是竹中的校友。比我們晚一些，他也比我晚幾年進IBM的華生研究中心。我們住得很近，有一陣子輪流開車上班。我在系國身上也看到竹中人的抱負、辛校長的影響。

竹中的同學真是臥虎藏龍。數十年不見，當年這些剃平頭、穿卡其軍裝的同學都成為各行各方的權威，對社會很有貢獻，也不負校長當年教育我們的一番心血。

我的老師

竹中的老師們既然是辛校長慎重招聚的，對我們的影響也是正面而且持久的。

前面提到的羅宇勳物理老師雖然給我們一個下馬威，大家對他仍然是非常敬佩的。我考大學選系的時候，跑去請教他應不應該選物理系？他看著我，沉思了一陣然後對我說：「嗯！你很用心，應該可以試一試。」我想不妙，自己大概不是讀物理的料。教會裡有一位台大電機的學長叫陳家騏。他向我分析說：「電機是工學院中最接近物理的。你的才智不可能得諾貝爾獎，還是唸電機將來就職的機會多，比較實際。」

他說的也是。諾貝爾獎是王思昆、吳義雄這些人去角逐的。我就下了決心選台大電機為第一志願。後來我考到424分，不需動用僑生的加分，剛好可以進我的第一志願。我認為這是上帝對我人生方向的肯定。原先除了隨著潮流升學之外，我心中也爭戰著要不要去讀神學院，以後全時間事奉主。既然上帝讓我不偏不倚地射中目標，我就放心讀電機了。

彭商育老師對我的數學影響極大。大家都知道他有很重的湖南口音，很少人聽得懂他的話，可是我們都能吸收他的教導，因為他很會寫黑板。彭老師對我的影響是這樣子的：我一直到了初中畢業，數學從來不用複習，隨時可以應考。到了高中，用這種立即領悟、用心做習題的方法有點行不通。雖然還是可以應付考試，可是心中虛虛的。彭老師把我的三角、幾何、代數、解析幾何全部有系統地打通了，三角公式也可以用理解牢記。

彭老師並且教我們怎樣把對的答案，有條理、有效率地表達在作業或考卷上。聯考後比對標準答案，我全答對，以為可以得一百分，不料只得89分。數十年來仍不知這11分是如何失掉的，猜想是字寫得潦草所致吧。

楊榮祥老師教生理方面的課，沒有教到我。可是我跟他有很多互動。主要是因為他對音樂的熱愛，成立學校的管樂隊。他知道我和林明德會拉小提琴，想把管樂隊擴展為管絃樂隊。其實我們只有兩個人，起不了太大的作用，而且只有明德拉琴的功力高。我的琴史很淺，能力有限。雖然如此，楊老師對我的學琴仍然很關心。他帶我找提琴老師的事記在「用心音樂的生涯」這一章。

楊老師對我的生活也很關心。有一次他請我看「戰爭與和平」。這部電影是有名的巨片，音樂極佳。我最記得片終時，觀眾匆匆紛亂離場，楊老師大表不滿。他認為電影的最後一段音樂經常是非常精彩的，應該安安靜靜聽完才離開。這話對我的影響極大，以後看電影或聽音樂，我都安靜地聽完，以免暴殄天物。

我的校長

沒有一位同學不受到辛志平校長的影響，我當然也不例外。我們戊班很榮幸得到彭商育老師教數學，也很幸運地得到辛校長教三民主義。他把三民主義當作德育的教材，灌輸我們很多對社會國家應有的態度和抱負。我就這樣每週得到德育的享受。

他在每天的晨會，給我們的訓話也是很激勵人心的。校長對僑生很照顧，週六常常邀請僑生到他家吃飯。他喜歡打橋牌，飯後和會打橋牌的同學一起盡興。

不過，我讓辛校長失望的次數很多。

我到學校不久，所有的僑生都有機會做一個智力測驗，聽說在竹中是首次。我沒想太多就去應測，過程相當順利，有足夠的時間做到每項的最後一兩題。可是考後沒有告知我分數，只有校長和一些老師知道。辛校長特別要我和他打橋牌，可是我的橋牌馬馬虎虎，非常令他失望。

還有一次失望是在校長室裡，當時校長告訴我可以保送成大。他說台大規定轉學生不能保送，但是成大沒有這樣的規定，我的成績可以保送至成大電機，校長問我要不要接受保送？我想了一下就婉拒了。若是我當初聽母親的話，等知用中學畢業後才來台灣升學，很可能就會申請成大的機械系。因為知用的一位數學老師，非常鼓勵同學們到成大讀機械，在我高二時，班上的第一名同學就因此到了成大讀機械。

另外一次失望是發生在一九七三年，是我一九六三年離台赴美的十年之後。當時我已取得博士學位，到IBM做研究。那一年我回台省親，也跑到新竹拜訪校長。我帶著照相機在校長辦公室拍過校長之後，就到操場去拍降旗典禮。校長後來告訴我，他本來打算請我到升旗台上和學弟們講幾句話的，是因為我要攝影而作罷。我知道之後很難過，怎麼可以因為要照相而失去和學弟們互動的機會？校長和我都失望。

有一件事沒有令校長失望，我事後才知道。聽說聯考成績揭曉之後，校長在升旗典禮時告知同學們我免加分考進台大電機。他大概想以此激勵其他的僑生同學，增加他們的信心。

竹中智育對我的影響

竹中的智育讓我們這麼多同學考上好學校、好科系，肯定是一流的。我能把數理化整理得清清楚楚，全歸功於老師們的教誨，同學們的薰陶，以及可以專心用功的環境。

五十多年來我不輟求知、長存好奇、不明則不休的心態，多半源自在竹中這一年。

竹中德育對我的影響

好的知識加上創意和能力，若沒有道德的規範，不但對社會國家無益，反而會變成害群之馬。德育容易靠在嘴上，但是不容易落實。要德育成功除了熱忱，還要有方法，又要以身作則。我很幸運地到了一個重視德育的教育環境，有注重德育的校長，號召了志同道合的老師，又吸引了願意向上的學子，成為一股沛不可擋的力量，這是我非常感激的。

五十多年來，我很幸運地在兩所重視誠信和操守的公司任職，如魚得水，也和竹中陶冶出來的性格有關。初中信主之後，我在日記寫下：「以後我的德育可以倚靠主做到」，祂真的不斷給我修養品性的好環境。

竹中體育對我的影響

我高一和高二那兩年沒有什麼體育的環境，所以到了竹中有操場、單雙槓、又可以打軟式網球——對我這打羽毛球的人很容易上手。我在準備聯考時，自己規定每天讀書若干鐘頭就到操場拉單槓。跑五千公尺也是很好的鍛鍊。我的確很幸福，初中的穗城中學也很注重體育，體育老師是國內體育系畢業的。學校有單雙槓、跳高跳遠的沙池、繩梯、籃球場等。老師教每一位學生跳高、跳遠、推鉛球、投籃、跳繩、攀繩梯、跑五十公尺等。和竹中的游泳和五千公尺是很好的互補。我的體育生涯詳見「用心運動，達到最好的自己」一章。

竹中美育對我的影響

因為我只上高三，音樂和美術課都讓我閃過了。我在竹中的攝影和拉琴就算是美術和音樂補習吧。其他的美育事蹟記在「用心音樂的生涯」和「用心攝影捕捉美」中。

我在竹中短短的一年，影響此後的五十多年至鉅。這一年發生的事情都歷歷在目，猶如昨日，深深地銘刻我心。謝謝各位師長和同學為我的付出，願辛校長的教育理念繼續發揚光大，普及台灣，遍及全球。

難忘的大專聯考

聯考是人生的大事。

一九六〇年代，大學聯考大約有二萬考生，錄取約一萬人。這錄取標準比現在的標準低了幾乎一倍，考到名校、進入熱門科系的機率更是低得可怕。競爭這麼激烈，我只在台灣讀了一年高三便要應考，考得上名校和好科系嗎？僑生有優待，門檻低一點，但是我並沒有想要佔這便宜，因此備考的心態和本地同學無異，希望考得好，為新竹中學和僑生爭光。

高三雖然有很多課瞄準聯考，可是仍然注重對學科的了解，要能舉一反三，而不是單純做很多考題、把解題的方法都背起來。我沒有為聯考而補習，很多同學也沒有。住宿舍的不可能去補習，通車的同學花在上學的時間已經很多，加以大家的家境都平平，哪有錢補習？現在家境好的同學比以前多，變成有錢補習，又求勝心切，形成惡性競爭。社會豐裕反而把子弟發展創意和有健全童年的機會剝奪了。真是可惜。

我準備聯考的方法是把所學的搞懂搞通。老師們在這方面給我們很大的幫助，像彭商育老師，不但教我們三角和解析幾何，他還幫我們把整個高中三年的數學融會貫通，怪不得很多同學聯考時數學考滿分。

準備聯考的這段時光，是我一生中很快樂的時光之一，因為目標明確，生活有規律。我一早起來，讀經禱告之後，作一些運動，像在操場跑跑步、拉單槓，然後溫習課本、進餐等。

我選志願也很簡單。我只填了十三個志願。很多人依照甲、乙、丙組錄取標準的高低把該組所有大學的所有科系都填進去。我覺得填志願應該是選自己喜歡唸的科，不管有沒有違背錄取標準的排序。我最喜歡電機，所以電機是我的第一志願，接著是土木、化工、機械、物理等。醫科擺在第十三志願。當年醫科排在甲組，是很多甲組考生的第一志願。我卻剛好相反。其實我這樣做有點賭氣。當年因為土木系在台灣的就業機會比電機高，所以錄取分數是425，比電機的423高，物理的錄取成績是430，醫科的更不用說了，我彷彿記得在450分以上。我的分數若比423高，不管是425、430或450都會進電機。反過來，若是我只考到422分，土木、物理、醫科雖然都在我的第一志願以下，當然也輪不到。

其實我選志願的棘手處不在這些屬世的科系上。我需要明白主的旨意是不是要我唸神學，將來全時間為主工作？所以在禱告中時常尋求主的旨意。在祂的旨意還沒有彰顯以前，我姑且先走一般人所選的路。後來我考到424分，不需動用僑生的加分，剛好可以進我的第一志願。我相信這是我的主對我人生方向的肯定。神既然讓我不偏不倚地射中目標，我就放心讀電機了。

聯考不見的11分，哪兒去了？

我、李卓邦同學和陳紹衡同學的考場在台北的成功中學。考前幾天我們從新竹來到台北，一到台北就先去認識考場。考試當天一早就到了考場，緊張地等待那決定性的時刻。我在等待的時候心血來潮，給自己按手量脈搏，記得超過每分鐘一百廿次。可見考生們表面看來都很平靜，其實內心是相當緊張的。

我考過第一堂課之後就平復了，接著順利地過了兩天考完了六門課。隔天對報紙上的答案，發現數學全答對了。那豈不是一百分？哇！不得不感激彭商育老師。接著就等成績單了，這沒有報紙的標準答案那麼快，只能一天一天地等。

成績終於揭曉。我的數學、化學和英文都考得好，物理、國文、三民主義卻普通。六科的總分是424，夾在土木系和電機系的最低錄取標準之間。不管我的第一志願怎麼填；照最普遍的最低標準排，或是照我真正的志願排，都會分派到電機系。這是屬世的看法。屬靈的看法：上帝插手了，藉著分數讓我知道我應該走上唸電機的路。六十三年後的今天，回顧我一生遭遇的事，並在教會事奉的經歷，上帝幫我選的果然是最適合我的。

回到我那一百分的數學。我接到成績單時大失所望，數學只得到八十九分。我的答案明明全對，為什麼丟掉了十一分？上帝不會為了要我唸電機把這十一分拿走吧？費解了五十六年，到了我在彭商育老師的追悼會致詞時，才領悟到關鍵所在。

彭老師帶著很重的湖南口音，他在課堂上講的話很少人聽得懂的。可是為什麼他教出來這麼多好學生呢？原因在他的字。他在黑板上寫字又快又好。大家靠抄筆記就可以得到彭老師的真傳。我這個不成材的學生只學到他的數學，沒有學到他的字。我的字又潦草又難看，考試官可能有些字看不懂，或者嫌看我的字太費勁，扣我十一分。

我在IBM的華生研究中心時，有機會聘到一位甲組狀元。一看他的字就恍然大悟，能寫一手狀元字肯定會加很多分。字寫得不好是吃虧的。我現在為人師表，看到學生寫得秀麗清楚的習題和考卷，的確會有好印象。到了職場，清楚表達的能力更加不可缺——人有了學問，還要會清楚表達。

那我的爛字怎樣在大學、研究院和職場過關呢？

時代是進步的。我們考大學聯考的那一年，第一次不需要用毛筆考國文。後來比較正式的英文書寫可以用打字機。電腦和印表機的發明救了我，幫我寫字和製圖。能力不足時，需要善用其器。上帝知道我不足之處，讓我生長在有工具彌補缺陷的時代，並且討了一位字寫得好的妻子，是祂叫萬事互相效力的。

大學生活的點滴

努力了好多年，進入好大學的夢想終於實現了。繳費註冊的那一天，我和一位從越南知用中學直接保送到台大電機的同學黃永明一起去註冊。我和黃兄以前沒見過面，只是彼此風聞。雖然是知用中學的校友，可是不同屆。他比我高一班，在知用的功課很好，到了台大想找一個讀書的同伴，於是找到我，以後就常常同進同出，只是沒有住同一寢室。

我們去註冊前沒有打聽清楚，大家為什麼都想搶著要數字小一點的學號。後來才知道：因為從台灣知名中學保送的同學的學號都是排在前面的；若是學號在前，可以引起是保送生的錯覺。另外，僑生同學的學號排在本地同學的後面，學號前面一些，接近本地同學的邊界，會令人感覺是本地同學。

我們兩人不知道這事，既使知道也不會在意。所以我的學號是485398。48代表民國四十八學年，5是工學院，3是電機系，98是我排到的號碼。黃永明的學號是99。其實在我們學號前後的同學，像97號的梁慶封和100號的黃雄耀，成績都很好，我們班按著學號排的成績曲線並不那麼明顯。

名震江湖的303室

僑生多半住宿舍。我也不例外。大一跟教會的弟兄陳家騏和盧居恕住在15宿舍的108室，其他的室友是越南和港澳僑生。到了大二，我應竹中學長李卓偉之邀，搬到14宿舍的303室，其中有高棉僑生、越南僑生、泰國僑生、還有兩位本地生。到了大三、大四，303室吸引了竹中的僑生學弟，只有一位非竹中的馬來西亞僑生。他敲門自我介紹說，知道我們用功讀書，希望成為我們的室友。我們欣然歡迎這位胡善群同學。

每個房間有四張疊床，可以睡八位同學。每位同學有一個書桌，一個半室高的狹櫃，床底下有兩個抽屜，上下舖的同學各用一個。我的書桌雖然不大，倒也可以放一個唱盤，還有一台自己組裝的收音機兼擴音器。

這台自己組裝的收音機是電機系學生的特權。當時是備戰防諜的時代，真空管是管制品——因為真空管除了可以組裝收音機之外，也可以拿來裝發報機。只有電機系的學生因為實習，可以憑學生證購買一套真空管。電機系同班中有一位馬來西亞同學，他有收音機的線路圖，給我們各一張。我們就按圖去買真空管和其他零件，組裝了一台沒有機殼的收音機，居然效果很好。畢業後我送給嘉義的姨丈。他放在工廠裡給工人聽，居然用了超過十年沒有壞。

同寢室的一位學弟看見我的收音機不錯，也想要，請我幫他組一台。我答應了，並且為他升級，裝推拉式（push-pull）的擴音器，音質和音量應該比我的更好才是。不料效果相反，有嗡嗡的雜音。我當然得幫他把雜音除掉，這比裝機更難。我花了九牛二虎之力，把零件拆了又裝，按著電路逐步找雜音的來源，最後才找到，並把雜音的源頭隔離。不過，因為碰到困難反而學到更多。

台大宿舍的伙食比竹中好，一分錢一分貨也。我們在新竹一個月繳一百五十元伙食費，最常吃到的是白菜下白飯，以豆腐和花生為蛋白質的主要來源，每月兩次加菜才吃到豬肉。那是連皮帶肥的五花肉。有一次加菜，一位同學自願為全桌的十位同學分菜，分給我最少瘦肉的一塊，因為體諒我最瘦小，需要肥油。

在台大宿舍吃飯是營養大解放。每餐五元，可以挑選炒飯或炒麵等，並可以用一塊錢加一個蛋。我最喜歡吃的菜是白鯧魚頭。魚頭很大，有不少肉，而且魚骨頭鬆軟，可把骨頭裡的美汁吸得乾乾淨淨。現在，縱使在大餐廳，也買不到那麼大的白鯧，真要有的話，可能也要花數千元才能嚐到那種美味。

我在台大的早餐是四片吐司和一杯全脂奶粉沖的牛乳。那時有美援的脫脂奶粉，很便宜，但是會拉肚子而且味道不鮮美。我們偏愛全脂牛奶，但是為了省錢，五位同學合夥買一罐五磅裝的奶粉，然後一分作五。因為每人都有一個用過的一磅奶粉的空罐子，分裝到這五個罐子很方便也公平。

因為營養好，我離開新竹時身高163公分。在台大僅僅一年就衝到168公分，從新竹來的學弟看到我，都很詫異。

那是十八歲的事了，七十六歲時，已經縮回到165公分。

台大宿舍另有一個好處，是冬天有熱水洗澡。僑生宿舍有冷熱水的裝置，但是為了省錢，平時不燒熱水。只有在冬天，管宿舍的工友會隔夜燒一次熱水，每人收五毛錢，讓同學們可以洗熱水澡。這是大享受。在有這德政以前，我至少兩禮拜才洗一次澡，還是用特別的方法。先洗臉、洗手、洗腳、然後把肥皂抹在身上，最後鼓起勇氣把臉盆的水向身上沖，趕緊擦乾，穿上衣服。但我很少因為洗冷水澡而感冒。

當年的宿舍管得比現在嚴。晚上十點鐘一定熄燈。教官會到處巡查。開夜車的同學只能躲在棉被內用手電筒啃書。怪不得眼睛不好的人很多。我不開夜車，熄燈就睡覺，其實303室的室友們都這樣。我十點鐘睡覺，七點鐘起床，每天睡九小時。我多半到圖書館用功。圖書館熄燈，就回寢室刷牙睡覺。早上梳洗之後會到懷恩堂晨更，然後開始一天的活動。

不管有教沒教，一定用心讀通

大一上課的第一個衝擊是英文教科書。大一物理、大一化學都是全英文的翻版本。我讀過英文中學，英文底子應該不錯。可是面對那兩本厚厚的專科原文書，滿書都是生字，如何讀起呢？有些同學就買了中文的翻譯本。我決定咬緊牙關非把原文書啃通不可。這樣過了一個月，居然生字都變成熟字，對原文書不再有懼怕感。

第二個衝擊是上課的時間不整齊（不像中學時填得滿滿的時間表），而且教室隨課目編排，學生要跑教室。電機系的物理老師沒有物理系的蘇林官老師那麼口若懸河，講得生動有趣，幾乎所有的同學都跑到隔壁的物理教室聽課，聽說電機系的女老師為此落淚。有一次她橫起心點名，在她課堂的同學立即通風報信，所有的電機系同學立刻回籠，讓女老師更加傷心。現在回想起來，很不好意思。我們這樣的大一學生，真的被竹中辛志平校長的口頭禪「小孩子不懂事」說中。

到了大二至大四，我讀書的原則是不管老師有沒有教，一定用心把教科書讀通。備考不看考古題。這對分數並不是很好的策略，但對做學問和學習解決問題有幫助，相對的副作用是會讀書、會看論文，但是不太會聽講。僅有一次，我這樣的讀書法居然讓我得到高分。我得90多分而大多數的同學都比我低約20分。原因在馬雲龍老師的交流電路的期中考，有一題不在考古題之內，大家必須從學到的知識去變通才拿得到分數。

有一次我啃書本，看到有一則老師沒有教過的習題，覺得是很值得思考的題目，很想聽聽老師的意見，於是在課堂提出來，但是沒有得到期望的答案。事後永明同學告訴我說：「顯然你把這門課弄通了，反而是老師可能沒有你理解得透徹。」

又有一次，我在課後向一位我平時很敬重的老師問問題，他的反應卻讓我很震驚。他說他這麼用心教課，我不應該問問題的。不禁令我想起大一的蘇林官老師那麼循循善誘，不管問題深淺，都用心地解答。

教機械畫的老師不是很得人的敬重，可能因為這一門課只有一個學分，而且大多數同學對畫這種畫並不是很有興趣。加上老師對同學們的要求很嚴，我們都對他敬而遠之。我和永明兄倒是認真地畫。其實只要認真去做，興趣就會來。有一次，老師病了沒有來上課，大家都鬆了一口氣。不料永明兄提出應該去看病中的老師，我和好幾位同學真的跟他去了。結果非常好，老師後來對我們班和善很多。

說到我們這一屆，不管是僑生同學或是本地同學，都是很有見地的精英。有一次在上近代歷史時，老師李守孔對我們說，從所寫的上課心得和試卷的發揮，可以看出這一屆的不凡。

同學們對一門閒科居然這麼用心，可見我們這一班果真出色，我也飽受薰陶。

在美的日子：求學、擇偶、結婚生子

我大四時，跟著留學的潮流申請到俄亥俄州立大學（Ohio State University）的電機系。大學畢業後得先回越南的美國大使館辦理簽證，辦妥簽證後回台北，然後在台大宿舍收拾好所有家當，經阿拉斯加的安克雷奇城（Anchorage）和芝加哥，最後飛到俄亥俄州的哥倫布城——就是俄亥俄州立大學的所在地，該城也是俄亥俄州的首府。

俄州大當時有四萬多名學生，是台大的四至五倍。俄州大的電機系、化學系和醫科都是熱門的科系，有很多國際學生。當時的中國學生有兩百多人，大多是從台灣及港澳過去的。

抵達俄州大後，我暫住在學生宿舍，房租以天數計算，換算成台幣金額不少。學校宿舍不便宜，所以禮拜一完成註冊後，我立即去打聽可以長住的地方。我在註冊時認識了兩位中國同學。史怡中是俄亥俄大學（Ohio University）的經濟碩士，申請到俄亥俄州立大學讀博士。張祖齡則來讀電機的大學部；他來自台灣但是中學是在菲律賓的華校讀的。我們三人一拍即合，由對美國比較熟的老史帶我們找住宿房（rooming house）——這是房東把整個屋子分割成一個個睡房租給學生的一種房子。

我們找到離學校三條橫街的住宿房，共有三層樓。老史要了一個三樓的單人房，我和老張各要了一個二樓的雙人房和美國學生同住。兩人沒選擇同住一房，是因為想要跟美國人交流，熟悉美國的風土人情，也多講點英文。

留學生的三餐大事

每餐在外面吃飯太貴。我們三人合作輪流買菜、做飯、洗碗。就是每一天有一個人買菜、另一個人做飯、再另一個人洗碗。買菜很方便，不像別人需要車子把菜搬回家，因為Kroger超市就在住處的對面，況且只須買一天所需，抱著袋子走回來就可以了。住宿房的地下室有廚房、冰箱、爐灶等。洗碗用具當然也一應俱全。

除老史以外，我們以前都沒有正式下廚的經驗，因此做飯就成了實驗和發揮創意的機會。其實，我們很多時候都是回想在家裡最喜歡吃的菜，然後思考如何把菜做出來。

我的好奇心強，看到新東西一定會買回家試做看看。美國超市的牛舌頭、豬腰、魚頭等都很便宜，我研究出這些山珍海味的作法；對炒牛肉和炒菠菜也很有心得。

我有時也因買了沒見過的食材，而闖了禍！

有一次我看到朝鮮薊（artichoke）就買回來炒。這東西應該放在湯裡煮很久，然後吃葉子上軟的部份，其他的部份是不能吃的。我們三人都不知道，覺得葉子硬硬的，葉端還有一顆尖刺，根本無法下咽。結果只好倒掉。

又有一次，我買到林堡乾酪（limburger cheese）。因為包裝得很漂亮，看起來很名貴。不料這種乾酪是味道最重的，像臭球鞋。我把包裝的錫紙一打開就知道不對了。我忘了最後是把它丟掉，還是送了美國室友。

說到洗碗，我倒也是非常用心。每件餐具所有的表面統統用肥皂洗乾淨，包括鍋子的內內外外；因此出了名。以後的大掃除，洗餐具差事非我莫屬。

老張和我很快買了腳踏車代步。後來有機緣看到一部五〇年代的道奇轎車，只索價35元，外觀還順眼。我們三人決定合資買了這部車子。去過戶時，負責人看著我們三個老中，面露不解之色。35元是那時買四雙皮鞋的錢而已，居然還需要合資購買！

然而，便宜當然沒有好貨。車子一開進車庫，就再也不能發動了。過了好一陣子，我們發現同住的美國朋友很會修車，就請他幫忙。他花了一些力氣、加上我們買的零件，居然把車子修好了。但是他告訴我們：那輛車子的引擎有毛病，不能耐久。我們一聽，就把這輛車賣給了廢車場，得到12元。現在回想起來，我們三個留學生，唸學士、碩士、博士，居然沒有想到可以繼續開這部車子，直到開不動時才賣給廢車場就可以了！

敗部復活的博士資格

入學最重要的事是決定研究的方向。我在台大時對電磁波很有興趣，因為最接近物理。當初選擇到俄州大，也是因為俄州大電機系的電磁學很強。我大四時修了一門「天線」，作者是俄州大的電機系教授約翰．克勞士（John D. Krause）。我非常欣賞他寫的書，這也是我到俄州大讀電機的原因之一。那時克勞士教授在研究射電天文學（radio astronomy）。我對天文學的興趣不高，但是對當時正在萌芽的雷射很想涉足。剛好有兩位教授在做雷射的研究，徐雄教授和張慎四教授。後者有一個相當大的研究團隊。我就請他做我的導師。他毫不猶疑地收了我，並安排研究獎學金給我，但是因為我報到得有點晚，先給我一個技術助理的工作，下學期就會升為研究助理而有研究獎學金。

得了獎學金的名額，除了有收入之外，還可以減免外州學費（凡不是俄亥俄州的居民都必須在正常的學費以外，加繳外州費），省了相當多的錢。張老師是布朗大學（Brown University）的博士，聽說他的父親是前清狀元。可惜一年後，他被密蘇里大學挖角去當系主任。我的碩士論文得另找指導老師，因而變成跟雷射無關，是研究毫米波的。

研究雷射需要修量子力學。我就到物理系去選課。教授竟然是楊振平，是楊振寧的弟弟；上他的課不容易。我在台大從來不需要開夜車的，上他的課需要開夜車趕作業。

除了主修雷射之外，我的次修科目是半導體。可惜那時候半導體正在萌芽階段，能學到的東西沒有現在那麼豐富。

除了學科和論文之外，修碩士或博士還必須通過資格考。碩博士是一起考的，考題一樣，博士資格要求的分數比碩士高。我到俄州大一年後參加資格考，成績達到碩士的資格，但是還不到博士的資格。我當然很懊惱，而且很困惑——明明考得很好，為什麼分數會這麼差？

有同學建議我去跟系主任談一談，了解一下。我就硬著頭皮去了。系主任把我的考卷拿出來，告訴我四個題區中有三個考得很好，只是線路考得很差。我更納悶了，線路是第一個題區，是我考得最得意的題區，因為很得意，才信心滿滿把其他的題區做好。系主任很有耐心地聽完我的申訴，就把考卷找出來，認真地再看一遍才恍然大悟，告訴我改這題區的教授把打分數的方向攪錯了。他標明的分數是該扣的分數，和別的教授剛好相反，因此造成我線路題區的分數特低。

就這樣，我的博士資格得到平反。感謝厚賜恩典的主，也感激系主任願意幫我查考卷。美國的教授的確願意幫助學生。不曉得那些線路區沒有考好的同學下場如何？

我的博士論文導師叫柯仕督（Stuart A. Collins），他把全相術引進了俄州大。我知道了全相術，別的題目都不要做了。因為我非常喜歡攝影，現在有辦法把立體的影像準確地保留下來，真是非常有意義。於是我當了他的學生，做全相術的研究，寫全相術的論文。

這位導師不但教我做研究，也教我寫文章和演講，不是那種讓學生自生自滅的導師。後來我發現他對所有的學生都是如此，對他更敬佩。為了表揚他對學生的照顧，二〇〇四年我得 SPIE 的 Frits Zernike 獎時，就請 SPIE 把獎金轉送給我這位敬愛的導師。

金婚年的五件大事

二〇一八年是我和修慧結婚的五十週年，也就是金婚年。除了金婚，當年發生了很多我的人生大事。三月三十一日是《把心放上去》首版的發表會。九月十四日是我們結婚五十週年。到了十一月，一共發生了三件意想不到的大事：

(1) 十一月二日當選為美國俄亥俄州立大學的傑出校友。

(2) 十一月十五日當選為台大的傑出校友。

(3) 十一月十八日獲得「未來科學大獎」的數學與計算機科學獎。這一年我和修慧從台灣到美國和北京奔跑多次，給了多場演講，可說是很忙碌也很充實的一年。要述說這些大事的細節，會佔去讀者太多的時間。我想就把當時攪盡腦汁，言之有物的致詞轉載到這裡。

《把心放上去》的新書發表會

按時序開始，最先發生的是《把心放上去》的新書發表會。我在其中跟來賓分享寫這本書的原因和心境。

各位貴賓、各位親朋好友：

謝謝你們來參加這新書發表會。這實在是我極大的榮幸，特別是這一生中有機會認識大家，跟大家有互動。這裡有教會的牧者和弟兄姐妹、學校的教授和學生、學長和學弟、台積電和IBM的同事、我的家人、親戚、朋友、鄰居、還有球友，有些人是我在書中連名帶姓提到的。當然有很多人同時有好幾個角色，譬如有人是我的弟兄、又是我的同事，而且是校友。也有人是校友、鄰居、又是同校的教授。無論如何，大家都在生命、工作和家庭這金三角的領域裡。

我們相識，互尊、互信、互助，不是偶然的。我相信上帝對我們的一生都有很好的計劃，我們生命中發生的事都在祂的看顧之下。我的生命也和大家的生命一樣，都在上帝的愛中。不管我們知不知道，領不領情。

常常有人問我，寫這本書的動機是什麼。我一生中，不管在屬靈的事上、在職場、或在家庭中，上帝給了我很多不同的遭遇，讓我學到很多功課。我的一個動機是把重要的和有用的功課寫下來、和大家分享，不要自私地藏在心中。

我這七十多年的人生，在金三角的領域裡的遭遇，除了功課之外，也經歷了很多有趣的事，我把這些事也寫進去，和大家同樂。這些有用和有趣的事，多半交織在每一篇文章中。

其實有沒有趣，因人而異。喜歡打球的讀者對桌球和網球那兩章會覺得有趣；愛攝影的讀者，可能認為對應的那一章很有趣，而且讀到一些從攝影書籍學不到的技巧。職場的同儕可能對「管理和被管理」那些章節覺得有用、也看到一些趣味。注重生命價值的讀者，可能對我信主的經過和勸人信主的章節覺得有所共鳴。〈在天國過的日子〉那一章，很可能讀者是在別處沒有聽過或看過的。要建立甜蜜家庭的讀者，看到我記載的「做對」和「做錯」的事情，可能會用得上。這些都是因人而異的章節。有些記載對大多數的讀者是新鮮有趣的，例如書中記載我差一點給一隻小老鼠和一隻松鼠打敗的故事……

有人問我怎麼有時間寫這十萬多字的書？這的確是一個好問題。我從二〇一六年十月和城邦簽約開始撰寫，起初進度很慢，後來覺得應該努力把書趕出來，就加快速度，把一切能用上的時間都擺上。其中最好用的時間是坐飛機的時候。假日也是很好用的，只是委屈了修慧。幸虧書中有些章節是以前寫過，只需要稍為整理；譬如有一些是我講過道的講章，有一些是我在職場想過、講過、或寫過的。〈竹中高三：一載定半百〉則是數年前為新竹中學的校友寫的。

這本書寫得成，我的賢妻黃修慧是大功臣。沒有她，我的金三角會缺一大塊。城邦的彭之琬主編也扮演了一個重要的角色。說到用心則樂，我得跟她學習。彭主編和她帶動的團隊幫忙校稿、潤稿、考證、排版、美術設計、行銷、跟作者及寫序者等的溝通，他們發揮了很大的作用。甚至這一場發表會，他們也有很大的貢獻，這是大家有目共睹的。我對城邦的品質和效率，是非常佩服的。

希望大家親身體驗這本書，覺得有用也有趣。謝謝！

金婚紀念

接著要向讀者報告我們金婚日的慶祝。我們主要邀請了教會的牧者和弟兄姐妹參加晚宴。節目是弟兄姐妹幫忙安排的。我和修慧獻了一首詩歌〈我願傳講我是基督徒〉。

這首詩在本書的第405頁有歌詞。我接著作了一個短講，可是沒有文字稿，多半是我們共同度過的五十年的照片。幫我們拍照的辜芳立弟兄和錄影的趙夫強弟兄，幫我們留下美好的回憶。不太可能再有五十年了。願珍惜。

過了金婚的慶祝，我們就忙著準備十一月的三件大事。

當選美國俄亥俄州立大學傑出校友的致詞

這個致詞，我除了致謝之外，也跟聽眾分享了一個差一點考不到博士資格考的驚險。

威廉士院長：

謝謝您頒給我這麼崇高的榮譽。

各位教授、各位先生、各位女士，謝謝您們來參加這慶典，分享我們這些新任傑出校友的喜樂。

促成我得到這榮譽最關鍵的人物，是我的博士導師柯仕督教授。他和師母就坐在筵席桌中。柯教授不只教我書本上的知識，而且教我做研究、寫論文，和演講的方法。

我在美國的光學年會作論文的口頭報告時，他特別教我怎樣做這個有64個方程式的不尋常報告。最重要的是怎樣保持聽眾的注意力，好讓他們不會心不在焉。其實柯教授的很多學生都對他有同樣的感激。至於柯師母，我們對她並不陌生，她常常幫柯教授照顧我們。我和修慧在雷恩街浸信會舉行的婚禮，他們都有參加。

五十五年前我不過是一個剛入學的研究生，根本不曉得傑出校友是什麼。我只一心一意在俄州大盡量學習。所謂「量」包括電機、物理、數學、電腦程式等正科，旁聽游泳、溜冰等體育的科目，在團契中查經，建立社交的關係，和諸如看美式足球等生活的體驗。我很高興後來能在IBM和台積電繼續邁進到OSU的傑出校友。這裡又有柯教授的貢獻——我申請到IBM研究中心、貝爾實驗室等贊助光學學會的機構，都是出於他的建議。

我很高興得以認識Serrani、El Gamal、Johnson、Lee、Ridgeway等教授，從他們得知資電系和電科實驗室的近況。其實我早已認識Rob Lee教授。二〇〇九年時，他推薦我得到Benjamin G. Lamme金獎牌。當時他是系主任。說到系主任，我來告訴大家一個有關系主任Dr. Dick Thurston的故事來結束這短講。

這是有關我考博士資格考的事。我全心準備這資格考，考後覺得相當有把握；不料，成績公布我只得到碩士資格。這是一個很嚴重的打擊，最可怕的是我不知道如何去改進。有朋友建議我去找系主任談一談。我猶豫了一陣子，後來終於鼓起勇氣去見系主任。他安靜地聆聽了我的困惑後，便取出成績表看我在四個領域的分數。「你在後三門的分數都很高，可惜第一門線路學考得很差。」

我更加困惑並告訴他，第一門是我考得最好的領域，因此增加信心，讓我在其他的三個領域安心地應答。系主任沉思了一下，便到儲藏室把我的考卷拿出來察看，於是發現了問題的所在。那位改第一領域的老師把分數顛倒了。他寫下的不是我得到的分數，而是要扣的分數。我考得越好分數越低！系主任把分數修正後，我得到讀博士的資格。我不禁想：那些第一領域考得差的同學，他們會遭遇到什麼？有沒有人因為我去打擾系主任而失去博士的資格？讓這謎繼續吧！

最後我要感謝Katie和Patrick對這場頒獎禮付出的心力。謝謝大家費神聽我囉唆。

我也把原文放在下面，提供讀者們另外一種閱讀樂趣。

Dean Williams,

Thank you for presenting this tremendous recognition to me.

Professors, ladies and gentlemen, thank you for coming to the ceremony to share the joy with us, the new distinguished alumni.

A key person who made it happen is my PhD advisor, Prof. Stuart Collins, here at the dinner table with his wife Jill. He took care of me not only academically but also in showing me how to do research, write technical articles, and make presentations. He guided me to make an oral presentation at the Annual Conference of the Optical Society of America. That oral presentation consisted of 64 equations. Keeping the attention of the audience definitely can use some good advises from a caring advisor. Later on, I learned that many of Prof. Collins students share the same gratitude. Mrs. Collins was no stranger either. Jill was at the social events that Stuart organized for his students. She was also at our wedding that took place in the Lane Ave. Baptist Church 50 years ago.

I was a new graduate student at Ohio State, 55 years ago. I did not have the foggiest idea on what a distinguished alumnus is. All I had in mind was to learn as much as I could at Ohio State. The so called “much” included all the EE, physics, and math courses, computer programming; as well as swimming, ice skating, and other athletic courses, that I audited; also Bible studies at the Christian Fellowships, cultivation of social relationships, and other experiences in life, such as football games. I am glad I had the opportunities at IBM and TSMC to contribute towards today's recognition. It was Prof. Collins'suggestion that I applied for a position at IBM Research, Bell Labs, and other organizations who sponsored the Optical Society of America.

I am glad to have met Doctors Serrani, El Gamal, Johnson, Lee, and Ridgeway, to learn about the progress of the E&CE Department and the ElectroScience Lab. Actually, I met Dr. Rob Lee in 2009 when he nominated me for the Benjamin G. Lamme Medal. He was the department head at that time. Talking about department heads, I would like to tell you a story of Dr. Dick Thurston, one of the previous department heads, to finish this talk.

That was when I took the qualify exam for PhD. I put my mind to preparing and taking it with my best effort and I felt pretty good after taking the exam. To my surprise, I only qualified for Master's degree. That was quite a disappointment, particularly that I would not know how to do a better job. A friend suggested that I go to talk to Prof. Thurston, then the department head of Electrical Engineering. After some hesitation, I finally ended up in Prof. Thurston's office. He quietly listened to my frustration, then look at the test score sheet and told me that I did very well in three of the four fields but very poorly in Networks. My puzzle must have shown on my face. I told him I was surprised. Networks was the first field that came up in the exam sheet. Doing it very well, gave me the confidence to go through the other three fields. Prof. Thurston quietly looked at me, then stood up and walked to the storage area and pulled my exam sheet. Lo and behold, he discovered that the teacher who scored this Networks part of the qualify exam misunderstood the instruction. He wrote down the deficiency score instead of the accomplished score. Higher score became lower and vice versa. After making the correction, I qualified for PhD. I wonder what happened to the people who did poorly in Networks. Did someone get disqualified as a result of my visit to Prof. Thurston's office? Let that remain a puzzle.

Lastly but not the least, I would like to thank Katie and Patrick for planning for this event. Thank you all for your attention.

國立臺灣大學傑出校友的致詞

校長、各位貴賓、各位師長、各位校友、各位同學：

九十週年校慶是本校的大日子。台大只比國家年輕了十七歲，卻桃李滿天下，在國際上的政界、學界、生醫界、金融界、產業界等等，都有很多傑出的校友成為各行業的佼佼者。我為這些校友們驕傲。能躋身在這些巨人當中，我一方面覺得很渺小，一方面也覺得很榮幸。

我五十五年前畢業，靠著在台大時奠立的基礎，繼續深造，後來在迅速成長的半導體業做研究，如今能夠加入傑出校友的行列，是我莫大的光榮，也是一種鼓勵和肯定。在台大唸書時渴望得「書卷獎」，但總是差了一點。這個獎算是了了我的心願吧！

我在台大最大的收穫是認識了一班很有才華的同學，他們都是台灣或海外有名高中的精英；能跟他們互相學習、互相競爭，是很難得的。我在學校一方面得到學術的教育，另一方面在與校園相對的懷恩堂跟很多別系的同學同奔天路，都是難忘的經歷。台大的圖書館是我經常讀書的地方。傅園、傅鐘、林蔭大道是我常常攝影的地方。臨時教室除了上課之外，是我一大清早練習小提琴的地方。後來我也常用到宿舍三樓沒有水的洗手間練琴。

說到台大的進步，想當年我們的教授都只有學士學位，唯一的碩士是系主任。現在的老師都是各國名校的博士，作世界級的研究，在國際名列前茅的期刊發表文章，研究經費比以前有天壤之別。現在的學生人數和系別當然比當年多很多。設施更不用說了。

我很羡慕當今的學弟妹們，你們活在一個幸福的世代，沒有戰爭，不用逃難。豐衣足食，資訊充沛。當年我們必須到圖書館，才能查到你們現今在網路上就可以得到的很多資料；當年我們用計算尺作乘、除、指數、對數、開方根等的數字計算，現在你們有電腦，不只能做那些計算，還會導方程式，解方程式，能大量搜集資料，建立人工智慧，並且能和世界各地的學者交換意見。有這麼好的條件，必定比我們更有成就。

身為台大人，如果只考量自己的利益，格調太小了；國家社會進步的責任在你們的身上。願大家用心，青出於藍，將來勝於藍，加倍在學術上、在道德的榜樣上，貢獻社會國家。

最後回到今天這個大日子，它不僅是母校的大日子。對我個人來說，今年是我的大日子年。我剛剛從美國回來，無獨有偶地也從美國的研究院領了一個傑出校友獎。今年九月份是我和太太黃修慧結婚的五十週年。修慧就坐在台下，台大動物系的學妹。她得到的書卷獎比我多很多。我若有什麼成就，修慧的功勞是不能不提的。

謝謝大家聆聽我的感想。

「未來科學大獎」領獎的致詞

「未來科學大獎」是好幾位華人企業家，為了鼓勵選擇科學生涯的華人子弟而設立的獎項；他們把獎金設定到諾貝爾獎的水準，頒獎典禮也參照諾貝爾獎。

頒獎活動有好幾天，包括向中學生演講及和他們對話，被記者訪問，到著名大學演講等，兩天後才是走紅地毯的頒獎典禮。每一位領獎者都會有足夠的時間講他的得獎感想。我除了和太太同去之外，也邀請了三位好友加上其中一位的太太一齊去觀禮。在致詞中，我謝謝了好友及兒子，只是一直沒有提太太，主持人甚至為我感到焦急；最後才如釋重負。請聽我道來發生了什麼事。

各位創辦人、各位捐獻者、各位評審員、各位貴賓：

今天是中國科學的大日子，我有幸跟今天的得獎者並列是很光榮的，也是很感激的。整個準備典禮的過程，不免令我有很多回憶和思考。我究竟做對了什麼，可以給未來的科學家作為參考？可以讓年輕人選擇在科技上發展？

大學時，因為依考試入校和按成績排科系，和我一起學習和一起競爭的同學的能力都差不多。我覺得到處都是高手，要名列前茅不像小學中學時那麼簡單。可是同學們畢業後各奔前程，在不同的地方和環境服務，幾十年後在成就的幅度和方向有很大的差別。我自己是怎樣到了今天這地步？

我走上科技的路一點都沒有勉強，是自自然然的，也是很快樂的。從算術到代數，到三角、幾何，從微積分到微分方程，每多學一樣，就會覺得探討真理的技巧又進了一步。有數學做根基，以及喜歡觀察周遭的事情，自自然然對物理和化學有興趣，有興趣才會有樂趣，有樂趣才會有成就。

講到樂趣，我用一個現象來做例子。譬如下雨的時候，沒有雨傘的人會快跑，並拿一片東西遮住頭。這樣做真的會滴到少一點的雨嗎？跑得越快，迎面碰到雨點的數目會越多，可是從A點到B點的時間會減短。在整個奔跑的過程，迎面打來的雨點總數是一樣的。這樣說來，在雨中奔跑的人都白跑嗎？答案也沒有那麼簡單。跑的時候迎面的雨點沒減少，但是頭上和後面淋到雨的時間變短；從這些方向滴到的雨點減少，整個身體淋濕的程度還是減少的。真的要好好去算，還得把雨和風的方向考慮進去。思考這些東西，對我來說是挺有趣的。做這些有趣的思考，居然有人願意付錢聘我，這不是一舉兩得嗎？有了基本功，又有舞台，有貢獻的機會，還會得獎，得到肯定和鼓勵。天下還有什麼事情比這更划算的？

有了基本功，加上好奇心和創意，把這些都用在對社會有貢獻的事上，都是缺一不可的。在社會上、公司裡，功課好的人很多，有創意會辦事的人也不少，很像當年在班上的情形。可是公司或上司為什麼會把越來越重的責任交給你而不交給別人？其中一個基本的考量是integrity。Integrity這字翻出來是誠信、正直、操守。我有幸在成長的環境有很多體會integrity的機會。無論在教會中，在我服務過的兩個很成功的公司，IBM和台積電，我都體會到公司、學校、和任何團體能永續經營的訣竅。

我很羡慕當今的年輕人，你們活在一個幸福的世代，沒有戰爭，不用逃難。豐衣足食，資訊充沛。當年我們必須到圖書館，才能查到你們現在在網路上就可以得到的很多資料；當年我們用計算尺作乘、除、指數、對數、開方根等的數字計算，你們有電腦，不只能做那些計算，還會導方程式，解方程式，能大量搜集資料，建立人工智慧，並且能和世界各地的學者交換意見。有這麼好的條件，必定比我們更有成就。國家社會進步的責任在你們的身上。願大家用心，青出於藍，將來勝於藍，加倍在學術上，在道德的榜樣上貢獻社會國家。

今天得到這個大獎，要感謝的人很多。首先要感謝科學大獎創辦者的遠見，捐獻者的無私及各位評審委員的辛勞，還有那些寫推薦信的先進們。寫推薦信是沒有什麼好處的，但是他們願意用心地寫。可知道每一位大獎的獲獎者有多少推薦信嗎？我聽說有十幾封。這十幾位很忙碌、科學上很有成就的人願意花時間來幫你寫推薦信。不要忘記將來你也要幫別人寫哦。

對我個人來說，我有一位一輩子照顧我的老闆，叫萬事互相效力，讓我的基本功、好奇心和創意，有發揮的機會，並隨時提醒我要有integrity。我非常感激這位老闆。當時在台積電和我同甘苦一齊發展光刻技術，為公司、為技術打拚的好幾百位同事，和那些體恤我的上司，都是我常常懷念，無時不感激的。

我要感謝我的兒子John Lin who travelled 18 hours from the US to this ceremony. He is talented and has a lot of integrity. He loves and honors his parents. I am proud of him. 說到18小時的飛機，我的好幾位好友、老同事，也不遠千里從美國和台灣趕來參加這典禮。我非常謝謝他們。各位要不要站起來給大家認識？……謝謝！

最後回到今天這個大日子，它不僅是中國科技的大日子。對我個人來說，今年是我的大日子年。什麼叫做大日子年？

四月裡我發表了一本書，叫《把心放上去》把我七十多年在生命上、家庭裡、和職場中累積的經歷，挑出有用和有趣的部分和讀者分享。銷路還不錯，到今天的十月開始第二刷。

十一月初從美國的母校Ohio State University領了一個傑出校友獎。接著在大前天也成為台灣大學的傑出校友。今天得到這個大獎是一個高潮。

其實九月裡頭我得到一個更重要的肯定：我和太太黃修慧度過結婚五十週年的金慶。修慧就坐在台下，正站起來給大家揮揮手。修慧是台大動物系的學妹，有基本功、有創意、有integrity。她在台大的功課比我好，在班上考了好幾次第一名。相夫教子，我若有什麼成就，修慧的功勞是不能埋沒的。

謝謝大家聆聽我的感想。

用心運動，達到最好的自己

運動是人類與生俱來的需要，對壽命、健康、身心的平衡、心情的調整、身手的敏捷、生活的品質都有很大的影響。我起先不知道運動的重要，後來嘗到樂趣，一直用心運動，其樂無窮。

籃球

小學五年級的體育課要考籃球，從此我開始接觸到球類。

因為我個子小，被歸為丙組，只要一分鐘內投進五球就可以及格。體育不及格影響極大，因為只要有一科不及格，不管總平均分數多高，一律排名在全科及格的同學之後。可是我個子那麼小，離球籃很遠，不要說投籃，連把球擲到籃板都辦不到。個子高大的同學，站在籃底下，右手擦板入籃，左手接球送回右手，連續不斷，一分鐘投十多球是輕而易舉的事。我却屢投不中，所以對球類的第一印象很不好。

好心的同學教我站在罰球線上，用雙手把球從腰下甩到籃框中，倒也奇準。時間雖然多耗費一點，體育及格倒是有把握。我得博士後，在IBM做研究時，有一陣子迷上美國的職業籃球賽，看到一個罰球命中率特高的球員，居然用這種小學生的方法，忍不住心有戚戚焉。

桌球

第二種接觸的球類是桌球。這種球對小個子應該容易一點吧？也不是！因為球桌不矮，而且打球的時間只有下課的十分鐘。等候打球的同學排長龍，每人只能打三點，輸者下場，贏者恆霸。這樣的打法不可能會進步。那時坐我隔壁的一位要好的同學，家裡有球桌。有時會邀我放學後到他家打球。他是高手，會抽球等等。我的球技太差，不可能做他的對手。我對會打桌球的人很羡慕，可是不得其門而入。

在一個偶然的機會，我愛上了桌球。

我在美國讀書時，學校舉辦運動比賽，其中桌球比賽分為A、B、C三組。一位台灣同學得了C組的冠軍，另一位香港同學得了B組冠軍，因此他們邀了一些華人共同組一個桌球社。我到球社參觀他們打球時，那位拿到冠軍的香港同學，很好心地教我抽球。原來持直板抽球是橫抽的，而且關鍵在手肘固定，擊球時先往上拉，然後手腕向下一翻，便可得心應手。我一下子就迷上了桌球。

後來我領悟到為什麼可以那麼快上手，原來這跟我拉小提琴的動作有關——右手拉弓的動作很容易換成正手抽球的動作。我對反手切球也很熟練，依然跟拉琴有關。可是我不擅長反手抽球。曾有一陣子，我試著用球板的反面做反手抽球，這樣是不用把手扭轉過來，會比較容易一些。想不到，現在持直板的高手也是這樣打的。

學桌球的心得和詳細經過太有趣了，我會另外寫一章。

羽球

小學時雖羨慕會打桌球的同學，可是不得其門而入。到了初中，我居然找到了引起我興趣的球類——羽球。我們打的是名符其實的室內球，就在客廳裡打。我們家的客廳不大，而且擺了一張雙人床，當然還有一套沙發、一個梳妝台、一個壁櫥、一個酒櫃。所以我們得上床下床地跳上跳下打立體的羽球，但不拉網，就在這些家具間打來打去。

可能因為羽球不像桌球或網球那麼注重旋球，我居然能接到球，而且會用力還擊。因而覺得很有興趣。

我的羽毛球生涯延續到高中，終於在學校的羽球場和同學及老師打雙打。在此之前常常在人行道上打。記得有一次我異想天開和同伴跑到一所天主教堂的車道上打球。當然，不多時便有神父來喊停。到了台灣沒有羽球的環境，在新竹中學打軟式網球。一直到了大二，才在懷恩堂的樂民館羽球場打球。當時羽球場那麼稀少，想不到現在這麼普遍！

我打羽球全靠匹夫之勇，沒有書看，也不會什麼戰略，只憑熟能生巧，現在想起來有點可惜。我到了美國，發現學校裡居然有羽球場，而且參加了校內學生的比賽，可是打不過世界各地的學生。

網球

我的羽球時期從一九五六到一九六四年，一共八年；桌球時期則是從一九六六到一九八二年，共十六年。從一九八二年到現在，我打網球已經四十年了。當時從桌球轉網球有一個考量：在美國打網球和找到教練的機會比桌球多很多。網球讓腳部運動的機會也比較多，而且網球可以在戶外打。雖然如此，當時不敢貿然轉換的考量在球拍重、球也重，對東方人的體格比較不合適。

後來有一位同我打桌球的同事邀我學網球，既然有伴就試一試吧。想不到一開始就停不了，因為不斷有進步的空間，所以樂此不疲。這麼長的球史，趣事很多，故另章敘述。

溜冰

我在美國唸的俄亥俄州立大學很注重體育，除了美式足球隊和籃球隊都多次得到全美大學的冠軍，俄州大對一般大學生的體育教育也非常認真。當時俄州大的學費是按學期繳的，不論學分修多少，因此我想：何不在研究院的學科之外，再選大學部的體育？學校有很好的溜冰場和游泳池，應該把溜冰和游泳學好。這樣做唯一的缺點是會把成績拉低。多數研究生都是希望每一科成績都是A的。

像我的體格和體能，都不太可能讓我可以在體育上得A。後來想到好辦法，就是旁聽體育。顧名思義，在課堂上聽老師講課，我照樣穿上溜冰鞋在冰上溜來溜去，差別只在不用考試，沒有成績。平時我們去溜冰場需要付錢才能溜冰，修課溜冰不花錢，實在值得用心去學。於是我從初級到中級，再到冰上雙人舞蹈，用心地學習，也頗有成就，拓寬我運動的領域。

說起來有點可笑。我會在冰上和同伴跳舞，但是在舞廳裡卻不會跳舞。後來我又修了一個在舞廳跳舞的課，可是跟真正的跳舞不一樣，最終還是沒有派上用場。

體操

我在ＩＢＭ升任經理時，公司送我去受訓數天。受訓的內容包括很多做經理人應該知道的事和管理的技術，但其中有一項是體操。公司的想法是擔負重任者必須有健康的身體才能勝任。於是有一位體操專家每天教我們做一些健身的動作，並給我們一本說明這些動作的小冊子，鼓勵我們回家以後留意練習。我覺得這套方法很好，從頭到腳連心肌都顧到了，所以常常使用，尤其運動前的暖身一定先做頭、手、腰、腳的動作。現在看到我沒有弟妹們的膝蓋問題，可能跟這體操有關。

游泳

依照溜冰的方法，我又修了游泳，從初級班修到中級班。我在台灣已會膚淺地游蛙式，到了研究院從頭學起，把姿勢和方法都學對了。我一共學了蛙式的背泳和仰泳、自由式的背泳和仰泳、側泳等。只欠蝴蝶式沒有修到。

現在八十歲，血壓、體重、膝蓋等都和年輕人差不多，可能歸功於適當的運動。用心學習，勤勞練習，不斷反省，一定可以繼續進步。

我與桌球的戀愛史

我在一個偶然的機會愛上了桌球，於是千方百計買到一本大陸出版的教桌球的書；薄薄的一本，可是對我很有用。

那時美國跟中國正在搞乒乓外交，也有一些世界級的選手到美國作表演賽，讓我大開眼界。我受那本書的影響，使用大陸出的圓形直板，原裝的膠皮打舊了，便換成日本蝴蝶牌的膠皮。我也領悟出要保持膠皮的粘力，手不要碰膠皮以免污染它，而且常常要用棉花球沾水或酒精把膠皮擦乾淨。那時大陸還是盛行直板，他們對抗刀板的方法是左推右攻，我也學了這一套，反手抽球就疏於練習了。

因為時常想著如何增進球技，有時會異想天開。我覺得用高速抽球時，這麼大的拍面難免會把球搧偏，若是球拍透風——像羽球拍一樣——擊乒乓球的準確度一定會提高很多。而且因為減少了空氣的阻力，球拍也容易揮得快一點。

可是怎樣讓球拍透風呢？我想到在球拍上鑽很多小洞，大約像膠皮上的顆粒一樣大。也許還可以大一點，讓膠皮剩下的面積跟沒鑽洞前突出來的面積差不多。這樣反覆想來想去，覺得這發明不錯，於是想去申請專利。

申請乒乓球拍專利事件

我以前也常有諸如此類的怪主意，可是從沒有認真到要申請專利。要如何著手呢？找律師？付不起。後來去買一本教人如何申請專利的書，按著書上的方法，自己寫了一份專利申請書。因為要申請美國的專利，當然得用英文寫。花了一些功夫把申請書寫好後，按著書上所給的地址用雙掛號寄去，然後耐心地等候專利如願的寄來。

終於得到專利局的回音。

結果是檢察官拒絕批准的信，原因是已有球拍鑽洞的專利，而且不只一個；寄來的例子起碼有五、六個。我仔細看了那些專利，覺得唯一能加添的是改變洞的大小，用來調整球拍的重心。為什麼有這麼多專利，卻在市面上買不到透風的球拍呢？我想關鍵在於如何用桌球員買得起的價錢，來量產這樣的球拍。而且，有個大問題：有洞的球拍在換膠皮時，木板上的洞必須和膠皮上的洞對準，造成換皮時的不便與難度。

我的心思轉到如何在膠皮和球拍的木板上鑽洞。一般的螺旋型鑽頭不能鑽橡皮，我想到用空心圓筒的鑽頭，因為它是空心的，鑽出來的橡皮和木頭會塞在中間，等塞滿了應該會從後端擠出來。可是我找不到那樣的鑽頭，自己又不會做。我又想到如果有足夠的空心圓筒鑽頭，可以在尾端套上齒輪連起來，就可以同時一次把整個球拍鑽好。

當然這都是紙上談兵。我當時沒有什麼資源去製出樣品，我唯一在球拍上做出可用的裝備是在板背的一個小軟環，可以把中指穿進去幫助握拍。這對持直板的很有幫助。

六〇年代，查專利要到華盛頓的專利局。俄亥俄州的哥倫布城離華盛頓約四百英哩，我沒錢旅行。怎麼辦？後來我開了那部上下學用的一九五八年福特手排車，到華盛頓一位新竹中學的校友家寄住，每天到專利局查一些我自以為了不起的發明。當時，我累積了五、六個發明，要去看看有沒有前人已經申請了。

現在除了桌球拍之外，只記得三個。有一個是用極化（polarized）光處理汽車的頭燈及擋風玻璃，可以減低迎面照來的頭燈眩光；另一個是從四輪減到兩輪的溜冰鞋；還有一個是向內抽氣的抽水馬桶。前兩樣已經有很多專利了，最後一件則剛有一個簇新的專利出來，令我覺得失之交臂。我後來體會到，從有好主意到申請到專利，也要好幾年的時間。其實，我慢了不只幾個月而已！

練桌球的工具

除了球拍的改進，我也嘗試用一些工具幫助練球，其中一個是自己製造的反彈板。我從光學課學到，兩面互成直角的鏡子可以把任何角度的入射光轉180度向原來的方向反射回去，同樣的原理可以用在球體的反射上。只不過，球體不同於光線，反射角未必完全等於入射角，所以我把三塊比球桌高的木板用樞紐連成U型，放在球桌的對面。這樣、從任何方向用力抽球，球會從和原來差不多的方向反彈回來，我就可以連續地練習抽球。數十年後發現，這居然也是球手用來練球的工具。

另外一個工具只在思考的境界，自己沒有辦法製作——我想發明一個發球機。這機器可以按著所要的速度把球射出去，而且能使球自轉。乒乓球的要點在有高速的自轉，才會產生很多變化，打起來才有很多挑戰和樂趣。射球容易，要怎樣使機器產生自轉呢？我後來想到用兩個對轉的輪子把球壓出去。可是沒有認真地去實行。後來發現現在乒乓球和網球的發球機就是利用兩個對轉的輪子。

乒乓球技的進步和止步

我在研究所時，以課業為重，每週到球社練球一次是不夠的；而且最後兩年成了家，更不容易多打球。我的球技是到了ＩＢＭ研究中心上班之後，才進步得比較快的。我一到那裡，發現一位台大電機系的同班同學劉英武已經比我早到了一年。他在班上功課是數一數二的，可是也很會運動，籃球和桌球都行。後來發現他小時是桌球校隊。我們兩家人週末互訪時，用腦筋的娛樂是英文拼字遊戲，用體能的娛樂就是桌球（當時很多中國家庭是用打麻將作為消遣的，我們跟別人有點不一樣）。我當然打不過他，不過也有來有往的，不至於完全一面倒。我跟他學了不少球技。

ＩＢＭ研究中心還有一些喜歡桌球的各國研究員，午飯後會到研究中心提供的桌球室打球，再回去上班。我們當中有用直板的、刀板的、擅長抽球的、擅長切球的、擅長發球的等等。我這樣打下來，潛移默化進步不少。但是因為大家都是一齊進步，所以也不覺得有什麼變化。直到一次我回哥倫布城，和一位以前從來沒有打敗過的同學交手，居然不僥倖地勝了他，才知道自己有進步。

說起來可真巧，這又是一位台大電機的同班同學。他持刀板，有一個反手直抽的絕招，出手快，方向難測。他在交大唸碩士時是桌球冠軍，我當然打不過他。可是在IBM磨練後和他交手，居然打勝了。

我平生最記得的一場球賽是在IBM比賽時發生的。有一位同事很會切球。我雖然也很會切球，但主要用在防守。他的切球連守帶攻，對手要抽他的切球一定是會失誤的，唯一的辦法就是用力切回去。他有無比的耐心跟對手磨到底，所以我從來沒有贏過他。

平時贏不了沒有關係，可是比賽時不能束手待斃，我必須有對策。我想我的發球還不錯，何不在他接發球時給他狠命一抽？果然有效。接他的發球時也是一個機會。我就用這方法，只在發球之後立即攻擊，如果失去機會便跟他用切球磨到底，不要找機會攻擊。這樣我一分一分地領先。他焦急了。變成他嘗試用各種不得心應手的方法試圖取勝，那當然是不智之舉。我連贏了兩盤，過了這一關。

我決定換球類，是在另外一次的研究中心比賽之後。依照往年，劉英武經常得冠軍，可是那一年他升調到西岸的研究中心。我藉著此機會打敗所有的對手，得到雙循環賽勝部的第一名，只要打贏敗部的第一名就能得冠軍。

可惜敗部冠軍是位單身漢，練球的時間比我多，而且比我年輕很多。他回去苦練再回來迎戰時，身手非凡，順利奪冠。失望之餘，覺得我在桌球上再進步的空間不大。正在思考的時候，有一位同事邀我一齊去學網球，我欣然答應。

以後就不在桌球上奪冠了。

打網球40年，用心則樂

從一九八二年起，我打網球已經40年了。

當時從桌球轉網球有幾個考量：在美國打網球和找教練的機會比桌球多很多，網球讓腳運動的機會也比較多，而且網球可以在戶外打。當時不敢貿然轉換的考量在球拍重、球也重，對東方人的體格比較不合適。後來有一位同我打桌球的同事邀我學網球，既然有伴就試一試吧。想不到一開始就停不了，居然打了幾十年，因為總有進步的空間，所以樂此不疲。

那時我們找了一位澳洲教練，從頭教起。一開始覺得很難上手。那時的球拍是小拍面的木拍，果然很重，威力又小，不像打桌球那麼順手。後來看世界冠軍吉米・康諾斯（Jimmy Connors）簡直把這大絨球當作桌球來打，才覺得有希望。

當時康諾斯使用的球拍是鐵拍，硬度絕對沒有問題，但重量和震動使很多用康諾斯球拍的球迷得到網球肘。幸虧我沒有試它。我的那一位球伴用康諾斯的球拍，結果也得了網球肘。

我的球拍是Wilson Advantage，當時在網球雜誌頗得好評，對反手抽球特別好。可是我只會反手切球；大概受了用直板打桌球反手只會切球的影響。再者，我常常跑得離球太近，這也是受桌球的影響。說到影響，我以為網球的發球對我應該是最容易學會的，因為羽毛球的抽球很像網球的發球。結果並不是這樣，網球的發球的確很難。我練了幾十年，拍了多少影片，換了多少球拍，還不能像桌球發球那麼有把握。

我究竟換了多少球拍？最早的球拍是在百貨公司的體育器材區用五塊美金買的。帶去上課被教練貶得一文不值。後來花了大約十倍的價錢買了剛剛提到的Wilson Advantage才勉強過關。這拍子跟了我好一陣子。它是一支很漂亮的拍子。到如今我有時還會拿出來觀賞。

後來我跟著大家買了一把Wilson Triumph的鋁拍子。硬硬重重的，不喜歡。接著Prince推出了革命性的大面積鋁拍，我起先抗拒，後來終於投降了。以後買了兩把Wilson的大面積鋁拍子，號稱His and Hers，慫恿太太打網球；她配合了一陣子，最後

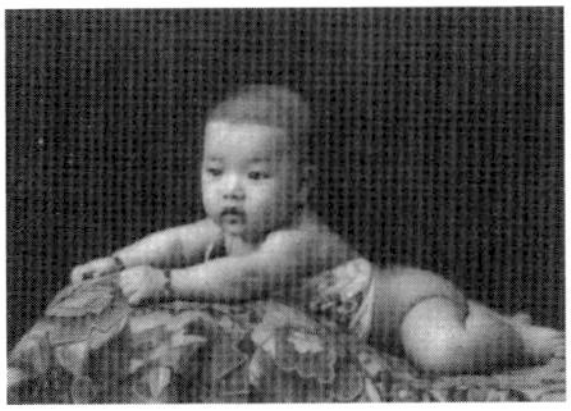

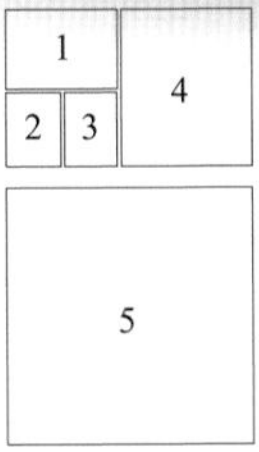

1. Burn爺爺的80年前。
2. 小六童子軍。
3. 高三就讀新竹中學時拍攝的大頭照。
   參「竹中高三：一載定半百」。
4. 高三時，在宿舍練琴的身影。參「用心音樂的生涯」。
5. 1957年自拍。這台相機，是我求學時擁有膠卷相機中最好的。
   參「用心攝影捕捉美」。

1991年在羅馬，重裝備揹得很樂。

2004年《商業周刊》採訪時拍的照片。
他們要我拉一曲，我只拉了一句。

1963年留美時的司廚照。參「在美的日子」。

1962年在台灣大學三年級時留影。
有路人當我是中學生，跟我解釋照相館裡戴方帽子的學生是大學畢業生。

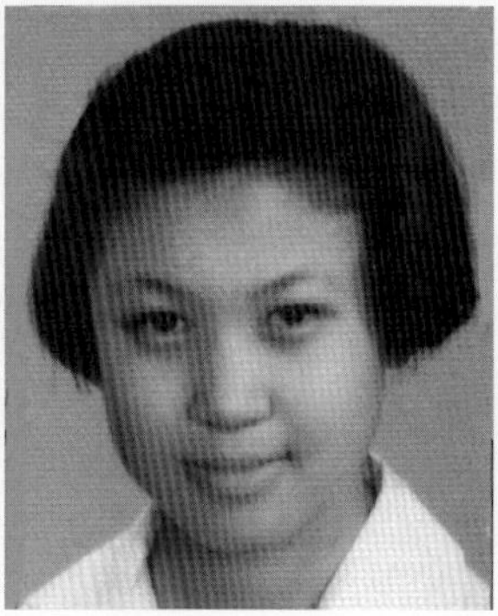

2005年在黃石公園攜眷帶機

修慧初中

修慧秀髮（1970年攝）

2006年在飛機可鑽過的神仙洞

2006年九寨溝珍珠海。坐在海中嗎？

2006年九寨溝雙影，有伴侶真好。

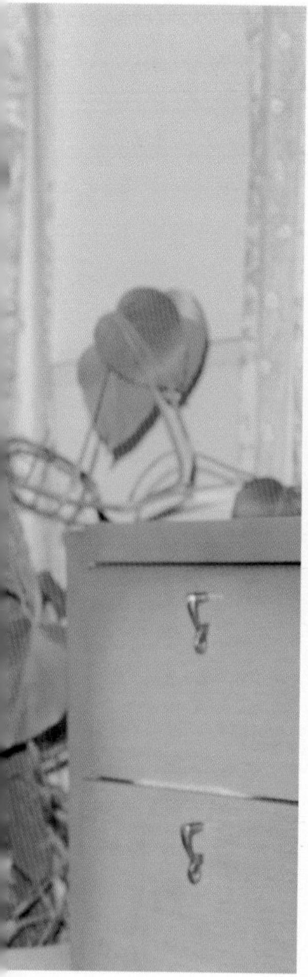

2013年一家四口在佛羅里達州，
那時兒子還沒有剃光頭。

1976年攝。女兒拉弓，兒子按指，其實比單獨拉琴難。不過，合作的美妙之處就在此。

1978年攝。照片中的郵箱支架，是我用雪橇做的。
參「家中二三趣事」。

2006年林家四代合影

1980年林家三代合影

1980年岳父母來訪，一家六口合影。

祖母、父母親、本堅、本固

倒影，拍自美國密西根州立大學附近的小河。

華清社區家的後院

在國立花蓮大學拍攝的照片。「小男孩，記得要回來唸大學！」

2017年竹南勝利堂聖誕晚會

2003年三常助道會第四次重聚，事隔離懷恩堂40年。

1962年在懷恩堂指揮三常詩班，晚崇拜獻詩。

1957年在越南光中堂奏夏威夷吉他「耶穌恩友」。

參「用心音樂的生涯」。

1959年在台北宣道會

2013年林本堅院士授證

2008年美國工程院院士授證

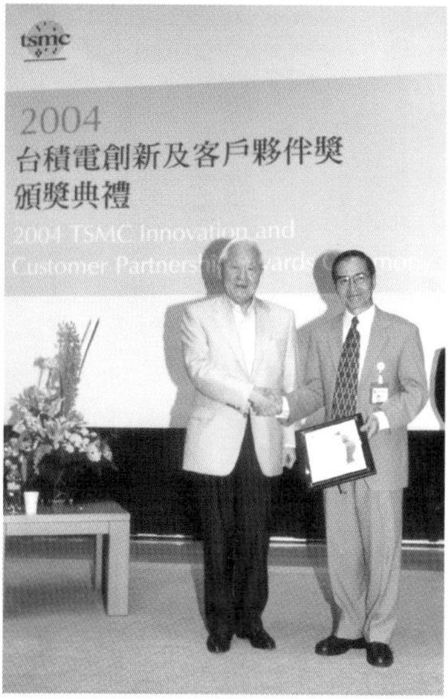

得SPIE會士時被按上台積電R&D之光

2004年台積電創新及客戶夥伴獎頒獎典禮，和張董事長合影。

2004年Zernike獎，Chris Mack和嚴濤南合頒。

盛與衰（日本京都）
亦花亦影（華清家前院）

影中影（美國明尼蘇達州）

人捕影（芝加哥）

大小四射光，需要用三腳架和B快門。（在一第18樓攝）

魚眼拍印度皇宮。

九寨溝倒影，好像國畫一般。倒過來比較好看。

還是漸漸淡出。

碳纖維的拍子在我買Wilson Advantage的時候已經有了，但是很貴。我試了覺得很喜歡，可是覺得自己的技術水準太低，不配用那麼好的拍子。過了一陣子，我終於咬緊牙關，買了Prince Graphite。這是Prince的旗艦拍，也是華裔網球高手、得過法網冠軍，最高排名世界第二的張德培用的拍子。我打起來果然感覺很好。以後我幾乎清一色跟著Prince跑。前後用了CTS Blast、Shark、Hornet、EXO3和Warrior。在Blast和Shark之間插了一款Wilson Triad。最後還是回到Prince，因為它對手肘友善，不容易引起運動傷害。

最後用的Warrior的把手有一個特製的接頭可以插索尼的感測器，記錄擊球次數，招式、拍速、球速、旋速、拍子的擊球點等功能，算是一種很有用的工具。用這工具能把球技的進展量化，提高練球的興趣。可惜索尼停止生產網球感測器，對愛好練習網球者是一個大損失。幸虧Zepp改進了他們的感測器，還可以用得上。

有學習機會，有進步空間，讓人樂此不疲

談到工具，我的孩子們送了我一個量球速的雷達，使我練發球的興趣提高很多，雷達後來就被感測器取代。發球機我則先後用過兩種。先是氣壓式的，後是雙輪推進式

的，類似桌球的發球機。後者我用了將近廿年。我有球拍拉線的工具，將近十年都是自己拉線的。我在網球上花的腦筋多半在如何增進球藝，不像桌球有很多改進球具的機會，只有在拉線這件事上找到一個困擾人多年的問題。拉線機幫忙把孔與孔之間的張力控制得很準。可是到了最後收尾的一個孔，張力會掉下很多。因為只能用手拉緊，手力畢竟有限，所以收口時最後一段線會損失張力。一個球拍至少要收一次口。如果用兩種線則需要收兩次口。這問題很需要解決。最近幾年我轉回用網球店的專業拉線。收口的拉力對他們不成問題。球線的價錢相差極大，我一向用中等的。有一次試用最貴的人造線，覺得值回購價，以後就用這種線。

另外需要解決的是儲球器。用發球機者特別需要。網球不像桌球，可以用到球打破為止。硬式網球的氣壓比大氣壓高，擊到球時，裡面的氣體會滲透出來。而且即使沒有被球拍擊打，只閒置在沒有加壓的空間，氣體也會慢慢地滲透出來。因此新球必須裝在加壓的罐子裡保存。打過的球也必須儲裝在加壓的環境，使它不至於靜態失壓。

有研究指出，若保存在高壓的環境中超過一週，氣體會反滲透回球內。這些都能理解，可是有什麼方法可以很便宜地提供高壓的環境？市面上有些為三至八顆球的儲球器。

裝八個球的儲球器把多層的長筒塑膠袋裝1至8顆球，頂端有一個車胎用的打氣活門，末端有一套鋁夾把圓筒封住。把球裝人封妥後，用打氣設備充到所需的壓力就好了。放置數週壓力都不會消失。這發明很好，製造成本不高，可惜每次一定要跟打氣具一起賣，不能只買儲球的部份，變成不划算。

市上最普遍的三球儲球器的原理很容易說服購買者，但是沒有效，只給人一種加壓的錯覺。它是一個可儲三個球的厚圓筒，外面有螺旋刻槽，繞着頂端的周邊有一道凹槽裝了一個O環。球放進去後用一個內壁有螺旋刻槽的厚外筒蓋住，轉到底就會把開始轉時的容積壓縮一倍，可以把球儲藏在兩倍大氣壓的空間。原理容易懂，東西簡單便宜，所以到處的店裡都買得到。問題是所增的壓力不能持久。幾個鐘頭就漏光了。這很容易證明。剛壓縮好的時候，若把外筒快速地轉出來會很安靜。但是隔了幾小時後把外筒快速地轉出來會聽到空氣經過O環流進去的哨聲。這表示裡面的氣壓在儲藏時已經慢慢漏掉，變成和外面的氣壓一樣。急速轉開時，內部的真空使外面的氣體急速湧入而產生哨聲。解決方法是在內筒頂端的平面多加一個O環。當外筒蓋緊時會壓住內筒不讓高壓的空氣漏掉。我想這解法製造商不難想到。可是遲遲沒有提供，因為沒有人察覺漏氣，不斷購買。製造商也就得過且過了。

可以儲藏50至150顆球支援發球機的儲球器出現過一陣子，但是現在已經買不到。我手上還有兩個各可裝80顆球的機型，壞了就沒有了。我思考過利用舊輪胎或壓力鍋做儲球器，但還沒有完美的答案。

回到打球的技術。因為球拍的技術進步很多，所以打球的方法也跟著演進。以前公認會受傷的打法，因為球拍的進步都變成可行，而且可增加威力。我從用打木拍正手的握手法一直打到改變握法和加入手腕動作的正手，從單手反手改進到用雙手，甚至考慮用雙手打正手。每次改變都需要很多練習，也有機會享受成就感，當然也訓練我不折不撓、屢敗屢戰的精神。

自從有U-TUBE之後，我從網路上學到很多有用的網球打法和策略，遠勝過以前買書學習。跟教練學的效率也提高了。

總括來說，網球吸引人的地方在於有很多學習的機會、很大的進步空間，而且不難找到球伴和教練，球場全球都有。器材和打球的方法也是不斷地進步，所以很多人樂此不疲，我也是其中之一。

用心則樂。

自創拉回身高器

年紀大了，身高會減低。原因是骨頭縮小了，或是脊椎骨的間隔被壓縮。前者是鈣質流失，應該從補充鈣質著手，改善狀況。後者則可以用物理的方法把脊椎骨的間隔拉回去。一般復健科都有這種設備。

我自己的身高從年輕時的至高點已減少了五公分。儘管補充鈣質，也不太見效。有時腰扭到至復健科拉腰復原也很慢，不如吊單槓。可是吊單槓對雙手的拉力太大，又因為拉力出自體重，無法減輕重量、循序漸進。有人用倒吊的方法，以角度來調節拉力，但是倒吊會使血流向腦部，會有腦沖血的危險。因此我常常思考一個更好的辦法。最近想到一個水平的拉腰法，應該沒有上述的各種缺點，而且不需要特別的工具，只需要一把梯子。

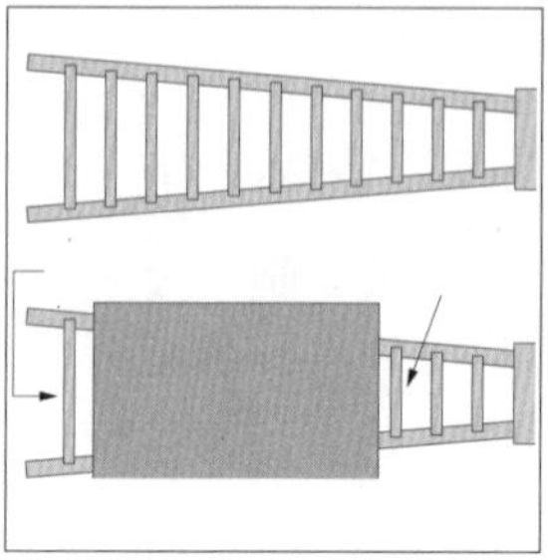

找比我高的梯子平放，用腳扣住最後一節，面朝下把手搭到伸直可構到的一節。在這兩節之間的梯節會壓到胸部及腹部。我就用一塊木板蓋住這些梯節，上面再鋪一塊軟墊。這樣就可以舒服地俯躺在上面。當我用手拉身、腳緊緊鈎住的時候，脊椎骨的間隔就被拉開了。我大約拉十秒鐘，放鬆五秒。每天拉十次。三個月後居然拉回了一公分。

我再想，如果能製造一個專用的器材會更好：一個可調距離的手握節，手握面是軟的；手握節和腳扣節之間是平行的，人可以舒服地俯臥。這器材的觸地面是軟的，以免刮傷地板。不用時，這個器材可以直立擺放，以節省儲藏空間。

我不是醫師，在此僅記載我所做的一件得意事。千萬提醒及警告，讀者務必取得醫師的同意後，方可身試。

保護眼睛之心得

現代人無論工作或娛樂常常需要看LED的銀幕。用眼數小時後眼睛便會疲勞不堪。我也不例外。這幾年來我嘗試了好幾種方法，都有幫助。最後找到一個最有效的方法。在這裡我把試過的方法都列出來，一一討論。

一、室內要開燈照亮工作的環境。這照明的光不要直接照到眼睛。銀幕的亮度應調到和四周照明的亮度相同，不要太高。原因是我們眼睛的瞳孔會按室內的光量調整大小。如果室內光比銀幕暗很多，瞳孔會張開很大。銀幕的強光就會透過大開的瞳孔，傷害感光細胞。

二、LED中的藍光最傷眼，用銀幕時可以載濾去藍光的眼鏡。

三、LED或LCD的銀幕送到眼睛的都是偏振的（polarized），而且各銀幕有不同的

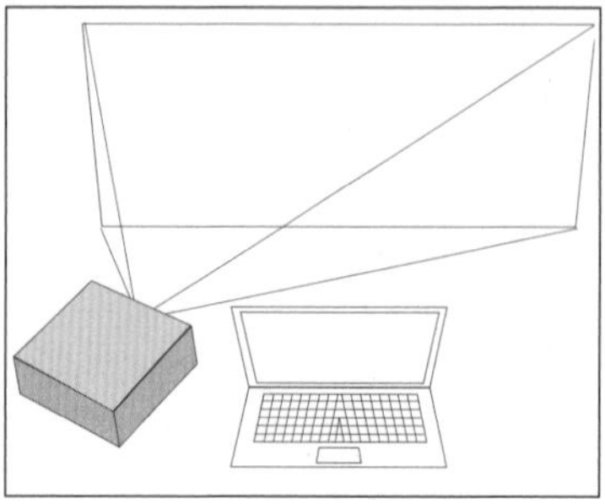

方向。我用一個偏振的太陽眼鏡來判斷銀幕偏振的方向。3C店裡陳列的銀幕有水平、垂直、45度等方向。我發現45度偏振的銀幕比較不會使眼睛疲勞。可惜新生產的銀幕不容易找到45度偏振的。

四、最不傷眼的方法是用投影機把要看的文件投到反射的投影幕上。這樣我們看到的光是反射的，就像看書的光一樣，不會從LED直接穿透到感光的細胞。

第四種方法如圖示。現在有很多投影機可以從側面投影出端正的影像（如圖示）。如果沒有這功能，而需要正放，則電腦必須移到旁邊，眼睛變成不能正視，投影機的亮度太高反而會傷眼。1000－1500流明就足夠了。投影機的解析度可挑電腦能支持的解析度。

還是同樣的示警：我不是醫師，在此僅記載我所做的得意事；讀者須自行和醫師討論，並得醫師的同意後方可身試。

用心攝影捕捉美

喜歡攝影是大多數人的天性。起先玩攝影的人不多，是因為有經濟和技術的門檻；現在隨著數位相機的發展，這些門檻已大大地降低，人的天性可以盡情發揮。

我的天性也喜歡把看到的美麗光影捕捉下來。不過我的攝影生涯起始在門檻高的時候，跨越這些門檻需要比現在的攝影迷多花一點功夫，幸虧也因此得到學習的快感，而且有機會超越相機或手機提供的功能，克服這些功能的極限。

我學攝影的經過

我首次摸到的照相機是母親珍藏的一台摺疊式用120底片的機台。大概在母親的心目中很珍貴，所以她做了一個鮮艷的絨布套子保護它。其實這照相機相當簡陋：它不能對焦，只有f/16和f/11兩個光圈，1/75秒和1/25秒的快門，還有一個開關是B，就是手動的；按住就打開，放開手指就關上。

我向母親討這個照相機很多次，可能因為年紀還小，總是得不到。一直到了十四歲時才得到這台照相機。差不多同時，我也得到一個不能動的手錶。錶面、錶殼和錶帶都很新，但是不會動。我沒事會把它搖一搖，看秒針動幾下，再失望地把它放下。幸虧母親的攝影機沒有壞掉，是可以拍照的。

我的第一卷膠卷拍出來，只有幾張——是我的照相朋友拍的——是好的，自己拍的都全軍覆沒。原因是母親告訴我快門是拍動態的，因此我以為平時用B，導致拍的照片都因手震動而糢糊掉。失而復得的是練了一手穩定功。以後有好照相機時，我可以用1/5秒的快門拍照。

我那位照相朋友有一台Zeiss Ikon的相機。快門和光圈的選擇都比我的多，還可以調距離。他教了我很多技巧，是我的攝影啟蒙老師。他的相機的快門除了B之外還有T。原來按T可以把鏡頭打開，要再按一下T才關閉。他就帶著我造了一個裝相機的木匣子和一個可以把木匣子上下移動的支架。我們把相機的背蓋打開，裝一塊放底片的紙皮板。紙皮板向鏡頭的一面開矩形的洞，板後面有裝電燈泡的光源盒子。我們只要按

T把鏡頭打開，就成了一台放大機。我因而學了放大和沖洗相片的技巧。記得我拿了一張父親大頭照的底片覆蓋在一張空白、但在爸爸的嘴唇上塗了鬍子的底片，顯影並沖洗的結果，製造了一張父親有白鬍子的大頭照。

後來我要離越到台灣時，母親的好朋友送我一台替換下來的中古照相機。這是Zeiss Ikon的上品：Tessor鏡頭，光圈從f/22到f/2.8，快門從1/500秒到1秒，當然也有B和T。這相機還有一個更大的功能，是可以對光，因而調距離不需要用猜，可以很準確地對準目標調距離。那時台灣同學的相機多半沒有這功能，照片常常失焦，只有我的不會。

雖然調距離的困難解決了，光圈和快門的互動也知道，但是曝光量還是要靠查表和經驗。我大四畢業、回越辦留美簽證時，經過香港買了一台Petri 35mm相機，有測光錶定曝光量，相片的品質因而越來越好。後來我看到有人用不同顏色的濾鏡拍黑白相片，就去找了一些濾鏡的書，把濾鏡的原理和用法搞通。六〇年代氙氣閃光燈開始上市，我在回台赴美的途中買了一顆氙氣閃光燈，把室內和背光的情形也照顧到了。

到了美國，彩色攝影相當普遍，我的照片就從黑白轉為彩色。我跟論文導師學了繞射的原理，也用在攝影機的鏡頭上。以前我以為只要光線夠強，應該盡量用小光圈，因為有景深，可減少鏡頭的偏差。及至導師教我學會繞射之後才知道，光圈越大繞射越小，但鏡頭的偏差會增加，除非使用數千萬美金，才可買到把偏差全部消除的鏡頭。市面上給攝影用的鏡頭多半把繞射和偏差的平衡點設在最大和最小的光圈的中間，大約是f/8至f/9。這變成我經常用的光圈，除非我要特大的景深，要用慢快門，或故意要背景模糊。

上述都是硬體。要提高照片的水準必須注意構圖和光線的使用。照人像必須講究光線的方向，而且鏡頭的長短，取像的角度都要運用得當。要使被拍的對象自然，更要能捕捉到最好的時機。

鏡頭太短，距離太近會使鼻子和下巴變大，全身照會頭大腳小或肚子特大。臉正對著太陽會使嘴鼻顯得平坦並令被照者曬出痛苦的表情。側著陽光會有鼻子的黑影投在臉上。解析度調太好會把粗糙的皮膚或皺紋都顯出來。

很多人不會拍人像或是找不到願意被拍的人（人人都手持一機要拍別人）。他們就常拍風景照。其實風景要拍得好，構圖和光線很重要。掌握光線要預料太陽的角度和強度，要認真拍風景的人，必須有時間和耐心等待捕捉最好的時刻。可是從全世界喜歡拍照的總人口和得到最佳光線的可能率來看，在這麼多人中，有人拍到好風景的照片倒是很有可能的。

我喜歡用別人不常用的手法：譬如用三腳架、閃光燈、B快門、魚眼鏡頭、用微距鏡頭拍花卉、拍夜景、用慢快門捕捉動態、多次曝光等等。彩圖裡有幾張我用特殊手法拍的照片。

用唱機測量快門延遲

在觀景器看到要捕捉的影像，到影像被捕捉到相機中，有一段遲滯的時間。眼睛從觀景器看到對象開張嘴巴在笑，但是呈現在照片上的卻是笑完了、巴閉起來。有時看到的是眼睛睜得很開，但拍到的是閉起來的。這種遲滯是眼手反應需要的時間，也是快門紐從被按到實際被打開的時間。若觀景器不是光學的而是電子的，會遲滯的主要因素是，因為電子展示有不小的遲滯。相機的製造商很少把遲滯的數值放在規格中（例如0.3秒、0.8秒等），因為多半不及格。其實要量這遲滯的時間也不容易，需要特別的儀器。我很在意這遲滯的時間，想用家中普遍可以找到或買到的東西來量它。

終於做到了！

放唱片的唱機，到處都有，即使要買也不貴。唱機中唱盤的轉速是嚴格控制的。

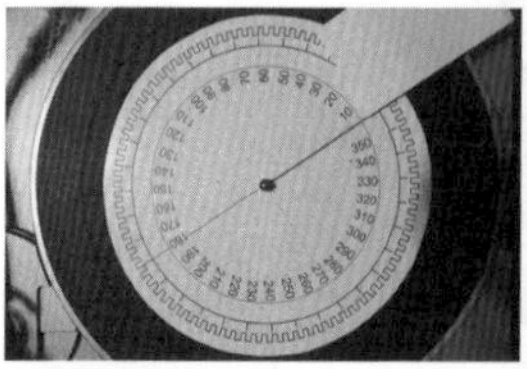
按快門所看到的

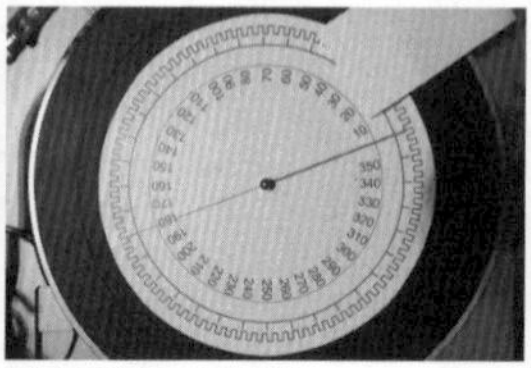
遲了 10 度 = 0.05 秒

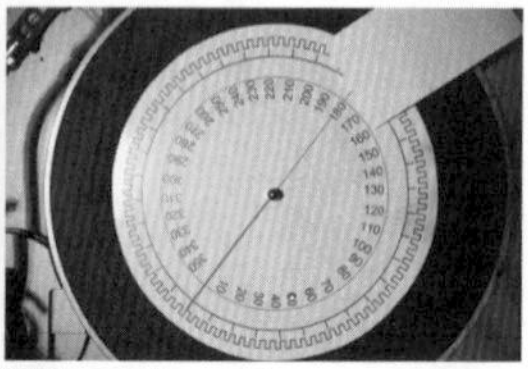
遲了 200 度 = 1 秒

總共有每分鐘78轉、45轉、33又⅓轉、和16又⅔轉等轉速。我做了一個有刻度的厚紙圓片，中間開一個小洞，上面有刻度（請見上圖）。

我把這圓片當作唱片放在唱機的轉盤上。相機則用架子放在唱盤的上方，垂直向下。我在接近唱盤的上方，唱機不轉動的地方安裝了一個指標。當轉盤轉動時，我經過相機的觀景器看到指示0度的紅線經過指標的時候便按下快門。因為有遲滯，在照片上的紅線是不在指標上的。從錯開的角度和唱盤的轉速可以算出成像遲了多少秒。我量了不同的相機和不同的設定，對相機的遲滯有很量化的了解。其中最短的遲滯是0.05秒，最長的可達1秒。

用這方法量遲滯，會把照相者的眼手反應也量進去。可以用來練習增進眼手反應。如果要把眼手反應的誤差減少，可以用每分鐘16又⅔轉來轉動唱盤。反之則可以用較高的轉速，用33又⅓轉量到的眼手反應的份量還不算太高。因為有眼手反應的介入，應該在同樣的相機設定上多量幾次，取平均值。這平均值包含相機的遲滯和眼手反應的平均值。要減少眼手反應的份量，可以用預測法估計紅線經過指標的時間，而不是等到看見經過指標才按。這是有經驗的攝影師用的手法，也可以在照實景時用。

手機照相可改進之處

手機的普遍化帶動人人一機的風潮。很多人自命為照相使者，在任何場合務必要把全部的場景用自己的相機／手機拍下來。這種現象已到了不可收拾的地步。婚禮的來賓離座攝影把場面鬧得混亂不堪是災難，故此，在很多場合已有告示只准指定的攝影師拍照。

這種氾濫也讓專業攝影師的難度增加。他們的技術再好、大眾的技術再平平，因為大眾人多，抓到好鏡頭的機會也多。專業攝影師面對的是人海戰術。每個人能拍到出類拔萃的照片的比率雖然不高，但是好照片的總數很容易超過專業攝影師的。譬如每人拍了五千張照片才有一張夠得上專業攝影師的水準，二〇一七年全世界有手機的人大約是23億，加上擁有數位相機的，總共算25億好了。他們能拍出50萬張專業水準的照片。這對專業攝影師是很大的壓力。

可是從大眾攝影的觀點，五千取一的比例太低了，應該有辦法提高。其實手機的製造商提供了很多無感改進手機相片的攝影程式。因此用手機拍照的風潮才會這麼洶湧。雖然如此，手機攝影者還是可以注意下列幾點把照片拍得更好：

一、**持手機的高度：**多半攝影者都站著拍照，不知道相機高度的重要性，甚至在婚禮中拍照的專業攝影師也會犯這毛病。站著拍大頭照是對的，因為相機跟人臉的高度相似。如果相機太低會把人照得下巴和臉頰過大而顯得胖。

相機太高會把臉照得很尖。但是、如果拍全身照而不把相機降到腰間，則會把人照得頭大腳小。相機放在腰間不會把人的腰照得太粗，因為照全身的時候，相機和被照者的距離必須拉長。當然、照小朋友的時候要蹲下來，相機的高度要以小朋友的高度為準。拍動物依此類推。

二、**頭照：**手機鏡頭的焦距適合作中度廣角之用，效果接近全幅相機的35 mm鏡頭。照人像的理想焦距在80－100 mm之間。怪不得新的手機多內建長一點的鏡頭。如果沒有那種手機而要拍大頭照，除非被拍的人的鼻子太扁，要把它照高一點，否則寧可站遠一點，以後再把照片放大截取大頭照。

三、**背光：**手機的高超攝影程式已經處理了很多背光的問題，有些剩餘的問題可以用手機上用LED當閃光燈的功能來改進。當然，LED只能照明近處的光，對遠一點的對象是沒有效的。

四、水平線：取景時，可以把水平和垂直線擺準。這是輕而易舉之事，也表示拍照者的慎重。可惜太少人注意到這一點了。

用心音樂的生涯

我兒時跟音樂的接觸想必和大家一樣，從聽兒歌和唱兒歌開始的。記得在幼稚園時，老師有時會安排小朋友們上台表演唱歌跳舞，這也算是跟音樂有接觸吧。到了小學五年級時，因為不怯場，獨唱考試時唱得很大聲，被選為合唱團的團員。

過不久，有一個全部華校上電台比賽歌唱的機會。我們這合唱團就派上了用場。因為有目標，大家練唱得很起勁。當時是唱〈月光曲〉：「一樣的月亮，一樣的月亮下面是故鄉，故鄉哪，在何方……」應該是一首抗戰歌曲。

那時我們上音樂課所唱的歌大致分三類：抗戰歌曲（如上）；愛國歌曲：「頭可斷，血可流，誓死爭自由……」；中文的古典名曲：「長亭外，古道邊，芳草碧連天……」「怒髮冲冠憑欄處……」。

難忘的電台合唱比賽

我們的指揮是一位體育老師，司琴當然是音樂老師，獨唱的部份由一位女生擔任，合唱團則用男女聲兩部配合。那時辦中學的華校至少有七所，其中有高中的至少有兩所。我們的學校只有初中，後來才有高中。

當時，大家興興奮奮地去比賽。我記得好像有九隊參加比賽，可能有些學校的高中和初中各出一隊。結果嶺南中學得了第一名，每位團員得到一根黑笛子作為獎品。後來我才知道嶺南中學是基督教學校，他們常常要用四聲部唱詩；唱得好是意料中的。這次的比賽我們得了第幾名？墊底！真是一江努力向東流了。

我信主後跟嶺南中學的弟兄姐妹在教會裡常在一起。有一次，陳家騏弟兄談起在電台音樂比賽得第一名的事（他不知道我的學校的合唱團得了最後一名），我問他獎品是什麼，他說是一根黑笛子。那沒錯，就是他們得冠軍。世界真小！

回到小學的時候。有一天，我突然領悟了樂譜上的每一小節都有固定的拍數，心血來潮，作了一首短曲。為了求簡單，我只用Do、Re、Mi三個音作這曲子。寫好了拿給母親看。不料母親不覺得希奇，我的作曲生涯就此結束。

鋼琴與吉他

談到器樂，母親在娘家時有風琴。結婚後因為經濟因素，到了我差不多十歲時家裡才買了一台中古鋼琴。這琴雖古，但很漂亮，是玫瑰木的面板，因而我想學鋼琴。但母親說我太大，不能學，要弟弟妹妹學。雖然如此，我還是很愛那琴，所以常常給它打蠟，有時會趁母親不在的時候偷偷彈一彈。

後來弟弟也沒有學鋼琴，卻學起小提琴。母親說我年紀太大只能學吉他。她所謂的吉他不是現在很流行抱在手上、用四個手指定音的奏法，而是横擺在腿上，用一根圓銅按在弦上定音的夏威夷吉他。那時，母親任教的學校有一位老師會彈這種吉他，就請他教我。從學夏威夷吉他，我學會看A調的五線譜，而且這種彈法需要耳朵有音準才能把圓銅擺對位置，也肯定了我的耳朵聽音的能力。這是上帝給我後來學小提琴的預備。

情意綿綿的小提琴

有一次，教會為一位從香港過境越南到德國深造小提琴的謝顯華弟兄，辦了一個演奏會，為他的進修募款。我聽了他的演奏就迷上了小提琴，回家要求父親讓我學琴。這樣爭取了一陣子，父親終於同意了。母親就幫我找了一位剛從法國回來的越南提琴家。教會的林重生弟兄也因謝顯華的演奏會毅然學提琴，可是到了我得到允許學提琴時，他已不打算繼續學琴，就把琴借給我。他希望我學順了，會把他的琴買下來。我也有同樣的想法。可惜我的老師覺得這把琴不合適，後來代我買了一把法國琴。

我這位提琴老師不會中文，我不會越文，只能靠英文溝通。我們兩人的英文都半桶水，所以學習的效率打了折扣。雖然如此我是很用心學琴的，每天必定練琴一小時，也頗有進步。可惜好景不長，我突然得到機會離越赴台，提琴的生涯只好到台灣繼續了。

新竹中學有一位楊榮祥老師，很關心我的學琴生涯，帶我到台北拜訪提琴老師。他心目中有三位人選：司徒興成、高板知武、馬熙程。司徒老師出國深造，所以沒有機會。後來我在報上讀到一篇記載，說他對資質較差的學生特別用心，覺得真是失之交臂；要是他沒有出國，我的琴技一定會比現在的好得多。我忘了為什麼沒有找高板教授。

馬先生看楊老師的面收我為徒，叫我從一些指法的練習曲開始。我回到宿舍的陽台練琴，倒也蠻有進步。於是我每兩週坐火車去台北學琴，也到台北中正路的宣道會聚會。在新竹的主日，就在學校旁邊的東山里浸信會聚會。後來因為聯考的壓力，跟馬先生請假，說等考到台北上大學的時候再繼續。

後來果然考進台大，就繼續跟馬先生學琴。馬先生最注重的是音階。所以我每禮拜要練一個大調和相對的小調及琶音，要上到第五和第七部位，奏三個八度音階的調，G調則要拉四個八度音階。其實馬先生最有名的是他的右手，就是他的弓法。這方面我受他的潛移默化，也有些心得，但是跳弓學得不太好。

技巧上，他多半用指點的教法。記得我學韓德爾的第四奏鳴曲時，覺得不會顫音不能盡情表現這一首曲子，就請他教顫音。他叫我不要猶疑，試著去顫就是。我是這樣子把顫音學出來的。起先覺得末指的力量不夠，只用食指、中指和無名指去顫，後來到了美國，聽兒子的提琴老師說末指也要顫，才去練習末指顫音。

再次和馬先生學琴的不久，馬先生叫我到他指揮的青年交響樂團去拉琴。他說每週上課所學的曲子不多，到樂團會增廣我的見識，像到了音樂的圖書館。第一次到樂團，馬先生介紹我的時候，告訴團員們不要小看我，我會進步很快的。很不幸，我沒有達到他的期望。原因是馬先生指著樂團的琴譜告訴我要學即時看譜拉琴。我誤以為樂團的譜只允許用即時看譜的方法合奏，不准在家中私自練習。因此只有拉新曲子的時候和其他的團員差不多，以後就和他們的落差越來越大了。

青年管弦樂團的首席第一小提琴是李泰祥，他在藝專攻讀，也是馬先生的首席門生。據說馬先生給他授課的時間是整個上午或下午。另外有一位北一女的團員，大家叫她小張，也有整個上午的上課時間。她是坐在第一小提琴的第二個位置的。第二小提琴的首席是年紀比我們大、成熟穩重，很會待人接物的劉彥樞先生。他也是我們的團長。後來劉先生搬到美國，居然碰巧到我們的查經班聚會，並信了主，成為我們當中很會傳福音的好弟兄。

練琴的地方是個大問題。

我在新竹中學時，跑到宿舍的陽台練琴，以免吵到同學們。住在台大宿舍時，一大清早單手騎腳踏車抱著琴匣子，到臨時教室練琴。後來發現宿舍三樓的公共洗手間因為自來水上不去，沒有人用，就轉移到洗手間練琴。沒有人打擾，只是有點味道。

到了大二，課業實在很重，我又不願意離開懷恩堂的三常助道會，只好放棄小提琴的課。及至兒子開始學提琴，先用鈴木方法啟蒙，需要雙親中的一位跟他一起學。我義不容辭帶他去，結果父子皆樂，我趁機補了以前的一些缺口。兒子到小四時，經常在學校的大禮堂演奏莫札特的小提琴協奏曲，由音樂老師鋼琴伴奏，琴技已遠遠超過我。

聲樂和指揮

自從信主以後，我常常有機會唱詩。那時候我已經歷了學校的合唱團，雖然合唱比賽得了最後一名，但總算有合唱的經驗。唯一需要學習的是用粵語唱聖詩。我們在華校裡都是用國語唱歌的，既使是在用粵語授課的學校，還是用國語唱的。這是為了統一語言，讓全國有一個共同的語言可以溝通。

教會用地方話可能是當年的傳教士為了傳福音，要唱詩的人有家鄉的親切感。各有各的用處。我現在用國語或粵語唱詩都會得到感動，了解用台語唱詩的弟兄姐妹。我想為了產生家鄉情懷無可厚非。但是如果為了分化而用地方話，卻是向文明開倒車了。

我們在青年團契裡練習唱四部。那時教會的詩本很特別，詩本上的樂譜是四部的，但是用簡譜，頗佔篇幅。當然這是因為識五線譜的人不多。

我雖然在合唱團唱過，但是沒有人教我發聲的方法，所以用平時講話的方法唱歌，音色當然不好，高音唱不上去，低音又唱不下來，而且喉嚨會唱壞。詩班團員們的狀況都差不多。我很喜歡和旁人唱和音，可惜我們想改進發聲，卻不得其門而入。不會發聲當然不會顫音，但很羡慕會顫音的人，尤其是我學會提琴上的顫音之後，對自己唱詩不會顫音，覺得很困惱。

及至我認識了修慧。注意到她的歌聲很美，會顫音當然不在話下。我常常請她教我，可是我像一塊朽木，雕不出什麼像樣的東西。我唯一從她那裡學到了吸氣的方法。我很小時，因為看了一本鼓吹腹式呼吸的書，就養成了腹式呼吸的習慣。唱歌的吸氣法也類似，只是能吸得更多。後來我終於領悟出顫音的方法。其中一個必要條件是要呼吸得對。

讓我的發聲進步的最大因素，是因為教會詩班要我當指揮。我趕快去買了教指揮的書來看。其中有一章說指揮要教班員們發聲，並教讀者發聲的方法。我依法練習，果然領悟了一些。真是像聖經所說：「你的日子如何，你的力量就如何。」

感謝施恩的主！

第三部

天路歷程

撒在我心田的種子——從反對到相信

我信主六十六年的經過，有點像馬太福音13章1－9節的撒種比喻：

當那一天，耶穌從房子裡出來，坐在海邊。有許多人到他那裡聚集，他只得上船坐下，眾人都站在岸上。他用比喻對他們講許多道理，說：「有一個撒種的出去撒種。他撒的時候，有落在路旁的，飛鳥來吃盡了；有落在土淺石頭地上的，土既不深，發苗最快，日頭出來一曬，因為沒有根，就枯乾了；有落在荊棘裡的，荊棘長起來，把它擠住了；又有落在好土裡的，就結實，有一百倍的，有六十倍的，有三十倍的。有耳可聽的，就應當聽！」

這比喻的原意指很多不同的人，對主耶穌撒的福音種子有不同的反應。撒到張某某身上，像撒到路旁，這些種子很快就被飛鳥吃掉，起不了作用。撒到李某某身上，像撒到土淺的石頭地上；雖然很快就發苗，可是因為土不深，日頭出來一曬，苗就枯乾了。這是比喻人聽了道，後來遭了患難，或是受了逼迫，立刻就跌倒了。撒到林某某的身上，種子雖然發芽生長，可是不茂盛、奄奄一息的，因為被荊棘擠壓無法成長。這是比喻人聽了道，後來有世上的思慮、錢財的迷惑，把道擠住了，不能結實。

種子撒到合主心意的基督徒身上，就像撒在好土裡。這基督徒聽道明白了，後來結實很多。對我的屬靈生命，這個撒種比喻的每一個情景，都先後發生在我的身上。

主最先向我撒種是在我很小、剛對報紙有興趣的時候。我跟別的小孩一樣，先看報紙上的漫畫，以後常常看到一幅畫，畫中有一些有翅膀的人穿著長袍，口吹號角，地上有很多墓碑。我看了多次以後就拿著報紙去問母親。那時候我的母親還不是基督徒，但是她相當明白那圖畫的意思。她告訴我，圖中的飛人是天使，他們一吹號角，死了的基督徒就會復活升天。我聽了覺得很新奇，可是並沒有採取什麼行動去做基督徒。

我母親雖然沒有信主，但是一定有人向她傳福音。因為她告訴我，到了聖誕節要帶我去教會的燭光晚會，我很興奮。那是人們拿著蠟燭在黑漆漆的房間裡，然後一根一根地點亮有獨特的風味。整個教堂每人一燭、佈滿了燭光的情景，加上悠美的音樂，對我是很吸引的，盼望聖誕節快點到來。加上那時候常停電，沒有電時就需要蠟燭。

聖誕節終於到了，母親帶我去教堂；我的夢想也實現了，果然每個人都得到一根蠟燭。可是情景沒有想像中美！教堂中點了幾百根蠟燭，一點都沒有幽暗中明光照耀的感覺，加上燭多氣味重，室內的味道不好；結果牧師的話我一點都沒有聽進去。這是第二次種子撒在路旁。

我是怎樣信主的？

一九五五年時，母親已經沒有帶我去教會了。我聽從父親的吩咐，自稱是佛教徒。其實我自己也激烈反對基督教，認為基督教不符合科學又不遵守中國傳統，所以不去參加基督教的聚會。不但如此，我還不讓我的弟弟妹妹上教堂。可是很奇怪！我說基督教不符合科學，可是跟著父親拜那些神祇，看著弟妹們跟著拜，卻一點都不覺得不科學。

雖然我認為基督教不遵守中國傳統，卻聽父親的話去信從印度傳來的佛教。其實我那時候的信，跟很多人一樣，只是當作一種傳統、掛在嘴上，沒有認真地搞清楚，唯一的有點宗教性想法，就是對傳統的神像有畏懼感，但是沒認真去面對屬靈的事情。

上帝很愛我的弟弟妹妹，可是我擋了祂的路，所以祂要先制服我這個壞哥哥。一九五六年六月裡的一個下午，我的一個同學向我解釋做基督徒真正的意義。

我這位同學說：「創造天地的主很愛我們。」

「等一等，什麼叫做創造天地的主？學科學的可以接受天地是由一位主創造的嗎？」

他說：「你看街上那部汽車，有沒有可能它是從一個鐵礦漸漸形成車身和機器？旁邊有些橡膠樹，它的汁液漸漸地形成了輪胎？有幾頭牛的皮革漸漸形成了皮椅？要不是有一個有智慧的製造者，這汽車、輪胎和皮椅不可能會產生。其實，不接受宇宙有創造者比接受還難。」

「可是，即使接受有創造天地的主又怎樣？祂每天叫太陽上山下山，我每天上學下學，祂跟我有什麼關係？」

他說：「我們在被造物中是上帝認為最寶貴的，給我們有屬靈的需要，而且給我們自由意志可以選擇或拒絕祂。可是我們的始祖不聽上帝的話，用自由意志做了不合上帝心意的事。現在的人也好不到哪裡去。這些叛逆的思想和行為像一道鴻溝，把我們跟上帝的溝通切斷了。」

其實他說得也是，我還沒認識基督教，就已經有一股衝動要反對了。可是我接著說：「切斷了就切斷了，我沒有需要跨越這鴻溝。」

他說：「那是因為你不知道與上帝和好有什麼好處。我們沒有和上帝和好以前，像一個因戰亂和父母親失去聯繫的孤兒，因為從小離開父母，不知道有父母的好處。可是這些可憐的孤兒要是去問一問在父母身邊的朋友們，便會知道有父母是多麼幸福的事。我已經做了多年的基督徒，我很樂意告訴你，我有多快樂，所以才花這麼多工夫和你分享。」

那一天，那位同學不厭其煩地和我談了好幾個鐘頭。他就是那位有父母的幸福孩子，把有父母親的好處告訴我這個屬靈的孤兒。

他又說：「我們親生的父母愛我們，會想盡方法來尋找我們，上帝也不例外。祂必須搭一座橋，讓我們能越過這鴻溝。這橋就是在十字架為我們受死的耶穌。他為贖我們的罪，讓我們能夠跟上帝重新和好，甘願在十字架上為我們死。他也為我們戰勝了死亡，讓我們能跟隨祂復活。」

當天，這位同學把我從「科學和創造的迷思」中敲醒了。他又讓我聽到以前從來沒有聽過的事：上帝愛我們，主為我們這些叛逆的罪人被釘死。我以前對基督教一無所知，卻有一股莫名的力量使我反對它；現在知道了，心中頗有歉意。可是我的朋友問我願不願意接受主，我的心雖然受到很大的衝擊，卻不肯答應。我只答應他當天晚上會去參加佈道會。那是一九五七年六月二十二日的事。

我記得佈道會的講員是香港來的石新我牧師。他講人生的虛空、生命的意義。其中我特別記得他提到香港公墓的入口有一個牌樓，上面的對聯寫著：「今日吾軀歸故土，他朝君體也相同」。石牧師提出的各點，正是我常常問自己卻得不到答案的。他講完了就請願意接受主的到台前。我有很大的掙扎，想上前去可是還是硬著心不肯。

其實我這麼一個微小的罪人怎能抵擋上帝的愛？到了晚上夜深人靜時，我想來想去，又害怕又羨慕。就這樣我翻來覆去不能入睡，終於獨自向主低頭，接受祂為我的救主。

我聽道一天就信了主，應該不像以前兩次撒在路旁一樣。可是飛鳥還是嘗試要吃去我心中的道。一早醒來，記起昨晚禱告接受了主，問問自己為什麼接受得這麼快？有沒有搞錯？會不會是昨天折磨了一天，太累了？

想來想去，只有兩個選擇：繼續信或反悔，取決於主耶穌的救恩到底是不是真的。如果是真的，我反悔就是自願丟掉救恩，不是很可惜嗎？而且我明明知道了再拒絕，說不定會罪加一等。如果是假的，空歡喜一場，好像自己做了傻瓜。

最後我選擇認真相信。一來，我昨晚清楚禱告答應主，雖然沒有人知道，但是主知道。二來，如果是假的，任何騙局終究會被揭穿的。就這樣飛鳥沒有把種子吃去。

接受主之後，我的朋友告訴我以後要讀經禱告。我就照著做，也參加教會的聚會。漸漸更清楚神的救恩。我在聖經中看到一個大證據確認基督教是真理，就是耶穌被釘死三天後復活。耶穌為我們的罪釘死，祂也為我們戰勝死亡，從死裡復活。可是主復活的事不能再去做一次實驗，我們有什麼證據相信祂復活呢？耶穌基督復活的證明最扼要的兩點，是耶穌的門徒和祂的敵人的改變。

耶穌被釘十字架時，祂的門徒要不是不認祂，就是逃去躲起來。後來因為見過復活的主，又領受了復活主的話，這些原來畏懼膽戰的門徒，一個一個都變成不怕死，願意傳揚主是道路、真理、生命。信靠祂的人到了末世都會復活得到永生，到末世主再來的時候，還活著的信徒必永遠不死。基督教因而傳開，有億萬的信徒。

有一位猶太人，從小受嚴格的律法教育，成為法利賽人。他跟一位有名的法利賽人老師學律法，用他認為對的熱心事奉上帝。他事奉上帝其中的一項，就是逼迫基督徒直到死地，無論男女都拿下監。這個人肯定是耶穌的敵人。如果他從反對的一邊轉到積極傳教的一邊，就會產生極大的影響力。果真如此。

這位名叫掃羅的法利賽人，在要去捉拿基督徒的路上，復活升天六年後的主耶穌向他顯現，並且交代他接著要做的事。掃羅就從逼迫人的角色轉到被逼迫的角色，也把名字改為保羅；他就是那位寫了新約聖經中十三篇書信的保羅。保羅以後為主受了很多苦，也為主得了很多靈魂，到後來大家都不記得保羅曾經是一位極力反對者。可是因為從大反對者變成主忠心的使徒，他的見證是最有力的證據。保羅強調：心裡相信耶穌從死裡復活、口裡承認主耶穌為自己的救主，就必得救。

在淺土中遭患和逼迫

我聽道一天就信了主，發苗很快。有遭患難嗎？當然有！接受主之後，帶我信主的同學幫我買了一本聖經。他告訴我，每天要讀經禱告。一天讀三章舊約，一章新約，可以在一年之內讀完整本聖經。定時的禱告可有五次：餐前、起床後、上床前；不定時的則是隨時都可以做。當然每禮拜天要去聚會敬拜上帝。我都照做了，接著患難就來了。

我的父親知道我信了主，倒沒有反對，只是叫我不要信得太迷。這樣過了大約一年，我每次跟著父親祭祖及拜拜時，心中都很不平安，想不拜又怕父親生氣。到了快要過農曆年了，我決定不能拜了。就在除夕當天的下午，父親帶我們去看卡通電影，應該是很快樂的時光，可是我根本沒有心情看平時最愛看的電影，心裡七上八下地想像拒絕父親會招來什麼可怕的後果？回家後，我戰戰兢兢地告訴父親，我不能再跟他拜下去了。後果當然不堪設想，好好的新年氣氛給我這個不聽話的孩子破壞了。

父親想說服我，但是沒有達到目的。他用軟用硬都沒有使我回心轉意。那時有一些美國傳教士在父親當校長的英文中學教聖經。他們向父親代我講情也沒有用。這種非常緊繃的情況過了一天又一天。我們兩人都到了心力交瘁的地步。好幾天之後，父親給了我最後通牒：拜祖先否則離開家，他不要這兒子了。

那幾天我當然不斷地禱告求上帝幫助，接到最後通牒後更加如此。禱告的結果是順服上帝。我那時只是一個初中生，沒有謀生的能力。在我的小小世界中，我可以想到的是離家後到街上去幫人擦皮鞋。好吧！就這樣吧！我告訴父親我的決定。

感謝主！父親不能叫我回心轉意，但是主能使父親回心轉意。父親究竟愛孩子，他不忍心讓我到外面流浪，並沒有把我趕出家門。十多年後，上帝藉著一件神蹟讓父親相信祂，再過廿多年，他公開承認這信仰並受洗歸入主的名。其中的曲折，我在下一章會詳細說明。

這件事情讓我感受到的是主的大能及真理的得勝。幾十年後，我領悟到的不止如此。主也讓我體會到父親愛浪子的心情，所以讀到聖經中浪子的故事時特別有感觸，了解天父對罪人的愛。雖然我這浪子的方向和聖經中浪子的方向恰好相反，但是仍然達到主要我體會神愛世人的目的。

信仰上的「荊棘擠壓」（世上的思慮）當然少不了，這些故事會散佈在本書的其他各章之中描述到。至於「在好土中結實」，有生命的基督徒必須結實的，可是也不願意自誇。還是留給看了各章的讀者決定吧。

杏樹開花，雨後雲彩反回——我老父的天路歷程

我想分享的要點是勸大家快快去做我們的心所願意做的，看我們的眼所愛看的，使我們的心歡暢。唔！有沒有寫錯？大家有沒有看錯？我鄭重聲明沒有寫錯。尤其針對少年人，你們要快快去做心所願意做的，看眼所愛看的，使你們的心歡暢。

接下來，我會和大家證明這是對的，可以放心去做。可是有一個要求，請仔細把整章讀完，以免斷章取義。

所羅門王寫的傳道書11章9節：「少年人哪，你在幼年時當快樂。在幼年的日子，使你的心歡暢，行你心所願行的，看你眼所愛看的；卻要知道，為這一切的事，神必審問你。」我們不行心所願的和眼所愛看的，是因為怕審問嗎？

一九九七年的十二月十三日是我父親在世的最後一天。十二月二十七日是他的追思

禮拜。當年的六月份我去澳洲陪了他將近一個月，第一天一眼看過去，立刻感覺到爸爸老了。那幾年我常去看他，一年前開刀住院時我去陪了他一陣子，在那種緊急的狀況下都不覺得他老。可是七月那次的感覺非常不一樣。看到他滿頭白髮，身體佝僂萎縮，癌症開過刀又復發，真像傳道書12章5節說的：「杏樹開花」，以色列的杏花是白的，滿樹白花就像滿頭白髮一樣。

父親經歷神蹟，依然沒有屬靈的生命

傳道書12章2節說：「日頭，光明，月亮，星宿變為黑暗，雨後雲彩反回。」父親身體健壯的好日子變成黑暗的雨天，得了腎癌需要住院開刀。出院後不到七個月就復發，正是傳道書所記的「雨後雲彩反回」。

父親那幾個月追求主的心非常迫切。他主動地要找教會和牧者。其實父親號稱信主已有廿幾年。我勸他去聚會、讀經，卻都沒有果效。

一九七四年越南政權易手後他搬到香港，到處都是教會，可是他就是找不到教會。後來四弟接他到澳洲長居，不用說，在澳洲更找不到教會了。父親遇到一位很熱心的老弟兄，常帶他聚會。可是後來還是沒有聚會。他跟我說眼睛不好，沒有辦法讀聖經。這就像12章3節所說的：「從窗戶往外看的都昏暗」。既然不能看，用聽的也不錯。我就給他寄錄音帶和聽帶機。我到澳洲後才發現，他把帶子都交給那位老弟兄，還說「你對這些比較會有興趣」。我還發現他每年花一千多澳幣（大約台幣二萬五千元）從香港訂購武俠小說，每天定時看武俠小說，這些小說的字不是為老人設計的。他的老花眼鏡可以應付武俠小說，可是對聖經不靈光。這種基督徒我沒法不認為是沒有生命的，連掛名的基督徒都不是。因為他只對我說信，對別人並沒有這麼說。

其實父親肯向我承認信主已經非常不簡單。我小的時候，他號稱是佛教徒。一家人填資料表時他都叫我們填佛教。我信主一年後不能繼續跟他拜祖先，父子起了很大的衝突，他給我的最後通牒是：「你走吧，我不要你這個兒子。」我那時才不過是一個十五歲的中學生，叫我離家到哪裡去？我經過禱告和思考之後，覺得這既然是上帝要我走的路，我只好接受。感謝主，我父親沒有真的趕我出去。可是他反對基督教的強烈可想而知。

這麼反對的人是怎樣信主的呢？一九六六年爸爸來美國看我和大妹妹時，我幫他把護照寄去華盛頓辦簽證，卻寄丟了。我們非常焦急，試盡了各種辦法，最後聘請了私家偵探花了多天的時間，還是找不到。終於偵探自己告辭。

之後的第一個早晨，用早飯的時候，我跟父親說：「人的方法都用盡了！您要不要和我一齊向上帝祈求？」出乎意料之外，爸爸答應了。我就開口求上帝幫助把護照找回來。當天下午，護照就找到了。我們當然很歡喜，感謝主。可是爸爸並沒有說他要信主，我也不敢問他。

父親搬到香港後，我覺得他老人家健康不佳，生活也不穩定，又加緊向他寫信傳福音。不料他回信說，找回護照時已經相信了。接著我忙著鼓勵他聚會、寄聖經和錄音帶等。結果如上述。

父親雖然親自經歷了神蹟，也願意相信，可是不知道信的是什麼，也沒有原動力去追求。像有人娶了美麗賢慧的妻子，可是對她不理不睬，繼續過單身漢的生活，每天忙著追別的女子，甚至還把太太的嫁妝送給別人。不對嗎？他把能幫助他靈命成長的書籍和錄音帶都送給別人了。

我說他忙著追別的女子一點都沒有錯。一九九六年去醫院看護他的那一陣子，發現他捐了錢給佛堂買牌位，以便死後有人拜祭供奉。這像一個賭徒，到處押賭注，希望其中有一個神是靈的。沒想到我們的真神清清楚楚地告訴我們不能事奉別的神。

而且，抽煙、喝酒、打牌、看武俠小說各種對靈命無益的事，父親一樣都沒有放棄。弟兄姐妹們，我們有奇蹟般的信主經歷，並不保證就會有豐盛的生命，信主後一定要熟讀上帝的話，知道所信的道。

珍惜與主同行的喜樂

上帝對我父親實在很有耐心。從七〇年代到九〇年代給他種種機會，到了最後才用癌症使他不得不積極地追求祂的道。其實，說不定還有很多人羨慕他。你看他盡情地享受人生，行他心所願行的，看他眼所愛看的。今生享受人生，將來享受永生，真是好得無比。但，我一開頭說「所羅門王要我們從幼年到老年行我們心所願行的，看我們眼所愛看的」，絕對不是這個意思。

父親真的就像傳道書的記載，到了衰敗的日子。吃完晚飯，他若有力氣，就會在老人村散步一圈，我一步一步陪他走。這圈的大小有點像兩個網球場。走這麼一圈我們兩人得花上將近廿分鐘。有時我趁著爸爸忙別的事情，用平時的速度走一圈，不到五分鐘就走完了。父親走得慢因為他拿著拐杖，偶而因為一點點的斜坡走得更慢。真是「有力的屈身，人怕高處，蚱蜢成為重擔」。他兩條腿本來很有力，現在站不直、立不穩。年青時跑跳像蚱蜢，現在連慢慢走都像拖著重擔。

我陪父親慢走的時候，心情起伏，有很多感受。二十六年後我這個球場上的小蚱蜢，可能也一樣變成需要拖曳的重擔，我跟父親不同之處在我十四歲就信主，跟隨主迄今六十六年。父親那時八十一歲，享盡他的心和他的眼目所喜悅的，剛剛悔改得救。我羨慕嗎？自己清楚知道，要是可以再來一次，我一定會再挑選十四歲時挑選的路，不會走父親壯年享樂，老年享永生之路。

這幾十年來跟隨主，在靈裡和基督的知識上的成長，享受主的恩典和祂的同在，跟弟兄姐妹互動的喜樂，都是好得無比的。相較起來，世上的享樂微不足道。可是我怎樣勉勵羨慕十字架上強盜悔改信主的人，也選擇神喜悅的路呢？

有一首英文老歌叫"One day when we were young"，那是我父母親輩的歌，對大家來說真是老掉牙了。可是這首歌描述的情景，是世世代代皆經歷過的。

One day when we were young, 當我們年輕時，
That wonderful morning in May, 在那美妙的春晨，
You told me you loved me, 你說愛我，
When we were young one day. 就在我們年輕的日子。

Sweet songs of spring were sung,
And music was never so gay,
You told me you loved me,
When we were young one day.
You told me you loved me!
And held me close to your heart。
We laughed then, we cried then,
Then came the time to part.
One day when we were young,
That wonderful morning in May,
You told me you loved me,
When we were young one day.

春天的美曲唱過，
音樂從未如此動人，
你說愛我，
就在我們年輕的日子。
你告訴我，你愛我；
緊緊把我抱在你心旁。
我們一起笑、我們一起哭，
分手的時候終於臨到。
當我們年輕時，
在那美妙的春晨，
你說愛我，
就在我們年輕的日子。

這歌背後的故事是這樣的。有一對男女，年輕時相戀，但因某種原因分了手，一直到年老時才相逢。這首歌把感慨之情表現得動人心弦。

給大家舉例，當我們遇到了一個理想的配偶，兩人相愛，當然恨不得立刻結婚，白首偕老。有沒有人會說等一等，應該等到我們頭髮全白，一切婚變的可能都消失了，再安安心心去結婚？說這種話的人根本不了解相愛和結婚的意義。結婚後，生活在一起，有很多快樂的時光，也有彼此了解的機會，應該利用這些機會去互相建立、遷就、配搭，建立幸福的生活。在情網中，你願意等到有資格唱"One day when we were young"的時候再和你最愛的人結婚嗎？那麼你在頭髮未全白的時候做什麼？你的青春要浪費在不和你白首偕老的人身上嗎？

晚信主會損失很多和主同行的喜樂。喝酒的喜樂在酒醒時會消失，抽煙的喜樂在得肺癌時會消失，打牌的喜樂在人去樓空或負債累累的時候會消失。但是和主同在的喜樂是沒有人能奪去的。

趁著年輕趕快服事主

父親的事業非常成功。他的英文中學在越南很有名，桃李滿天下，在澳、加、中、美各地都會碰到他的學生和教職員，大家都對他非常尊敬。可是他也有生意失敗和碰到波折的時候，我不曉得他此時的內心怎麼想。主的子民縱使在患難中受大試煉時，仍有上帝所賜的平安和滿足的快樂。

雖然主滿有慈愛，但也不常把羨慕十字架上的強盜的人接去，我們抉擇的後果是要自己承擔的。父親七十一歲時割去了一個腎，照理應該好好保護剩下的腎。四弟是醫生，我問他抽煙對腎有沒有害處，他去查考後說找到報告證明有害。我們在爸爸開刀後就叮嚀出院後不要再抽煙喝酒了。因為只剩下百分之卅五的腎可珍惜。他勉強答應，出院不到幾天便恢復抽煙。這種決定的後果當然是要自己承擔的。

父親壯年時，會讀書、會辦事、容貌俊美、聲音洪亮，不論是演講、講課、和人交談，都使人佩服。要是他一早就信主，以身作則，帶他的教職員和學生們信主，將來在天堂桃李滿堂，不是遠比把時間精力和聰明智慧浪費在短暫的享樂要好嗎？

話又說回來，父親信主後，每日有恆心地讀聖經三章，仔細思考，並牢記於心。他受洗時作了一個簡短有力的見證。使不信主的朋友非常感動。可見我們什麼時候真心接受主，願意為祂使用，祂隨時用得上我們。

傳道書叫我們快樂。幼年的日子心要歡暢，行心所願行的，看眼所愛看的；卻要知道，為這一切的事，上帝必審問。傳道書12章1節：「你趁著年幼，衰敗的日子尚未來到，就是你所說『我毫無喜樂』的那些年日未曾臨近之先，當記念造你的主！」

我們若從小就走在上帝的道路上，養成心所願、眼所愛的都跟上帝同步，終生喜樂，不需要擔心上帝的審問。

杏樹開花（白髮）、推磨的稀少（牙齒稀少），或街門關閉（聽覺退步），不要緊，主照樣能用我們。消極的人往後看，說身體一日不如一日，到了衰敗的日子，不能服事主了。積極的人往前看，說今天比明天年輕，趁著年輕時趕快服事主。

給爸爸的福音信

親愛的爸爸：

知道您的癌症復發後，我心中一直很不平安。就像您所說，因數月前開刀之危險與痛苦和復發之快，理智的您很清楚地選擇了不再開刀。我也覺得這是很明智的選擇。可是接著而來不可避免的事實是，您數年或數月內就要與我們永別。我很不願意接受這個事實，這也是我心中不平安的緣故。

其實這不一定是永別，不永別也的確辦得到。我願意盡我所知把得永生之道向您解釋清楚，希望您清楚地接受救恩，得到永生。將來我們在天堂重聚，再也不用分開。

我們在世上的生命注定是短暫的，因為人人都有一死，分別只在生命的長短而已。可是死了並不百了，我們的生命要持續到永遠。雖然離開了肉體，將來要得到一個新的身體。信主的永遠與上帝同在，不信的再沒有機會與上帝和好，與信徒有深淵限定，以致不能從這邊到那邊，也不能從那邊到這邊。與上帝永遠隔絕的痛苦，比任何疾病和折磨要厲害多多。可以想成在烈火中不斷地燒又燒不死。

記得您在X光室裡急救止血，醫生用一根管子插入血管去找血漏之處，您痛得慘叫連說寧可死了吧！醫生急得滿頭大汗，越急越找不到，越拚命找您越痛。我想將來與上帝永遠隔離時的痛苦必過於此。

聖經上不只說人人都有一死，聖經接著說死後且有審判。是怎樣的審判呢？我們一生做過的事，上帝都會公正地作為根據，來決定究竟值不值得永遠與上帝同在。生前不愛上帝，不遵守祂的教訓的，不願意和祂親近的，已經作了一個不要祂的選擇；上帝會讓他在有生之年，繼續有選擇的自由意志。

可是若用上述的標準，沒有幾個人能通過上帝的審判，而且有沒有容易一點的方法？在回答這問題以前，我們得先問問天地真有主宰嗎？若沒有主宰，誰會對審判的事認真呢？

自從造天地以來，上帝的永能和神性是明明可知的，雖是眼不能見，但藉著所造之物就可以曉得，叫人無可推諉。我們看到上帝創造的萬物，這麼美麗，這麼壯觀，又這麼精巧，就應該想到造物者的偉大，配得我們的敬拜。

古人以「物腐蟲生」來解釋生命的源頭，這理論對現代的生物家來說，很明顯是不能成立的；因為物腐之前，已有很多肉眼見不到的細菌在上面了。我們看到物腐，是因為細菌繁殖增多到讓肉眼只看到物腐而已。有很多科學家想在一個絕對無生物的環境裡，把最簡單的生命創造出來，都徒勞無功。

現代的科學家嘗試用進化論來解釋生命的來源，也遇到很多困難。其實不管進化論成不成立，都不影響萬物是上帝創造的道理。假使進化論是真的話，進化的律出於上帝，就像地心吸引力的律出於上帝一樣。我們看到一部汽車，有門，有駕駛座，有機器，有輪子，有輪盤，還有很多精巧的儀器，就知道這車子的背後一定有設計者和製造者。天地萬物比區區一部車子要複雜多了，豈能沒有大能者在背後？

但是我們怎樣知道天地只有一位主宰？某某朋友去拜關公，某某居士去求觀音菩薩，好像也很靈。為什麼只有一位上帝？只能拜一位上帝？

世界上有很多靈界的活物存在。除了上帝還有天使，魔鬼和牠的使者，可是只有一位至高的主宰；我們不能拜天使，更不能拜魔鬼和牠的使者。世界上有很多神奇古怪的事情，我們都把它們當作神明所作，其實這些事情的發生有三個可能。

一、這些事多半是施行者用魔術的手法作的。

魔術其實是凡人用很快、肉眼看不清楚的手法，配合好的道具，引起別人以為是超自然的錯覺。有一個很有名的魔術家叫高安德（Andre Kole），他從小就熱愛魔術，為了練習手快，他一天可以用上十二至十六小時來練習，手指因練習太多，常常皮開肉綻。

他不只能表演很多魔術高手的技巧，而且自己也創造出很多新的魔術。很多人看了他的表演，信以為真覺得他一定有法術。更有很多非洲的巫師要買他的方法，好令他們的信徒繼續相信他們的法力，聽他們的使喚。他自己也承認有時會產生「藉著魔術來迷惑世人，神化自己」的念頭。但是另一股力量得勝，使他信了主，用他的特技來領人歸主，也幫助人明白許多所謂神蹟的真相，包括基督教的神蹟在內。

高安德寫了一本書，記錄了他對魔術和法術的理解。他旅行世界各地，辨明神蹟的真偽；看到很多大家信以為真的神蹟，其實都是用魔術的手法騙人的。譬如，在菲律賓有一些所謂的基督教神醫，他們經過禱告後能用手作刀，把病人損壞的器官取出來，而且傷口立即復原、看不到痕跡。報章上常有登載而且信徒甚多。他冷眼觀察後發現手術者偷偷藏了雞肝或類似的器官，在用手作刀時，以魔術的速度把器官弄到手中，然後告訴患者生病的器官已經取出。患者以為病已治好高高興興回家。有些身體本來健康、但是心理覺得自己有病的人，果然就好了。可是真的有病的人，終於還是病發而死。有一個盲腸炎的病人，經過這種騙術割了很多次盲腸，最後還是到醫院真的把盲腸取出。

高安德提到非洲有一個巫師，有一天忽然拿了一支步槍，宣稱村子中有一個人干犯神怒、需要處死，於是向他開了一槍，這位村民中彈胸口流血而死。巫師令人埋葬死人。過了幾天，巫師向會眾宣佈：神已經滿意對死者的懲罰，現在要送他回到人世。於是叫人去挖墳墓、把棺材打開。那死人像大夢初醒，被人牽出棺材，活生生地回到村裡。

原來棺材有暗門，巫師用的是空包彈。裝死的村民在衣服胸口附近藏了一個盛血的小氣球，巫師開槍時，他的手壓住胸口把小氣球弄破、倒在地上裝死，然後在埋葬以前，從棺材的活門偷偷溜出來，在外面躲了幾天後再回去扮演復活的戲碼。

二、有些事的確超自然，但能力是出於魔鬼及牠的使者。

關公、觀音等在生前都是受人尊敬的人。可是不論一個人多受人尊敬，不會因死後就變為神明。人沒有超自然的力量，怎能因很多人尊敬某某人，就能使某某人有超自然的力量？林肯總統得到很多人的敬仰，可是從來沒有聽說過，去拜一拜他就會得到超自然的照顧。民間傳說關公、觀音、媽祖等有靈的事，有很多是附會揑造，有一些也可能有點根據。既然這些人不可能因為去世就得到超人的能力，天地主宰的真神也不可能透過人手雕塑的偶像行神蹟奇事，那就是魔鬼和牠的使者藉著這些偶像來迷惑人。

三、有些事是真神為愛世人而作的。

高安德的書也提到他用魔術的角度去看耶穌所行的神蹟，看祂有否可能用魔術的方法欺騙世人。他的結論是絕不可能。

在馬太福音14章裡，提到耶穌在曠野中用五塊餅兩條魚餵飽了超過五千人。高安德在一個預先設計好的舞台，動用了兩部卡車及廿多名助手，才有辦法表演這個節目。他說耶穌當年在空空的曠野中，除了真的把五個餅兩條魚變出足夠五千人以上吃飽的餅和魚，不可能用魔術的方法欺騙這些吃飽的人們。

耶穌另一個神蹟記在給五千多人吃飽之後。當時門徒們在船上，風浪甚大。耶穌從海的一邊在水上走到門徒那裡。高安德試盡方法，沒有法子用魔術造出他在水上行走的幻覺。還有兩件神蹟跟我們切切有關，就是死裡復活的事。第一件事，耶穌叫一個死了四天的人復活，最大的一件神蹟則是：祂自己死了三天後復活。

耶穌叫拉撒路復活的事記在約翰福音11章。拉撒路與他的兩個姐姐是耶穌的朋友，所以拉撒路生病時兩姐妹就請人通知耶穌請祂醫治他。耶穌抵達時，拉撒路已死了四天，而且已用布和香料裹住放在墳墓裡。耶穌禱告後吩咐拉撒路從墳墓出來，他就出來了。高安德提到這件事不可能用魔術的方法去做。

這神蹟和非洲巫師和人串演的假復活不一樣，因為拉撒路病了很多天，然後真的死了。而且裹屍布不是棺材，不能裝活門。裹屍布和像膠水般的香料，超過一百磅重。人被裹後膠水變硬，活人也會被裹死。所以猶太人裹屍前會小心檢查，必須確知對象真的已經斷氣了才著手包裹。拉撒路復活的事甚多人圍觀。他的裹屍布也是旁人幫他拆開的。若是新裹上的，拆開的人一定曉得。

聖經裡最大的神蹟更是無人能模仿的，甚至連魔鬼也不能。這神蹟就是耶穌在十字架上被釘死、埋葬，三天後復活的事。

耶穌被賣的那一夜，通宵被人審問、鞭打，而且被解來解去走了很多路。到了要背十字架上山時，已經體力不支。後來手腳被釘，掛在十字架上，一直到血流甚多、精力耗盡、不能呼吸而死。佛雷德利．法拉爾（Frederic Farrar）這麼說：

「十字架上的死，似乎包括了痛苦和死亡所能有的一切可怕與恐怖——頭昏眼花、痙攣、口乾舌燥、飢餓、無法睡眠，因外傷而引起的發燒，破傷風引起的僵直性痙攣、羞恥感、公開的羞辱、長久持續的苦痛、死亡的恐怖，傷口未加護理而得的壞疽——這一切一直增強到祂所能忍受的極限。到受苦者忍受不了，他會失去知覺，而一切的痛苦也停止了。」

耶穌斷氣後，羅馬的兵丁用槍刺祂的肋旁，看到有血和水流出來，證實祂已死了，才把屍體放下來。耶穌的屍體照樣用裹屍布與香料包紮妥當，放在山洞的墳墓，洞口用大石頭封住。三天後耶穌從死裡復活。先後有五百多人看見復活的主。耶穌的門徒們也在好幾個不同的場合看到復活的主。

這些門徒們在耶穌釘死的前後害怕得很。甚至有人矢口否認是耶穌的門徒，也有人躲得遠遠的。他們在一起的時候，關上門，提心吊膽怕人知道。耶穌復活後，他們才大大放膽，不怕死地到處傳福音，一直到殉道為止。只有使徒約翰沒有殉道，被充軍到一個海島上。這些人為什麼會有這麼大的改變？就是看到復活的救主的緣故。

所以我們知道我們信的上帝是真的。祂告訴我們要盡心盡力盡性盡意愛祂，要愛人如己，而且除了祂以外不可有別的神，不可為自己雕刻偶像；不可作彷若上天下地和地底下水中百物的形象，也不可跪拜和事奉這些像。

這樣一個又真又活的上帝看到我們不愛祂、不尊敬祂，而且認賊作父似地雕刻了許多偶像到處亂拜。更糟糕的，有人拜金，有人拜權力，有人拜地位，有人拜良心（用良心取代上帝），有人拜淫亂，有人拜酗酒，有人拜賭博，有人拜同性戀，把上帝應當在我們心中做主的地位奪去。

還有些人裝滿了各樣不義、邪惡、貪婪、惡毒，滿心是嫉妒、兇殺、爭競、詭詐、毒恨，又是讒毀的、背後說人的、怨恨上帝的、侮慢人的、狂傲的、自誇的、捏造惡事的、違背父母的、無知的、背約的、無親情的、不憐憫人的。他們雖知道上帝判定行這樣事的人是當死的，然而他們不但自己去行，還喜歡別人去行。所以人人都犯了罪、虧欠了上帝的榮耀。上帝的忿怒，從天上顯明在一切不虔不義的人身上，就是那些行不義、阻擋真理的人。

我們每個人都有要面對上帝的一天，祂會按著祂的公義來審判我們。人人都犯了罪、虧欠了上帝的榮耀，沒有一個人能達到上帝的標準。有人努力行善、修橋鋪路，希望能將功抵過。可是善事是我們愛人如己本來就應該做的事，不能抵過。有人說他憑良心做事，於心無愧。可是良心的標準太低，而且每人的良心不一樣，有人殺人放火照樣於心無愧。

有很多人知道自己的罪，很願意悔改，努力去做。可是人從誕生開始就有罪性，無論自己怎樣努力遷善改過，總不能達到上帝的標準。因為立志為善由得我，只是行出來由不得我。每一個人實在虧欠了上帝的榮耀，沒有一個人值得永遠與上帝同在。

寫到這裡，我們可以開始了解耶穌被釘十字架的意義了。耶穌是上帝道成肉身，就是上帝甘願取了人的樣式，由童貞女所生，在我們當中長大成人，然後出來行道。他在我們當中固然教導真理、行神蹟，但最大的目的就是在十字架上為我們的罪付上贖價。

我們都犯了罪、虧欠了上帝的榮耀，無法自救。只得靠沒有罪的主所受的懲罰來取代我們該受的懲罰。我們離世到上帝審判台前時，上帝因耶穌的代罪就可以赦免我們的罪。

當我們接受主為我們的救主時，我們承認自己的罪、自己的無能，請祂到我們的心中作王。祂就赦免我們，把救恩白白賜給我們。我們就永永遠遠與上帝同在，不用永永遠遠在地獄受苦。而且我們以後行事為人靠著我們心中的主，和祂所賜的聖靈給我們能力，可以勝過我們的罪性，讓我們這些立志行善的人現在有能力勝過我們心中的罪，過聖潔的生活。

爸爸，您只要把心門打開，認罪悔改，讓主耶穌來到您心中作您的主，就可以得到救恩，不致定罪反得永生。這是上帝在聖經上給我們的應許。希望您趁著還有機會趕快這樣做。親愛的爸爸，我這封信可能有些話不太中聽，可是覺得時間不多，不能不說。其實信中有很多段落是從聖經直接摘錄的。我非常盼望將來能和您在天家相聚，永不分離。在那裡再沒有悲傷病痛，只有歡喜快樂。這是多麼美好的光景！

耶穌說：「在我父的家裡，有許多住處，若是沒有，我就早已告訴你們了。我去原是為你們預備地方去。」主領先經過死蔭的幽谷，戰勝死亡，給我們開了一條出路。只要悔改、信靠祂，必能得救。下面還有一些聖經裡記載耶穌說的話：

「上帝愛世人，甚至將他的獨生子賜給他們，叫一切信他的，不至滅亡，反得永生。」（約翰福音3章16節）

「我實實在在的告訴你們，信的人有永生。」（約翰福音6章47節）

「信子的人有永生，不信子的人得不著永生，上帝的震怒常在他身上。」（約翰福音3章36節）

「我實實在在的告訴你們，那聽我話，又信差我來者的，就有永生，不至於定罪，是已經出死入生了。」（約翰福音5章24節）

「到我這裡來的，在末日我要叫他復活。」（約翰福音6章40節）

爸爸！我知道您已承認信主，而且也向上帝禱告過。深願您現在清楚明白信主之意。有主的生命和能力，清楚自己得救，願意接受洗禮，將來復活和我們永在一起。

堅兒上・一九九六年

科技人的牧場

科技界是很好的福音工場。我就職過、聽說過、在報章上看到的一些台灣科技公司，都不阻止宗教活動，可以成立宗教社團、開討論會、讀書會等等。台積電的「信望愛社」每週都有固定的讀書會或討論會，也有禱告會。當然其他的非基督教團體（像慈濟），也享有同樣的自由。

在公司裡傳福音和團契聚會雖然很自由，難處也不少。譬如每位員工都很忙，抽時間聚會不容易。而且每月都有拜拜，由廠長主辦。如果是基督徒的廠長或秘書，就得面對這難題，需要求上帝賜聰明智慧，教我們又馴良又靈巧去得人如魚。再者，從正面看，科技人就事論事，只要你說得出道理、沒有矛盾，他們會接受。

在工場中，常常提醒我的經文是以斯帖記4章14節：

此時你若閉口不言，猶大人必從別處得解脫、蒙拯救；你和你父家必至滅亡。焉知你得了王后的位分，不是為現今的機會嗎？

這段經文記載在以斯帖記。以斯帖是一個猶太女子，做了亞哈隨魯王的王后。過一陣子，猶太人的敵人哈曼說服了亞哈隨魯王，訂一個日子要殺滅國中所有的猶太人。以斯帖的養父末底改請以斯帖想辦法救自己的族人，就說了以上的話。

我們的位分是什麼？

上帝給基督徒各有不同的位分。不管位分的高低，都是上帝賜的。焉知我們得到的位分，不是為現今的機會嗎？上帝給我工程師的位分，不是給我很多機會和別的工程師做朋友，帶他們認識主嗎？主給我清潔工的位分，不是給我機會到各處用心打掃，讓很多人看到我對職責的忠心嗎？

事業很有成就的孔毅弟兄在美國讀碩士的暑假，申請到一家生產洗衣機鋼板工廠的生產線打工，本來以為不跟別的留學生一般去洗碗，可以到工廠學點東西。不料報到時，領班告訴他說，原來要補缺的雇員臨時決定留下來，因此原本要給他的工作沒有了。領班順手給了他一支掃把，指出房間裡的一些地方，叫他自己想辦法，不要遊手好閒（Keep yourself busy.）。

孔毅當然很失望。可是靜下心想一想，事情已經發生，位分已經定了，與其沮喪還不如做出點成績，有所作為。於是他自動自發地打掃那房間及工廠其他的區域，從倉庫、廁所、掃到辦公室、庭院、走廊等。他不但把整個工廠掃得乾乾淨淨，而且有機會結識許多平時不太可能碰面的同事。後來有人告訴那位幾乎忘記他存在的領班，說工廠的裡裡外外煥然一新。領班意識到孔毅仍在堅守他的位分，不但向他道歉，而且也讚賞他對工作的用心。後來出現了特別好的缺，領班立刻給了孔毅。暑假結束時，領班特別告訴孔毅，歡迎他再回去任職。（註：請參閱《贏在扭轉力》，孔毅著，啟示出版）

位分會拖累人。有一件最不應該做的事，是仗著自己的位分，強迫下屬參加聚會。這些被迫的人只是暫時服在你的權勢之下，你一旦沒有位分，這些人便會迫不及待地離開。

位分當然有它的好處。台積電的「信望愛社」有一位姐妹想出一個傳福音的好主意。她請我在中午休息的時間給一個演講，激起同事對生命的興趣。引起興趣之後，便請他們參加每週午間分佈在各廠的讀書會，由弟兄姐妹帶《抉擇之路》這本書。讀完

《抉擇之路》會有一些人願意信主或者願意繼續尋求。這樣延續了好幾個週期。

在這種傳福音的場合，我有幾個常用的題目：「聖經對我的幫助和影響」、「這麼古舊的聖經對現代人有用嗎？」、「教會、家庭、工作的金三角」、「科學家同意有神嗎？」、「撒在路旁的種子」等等。我有時在台積電的信望愛團契講，有時到工研院和園區裡其他的公司講，有時在大學裡講，也有時在別的教會的團契或主日崇拜中講。

有一次台南科學園區的台積電請我去作科技演講。我說這麼遠跑去，除了科技我也想跟南科的同事們講生命的問題。他們答應了。科技的演講由廠長主辦，生命的演講由人事部主辦。兩場的回應都不錯，會後他們要求我要常常去講。

有一年，台大在不同的場合請了我四次。我說科技講太多了，能不能講人生？於是我講了「離開學校以後的人生」。後來我用相似的題目在清大和交大講過，那是我到清大任教和在交大當諮詢委員之前的事。

有些機會和位分無關。我有一次在台積電和同事共進午餐時，那位同事看見我謝飯，就問起來。我心裡想：「焉知得了這樣的問題，不是為現今的機會嗎？」於是我就仔仔細細地向這位同事傳福音。講著講著，我感覺到不止一個人在聽。有一位在別的部門、我們不認識的同事坐在旁邊。他不但聽而且問起問題來。聖靈的帶領是奇妙的，這位陌生的同事後來信了主，在新竹勝利堂受洗。我當然跑去觀禮並祝賀他。

大能又大智的上帝，和我們想得不一樣

剛剛我說科技人就事論事，會接受有道理的福音。他們對聖經的問題也常偏向科技面，問創世記是想當然耳，但是不止於創世記，我給大家一個比較少聽到的例子。

於是，五個亞摩利王，就是耶路撒冷王……，大家聚集，率領他們的眾軍上去，對著基遍安營，攻打基遍。基遍人就打發人往吉甲的營中去見約書亞，說：「你不要袖手不顧你的僕人，求你速速上來拯救我們，幫助我們，因為住山地亞摩利人的諸王都聚集攻擊我們。」（約書亞書10章5－6節）

五個亞摩利王攻打基遍。基遍人就向約書亞求救，因為基遍人跟以色列人已經訂了互相友好的條約，基遍人服侍以色列人。

約書亞就終夜從吉甲上去，猛然臨到他們那裡。耶和華使他們在以色列人面前潰

亂。約書亞在基遍大大地殺敗他們，追趕他們在伯和崙的上坡路，擊殺他們直到亞西加和瑪基大。（約書亞書10章9－10節）

約書亞就帶領以色列人去幫忙基遍人。耶和華幫助以色列人在基遍大大地殺敗五王連軍，並一路追趕他們。

當耶和華將亞摩利人交付以色列人的日子，約書亞就禱告耶和華，在以色列人眼前說：「日頭啊，你要停在基遍；月亮啊，你要止在亞雅崙谷。」於是日頭停留，月亮止住，直等國民向敵人報仇，這事豈不是寫在雅煞珥書上麼？日頭在天當中停住，不急速下落，約有一日之久，在這日以前，這日以後，耶和華聽人的禱告，沒有像這日的，是因耶和華為以色列爭戰。（約書亞書10章12－14節）

約書亞禱告耶和華，求祂把日頭停住、月亮止住，有一天之久。問題來了，科技人想到當地球突然停止自轉，將會對生物產生毀滅性影響。地球上的一切，包括在以色列的吉甲的以色列人和亞摩利人，將保持在自轉停止以前，高達一千四百一十七公里的時速，繼續向東方移動，變成超音速的子彈（音速是一千兩百三十六公里／小時）。而且地球停止自轉，會產生比龍捲風還強的暴風，製造空前的風災。

以上是日頭停住所產生的問題。月亮停住不繞著地球轉的話，就會失去離心力來平衡地心吸引力，後果是衝向地球。

接受聖經是真理的人會憑著信心接受，相信上帝是大能的神，能硬生生地把地球的自轉煞住，而叫人類不變成超音速子彈。祂也能停止地球自轉而不產生強風。雖然這些現象都嚴重違反物理定律，物理定律也是上帝設立的，上帝當然能夠違反。可是上帝設立了宇宙間這些很有智慧的定律，不會輕易地去違反的。甚至連以色列人過紅海的時候，上帝都不需要違反物理定律。祂為什麼為了讓約書亞多殺幾個亞摩利人而動這麼大的手筆？

「用憑信心接受」去勸科技人信主是不容易的。幸虧我們的上帝除了大能也有大智。

> 我們的主為大，最有能力。祂的智慧無法測度！（詩篇147章5節）

上帝有大能，祂不是一個有勇無謀的大力士。祂行神蹟的目的只是給約書亞充分時間把亞摩利人滅盡，大可以用不影響地球的神蹟回應約書亞的禱告。譬如說：(1)祂可以在吉甲的上空放一個從地上看去跟太陽的大小和亮度相似的發光體，月亮也照樣處理。(2)祂也可以差和地球自轉同步的流星在吉甲的上空一天。(3)甚至祂只要增加以色列人殺敵人的效率。那時也沒有時鐘，以色列人一天中多殺了很多人就以為日子被上帝延長了。

上述三種方法只是我自己的推想。上帝比我聰明的多，祂一定有很奇妙的方法讓以色列人覺得日月都停住，但是不需要真的把日月停住或是改變物理定律。

我們自己也常常只要上帝的大能，不要祂的大智，常常希望祂像阿拉丁神燈那位法力無邊卻聽我們使喚的精靈。

「我的禱告不應驗？上帝的能力有問題。」

「我禱告求上帝醫治，為什麼後來是醫生把我醫好的？」

一位禱告勇士在水災時向上帝求救，很有信心一定會被救。可是水不停地漲，一直漲到他所在的屋頂。有好幾位救災者搖船來救都被他拒絕了，因為他堅持要上帝用超自然的方法來救他。最後，他終於因力竭身疲而滅頂。臨死前還呼喊著：「上帝啊！水淹到屋頂了。小船已經搖來了好幾次要我上船，祢為何還不來救我？」

我們常常要求上帝用超自然的方法證明祂是大能的神，忘記祂也是大智的神，而且大自然是祂的傑作。豈不知禱告不應驗是因為上帝有更好的方法？上帝常常借醫生的手醫治我們，上帝也差小船來了好幾次。但是，向上帝抱怨的信徒總不願意接受合乎自然的神蹟，堅持要上帝常常用牛刀破壞祂自己美好的律。

科技界充滿挑戰，卻也充滿傳福音的機會。上帝給我們在科技界的位分，焉知不是為現今的機會嗎？

在天國過的日子

有一位與諾貝爾獎擦身而過的同學，問我將來到天堂之後，是不是一天到晚在那裡唱詩讚美上帝？那不是很單調乏味嗎？

他在基督教家庭長大，對福音很熟悉，也能接受，只有三個問題得不到解答，天堂的問題是其中之一。他為了這些問題，請教過許多很有名的科學家基督徒。得到的答案是必須憑著信心接受，或者是到了天家自然會明白，現在不必為這問題錯過了永生。

這些答案都很好，可是並沒有幫助到這位慕道友。於是我仔細地到聖經中找到更好的答案。我們先看為什麼會有在天堂中晝夜唱詩的看法。

四活物各有六個翅膀，遍體內外都滿了眼睛。它們晝夜不住地說：「聖哉！聖哉！

聖哉！主神是昔在、今在、以後永在的全能者！」每逢四活物將榮耀、尊貴、感謝歸給那坐在寶座上、活到永永遠遠者的時候，那二十四位長老就俯伏在坐寶座的面前，敬拜那活到永永遠遠的，又把他們的冠冕放在寶座前說：「我們的主，我們的上帝，你是配得榮耀、尊貴、權柄的，因為你創造了萬物，並且萬物是因你的旨意被創造而有的。」（啟示錄4章8－11節）

這裡講到四活物晝夜不住地說聖哉、聖哉等等，好像繼續不斷。其實不是，因為接著又說到四活物將榮耀、尊貴、感謝歸給上帝。當他們不說聖哉、聖哉等等，而轉將榮耀、尊貴、感謝歸給上帝的時候，二十四位長老便會和他們呼應。可見晝夜不住不是不做別的事情。

在聖經的別處，還有如下經文：

這律法書不可離開你（約書亞）的口，總要晝夜思想，好使你謹守遵行這書上所寫的一切話。（約書亞記1章8節）

（女先知哈拿）現在已經八十四歲，並不離開聖殿，禁食祈求，晝夜事奉上帝。（路

加福音2章37節）

上帝對約書亞這麼說，是不是要他什麼事都別做——不打仗、也不教導以色列人，只要晝夜口裡背律法，心裡想律法？當然不是。女先知哈拿晝夜事奉上帝，也不是什麼事都不做。其實啟示錄4章沒有說信徒們晝夜不住地讚美上帝。既使真的晝夜不住，也只是四活物，不是二十四位長老，更不是信徒們。

可是，用寶血買來的人，除了頌讚羔羊之外還做什麼？

……這些人是從大患難中出來的，曾用羔羊的血把衣裳洗白淨了。所以，他們在上帝寶座前，晝夜在他殿中事奉他。坐寶座的要用帳幕覆庇他們。他們不再飢、不再渴，日頭和炎熱也必不傷害他們。因為寶座中的羔羊必牧養他們，領他們到生命水的泉源；上帝也必擦去他們一切的眼淚。（啟示錄7章14–17節）

這些人晝夜在殿中事奉上帝。這裡的晝夜，跟前面女先知哈拿晝夜事奉上帝的意思相同，不代表除了事奉上帝，別的事都不做。前一段經文說晝夜頌讚，這一段經文晝夜事奉，可見頌讚和事奉是共存的，而且晝夜不代表廿四小時。否則晝夜頌讚便沒有晝夜事奉，晝夜事奉便沒有晝夜頌讚。除了頌讚和事奉，在天國裡還要被羔羊牧養，要喝生命水，被保護，被安慰等等。不再飢、不再渴表示不需要用吃喝來維生，並不表示不吃不喝。在天國裡的人，本來就有生命，但是喝生命水會使他們的生命更豐盛。這表示既使在天國裡，生命還是會變得更好，是會進步的，並不停滯在進天國時的狀況。

主耶穌清楚地告訴我們在天國裡有吃喝。

我實在告訴你們：我不再喝這葡萄汁，直到我在上帝的國裡喝新的那日子。（馬可福音14章25節）

從東、從西、從南、從北將有人來，在上帝的國裡坐席。（路加福音13章29節）

我告訴你們：我不再吃這筵席，直到成就在上帝的國裡。（路加福音22章16節）

主親自告訴我們，在天國裡要喝葡萄汁、要吃筵席。天國裡的吃喝，當然不是因為肉體的需要，而是為了和主一起坐席、一起喜樂，而且我們的喜樂不會傷害到其他受造之物。

豺狼必與羊羔同居，豹子與山羊羔同臥；少壯獅子與牛犢並肥畜同群；小孩子要牽引牠們。牛必與熊同食，牛犢必與小熊同臥；獅子必吃草與牛一樣。（以賽亞書11章6－7節）

在新天新地裡，連獅子都吃草，人也必定吃植物，像回到伊甸園一樣。既使吃植物，味道一定不錯，可以和主及其他的弟兄姐妹一起很喜樂的享受。這段經文也提到在新天新地裡有小孩子。主在馬太福音裡不是告訴我們在天國裡不娶也不嫁嗎？可是主在馬太福音中也叫門徒們不要禁止小孩子進天國。

耶穌回答說：「你們錯了，因為不明白聖經，也不曉得上帝的大能。當復活的時候，人也不娶，也不嫁，乃像天上的使者一樣。」（馬太福音22章29－30節）

耶穌說：「讓小孩子到我這裡來，不要禁止他們，因為在天國的，正是這樣的人。」（馬太福音19章14節）

雖然在天國裡不娶也不嫁，不能生小孩，天國還是有小孩進去，也有很多在天國裡的大人有小孩子的朝氣和純真。

他們（14萬4千有羔羊和父的名字寫在額上的人）在寶座前，並在四活物和眾長老前唱歌，彷彿是新歌；除了從地上買來的那14萬4千人以外，沒有人能學這歌。（啟示錄14章3節）

這段經文說唱的歌彷彿是新歌，表示不完全是新歌，而且需要學。因此，人雖然在天國裡，還是有學習的需要，也能得到學習的樂趣，享受到學習的成果。我們到了天國並不立刻都變成十全十美的唱歌高手，但是有機會不停地進步。否則每個人都唱得十全十美，不是很單調反而沒有什麼樂趣嗎？

那除了唱歌、頌讚、事奉、赴筵席、學習之外，我們在天國還做什麼呢？我們在地上有老闆調配工作，讓整個團隊發揮出最大的功效。老闆會給我們鼓勵，糾正我們的錯誤，給我們締造合適的工作環境，提供所需的工具等等。我們在天上當然有一位老闆。

耶和華上帝將那人安置在伊甸園，使他修理看守。（創世記2章8節）

耶和華上帝說：「那人獨居不好，我要為他造一個配偶幫助他。」（創世記2章18節）

在伊甸園裡，上帝給亞當安排工作，而且為他造了一個幫手。請注意，這是在亞當夏娃還沒有犯罪以前，上帝還沒有罰他終身勞苦才能從地裡得吃之前，他們就被分派工作。老闆當然就是上帝。犯罪前後的分別在：原來的工作是有挑戰、有樂趣的。犯罪以後的工作是汗流滿面才得餬口的。

所以猶太人逼迫耶穌，因為他在安息日做了這事。耶穌就對他們說：「我父做事直到如今，我也做事。」（約翰福音5章16－17節）

我耶和華是看守葡萄園的，我必時刻澆灌，晝夜看守，免得有人損害。（以賽亞書27章3節）

上帝自己在天國裡也不養尊處優。他一直在做事。不只晝夜坐在寶座上聽天使和人的頌讚。這老闆有大能、大智、大愛，有創意，而且體恤下屬。他不會叫你乏味，會叫你事奉得有意義。你願意為他蹈湯赴火，連天使、有權柄、有能力的人都願意服從他。

主耶穌告訴我們，天國裡有分大小，只是大小的定位和世上的不同。越謙卑、越幫助人的在天國裡越大。越看重上帝的話語去遵行及幫助人遵行的，在天國裡越大。好老闆會按著他屬下的大小去調度工作，讓他的團隊發揮最大的功用。

從各族、各方、各民、各國中買了人來，叫他們歸於神。又叫他們成為國民，作祭司，歸於神，在地上執掌王權。（啟示錄5章9－10節）

我們是主用寶血買回來的。不是買回來當奴隸，而是做他的國民及作祭司管理屬靈的事，用謙卑的方式掌王權，管理那些比較不會謙卑、需要學習謙卑的人。若是謙卑可以量化，我們可以說謙卑八十分的人幫助謙卑六十分的人進步。在天國裡，我們需要學新歌，也需要學習更愛主，更謙卑地去幫助從不同種族、語言、民族、國家出來的人。激發合作與進步也是一件重要的工作。

外邦發怒，你的忿怒也臨到了，審判死人的時候也到了；你的僕人眾先知和眾聖

徒，凡敬畏你名的人，連大帶小得賞賜的時候也到了；你敗壞那些敗壞世界之人的時候也就到了。（啟示錄11章18節）

我們怎樣管理經營從主得到的賞賜，也是一項重要的職責。

豈不知聖徒要審判世界嗎？若世界為你們所審，難道你們不配審判這最小的事嗎？（哥林多前6章2節）

這裡說到在天國裡會有審判世界的差事。

誰是忠心有見識的僕人，為主人所派，管理家裡的人，按時分糧給他們呢？主人來到，看見他這樣行，那僕人就有福了。我實在告訴你們：主人要派他管理一切所有的。（馬太福音24章45－47節）

過了許久，那些僕人的主人來了，和他們算賬。那領五千銀子的又帶著那另外的五千來，說：「主啊，你交給我五千銀子，請看，我又賺了五千。」主人說：「好！你這又良善又忠心的僕人，你在不多的事上有忠心，我要把許多事派你管理；可以進來享受你主人的快樂。」（馬太福音25章19–21節）

在天國裡，主會叫我們管理很多事情。到底是哪一些事情？我們像對著第一世紀的鏡子觀看，要到了面對面才清楚。但是有幾件事是肯定的。天上沒有蟲子，也沒有賊。有比電腦和智慧手機更好用的東西，但是不會有病毒。在天上的工作是我們會做，喜歡做，能發揮的，沒有攪局的東西。天國有互助合作，沒有爭權奪利（連獅子都不傷害羊羔，何況天上的人呢？）。有充滿意義和充滿挑戰的工作，卻沒有損人的工作。上帝可以叫你去了解天體的運行。當你學到之後會高呼：「聖哉！聖哉！聖哉！造物主是配得榮耀的。」

主對生物學家說：「請你研究我怎樣讓獅子和綿羊合作無間。」

「主啊！我研究出來了。你真有智慧。願尊貴、榮耀歸於大智的主。」

「我僕某某！天上新來了好幾位弟兄姐妹有謙卑的潛能。請你去幫助他們。」

「主啊！我很樂意。願尊貴、榮耀、感謝歸於大能的主。」

天上的眾民會常常異口同聲說：「聖哉！聖哉！聖哉！上帝是昔在、今在、永在的全能者！是配得榮耀、尊貴、權柄的。」

如果外星人主日到了地球，碰巧看到我們當中主日作四至五次崇拜的教會在聚會，說不定他們會以為人類晝夜不停地唱詩、禱告、致詞，重複了又重複，什麼別的事都不做。

我們這位大能、大智、大愛，有創意、體恤下屬的老闆，一定不會以坐在寶座上晝夜聽我們的頌讚為祂唯一的滿足。

耶和華說：「我所要造的新天新地，怎樣在我面前長存，你們的後裔和你們的名字也必照樣長存！每逢月朔、安息日，凡有血氣的必來在我面前下拜。」這是耶和華說的。（以賽亞書66章22－23節）

天國裡逢節慶才敬拜。天國裡的人有新的身體，也有上帝的靈。

天國是一個有生命、有喜樂、有目標、有學習、有進步的地方，否則我們的主不會花那麼大的代價救贖我們到天國。

十誡的數學

上帝頒十誡給以色列人是一件大事。祂用八十年的功夫鑄造了一個合適的僕人摩西，用十個神蹟逼埃及的法老允許以色列人離開埃及，又藉著走過紅海和剿滅埃及的軍兵，使以色列人更加知道神的大能。之後又花了三個月把以色列人帶到西乃山腳，最後用三天的工夫在山腳預備以色列人和摩西、亞倫，讓他們按著上帝所訂的程序領十誡。

十誡有很管用的生活原則，很深的屬靈意義，對教義也很有影響。我們在聖餐禮拜時都要誦頌十誡，其重要性可想而知。可是用來講道不太容易，我嘗試用數學來幫助大家明白十誡、更容易實行十誡。

數學用數字來量化事情，也可以用來分析某種現象。出埃及記20章1到17節有明寫出來的數字，也有隱喻的數字。明寫出來的當然有1到10，這十個誡命的次序。還有

0、正或負的1、2、3、4、6、7、10、千、百萬。其中有些數字是有多重意義的。有關數理的運用，等一下會逐一思考。

第一誡：「我是耶和華你的神，曾將你從埃及地為奴之家領出來。除了我以外，你不可有別的神。」（出埃及記20章2－3節）

除了第一誡的「1」字之外，還有什麼數字？

先講這一段經文的意義。這裡的主詞是「我」——頒誡命者；「耶和華」是頒誡命者的名字。「你的神」指明頒誡命者和受誡命者的關係。這裡隱含了4個「1」和1個「0」。「1」代表一位、唯一、完整、全部；不是0.9999999。在我們的心中其他的神的數目是0。0是一點都沒有的意思；也不是0.0000001。以色列人的數目是好幾百萬。這些領受誡命者是以色列人，不是世界上別的種族。我們新約的信徒接受主所頒的大誡命，含義更深廣，但是摩西時代的大誡命也有很多可以學習之處，所以也非常重視十誡。我把隱含的數字標明在剛剛的經文中。

我（1）是耶和華（1）你（大於百萬）的神（1），曾將你（大於百萬）從埃及地為奴之家領出來。除了我（1）以外，你（大於百萬）不可有別的神（0）。

第二誡上半部：「不可為自己雕刻偶像；也不可做甚麼形像彷彿上天、下地和地

底下、水中的百物。不可跪拜那些像；也不可事奉它，因為我耶和華你的神，是忌邪的神。」（出埃及記20章4－5節）

我們不可以雕刻製造像太陽、月亮、老鷹、獅子、猴子、慈祥的女子、威武的將軍、端坐的合十者的形像，或是把滿疊的鈔票或股票、名車或豪宅作為我們的神。不可以拜那些像，也不可以事奉那些像。因為耶和華是唯一的真神，容不得假神。這裡一共提到四個「0」和兩個「1」，就是4次「不可」和2次「神」。

第二誡下半部：「恨我的，我必追討他的罪，自父及子，直到三四代；愛我、守我誡命的，我必向他們發慈愛，直到千代。」（出埃及記20章5－6節）

恨我跟愛我是相反的。愛神的人守祂的誡命；所以恨祂的，就是不肯守祂誡命的人。追討誰的罪？是第一代犯的罪，和在第二至第四代身上看到的第一代的罪。這裡有5個「1」、1個「3」、1個「4」，還有1個「千」。這段經文引出了一個很大的對比。拿三、四代比千代。用這麼大的對比來表明神的愛的長遠和追討罪的短促。從了解3:1000和4:1000這些數學形式之外，還牽涉到一個數學邏輯。

這是第二誡下半部的數理：若是第一代恨神，神會從他開始，追討二至四代的罪。但是如果第一代愛神，神會向他發慈愛直到千代。把這一段經文寫成邏輯的公式就會像

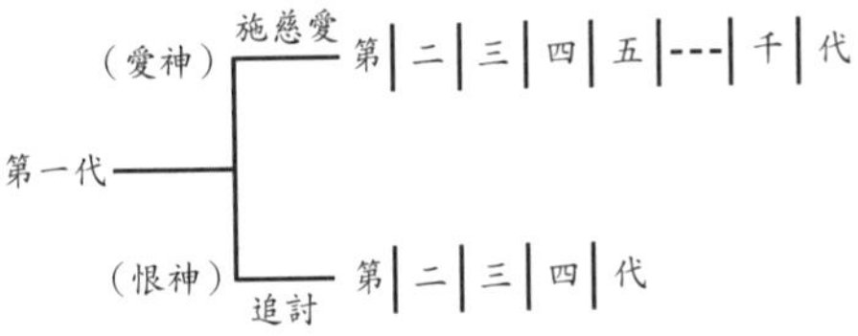

上列所示：

如果愛神者的第二代違背神，神還會向他施慈愛嗎？我們拿大衛做例子吧。

> 「因為大衛除了赫人烏利亞那件事，都是行耶和華眼中看為正的事，一生沒有違背耶和華一切所吩咐的。」（列王記上5章5節）

神會向大衛發慈愛直到千代。在列王記中，我們的確看到神向大衛的後代施慈愛。但不一定是一千代。畢竟大衛並不是十全十美的。千代有多久？算二十年一代吧！一千代是兩萬年。大衛活在主前約一千年。離現在約三千年。還要再過一萬七千年，上帝對他後代的慈愛才停止。可是現在他的後代是誰都不知道了。不要緊，神如果要向大衛的後代施慈愛，祂會知道。如果一千是一個絕對的數目，神會處理。問題是「千」到底用來表示比「三」和「四」長很多，還是一個絕對的數目？我們看了列王記所記載的歷史結果就知道了。

大衛的下一代的代表是所羅門。所羅門先愛神但是到了老年轉愛他的妃嬪。所以「耶和華向所羅門發怒，因為他的心偏離向他兩次顯現的耶和華以色列的神。耶和華曾吩咐他不可隨從別神，他卻沒有遵守耶和華所吩咐的。所以耶和華對他說：『你既行了這事，不遵守我所吩咐你守的約和律例，我必將你的國奪回，賜給你的臣子。然而因你父親大衛的緣故，我不在你活著的日子行這事，必從你兒子的手中將國奪回。只是我不將全國奪回，要因我僕人大衛和我所選擇的耶路撒冷，還留一支派給你的兒子。』」（列王記上11章9－13節）

神的確施慈愛給大衛的子孫，猶大國到了大衛的第六代約蘭，雖然間中有好王和壞王，「耶和華卻因他僕人大衛的緣故，仍不肯滅絕猶大，照他所應許大衛的話，永遠賜燈光與他的子孫。」（列王記下8章19節）

可是到了第廿代西底家，猶大國就被巴比倫所滅，離千代還遠呢！可見千代是一個比三、四代多很多的數目，但不是字面上的千代。

上帝對大衛及他的子孫是相當寬待的。他對別人就不一樣了。

耶羅波安建以色列國時上帝對他說：「我必揀選你，使你照心裡一切所願的，作王治理以色列。你若聽從我一切所吩咐你的，遵行我的道，行我眼中看為正的事，謹守我的律例誡命，像我僕人大衛所行的，我就與你同在，為你立堅固的家，像我為大衛所立的一樣，將以色列人賜給你。」（列王記上11章37－39節）

耶羅波安怕以色列民上耶路撒冷的聖殿獻祭，心歸向猶大王羅波安。他就籌劃，鑄造了兩個金牛犢叫百姓去拜而陷在罪裡。他在邱壇建殿，立非利未人為祭司。私自定八月十五日為節期。

「你竟行惡，比那在你以先的更甚，為自己立了別神，鑄了偶像，惹我發怒，將我丟在背後。因此，我必使災禍臨到耶羅波安的家，將屬耶羅波安的男丁，無論困住的、自由的都從以色列中剪除，必除盡耶羅波安的家，如人除盡糞土一般。」（列王記上14章9－10節）

我們從上帝的作為來看祂的數學邏輯：祂的確按照出埃及記20章6節向愛祂者的後代施慈愛，可是並沒有到千代。千代只是比三、四代多很多的意思。愛神的人的後代如果不自暴自棄就成為第一代愛神的人，神施慈愛不斷。下圖顯示愛神的人的第三代有自由意志，選擇做第一代愛神的人或第一代恨神的人。

如果這千代中任何一代不愛神，神就當他是第一代恨神的人來追討他的罪。像對耶羅波安一樣。所羅門的兒子羅波安也是很好的例子。在他的統治下，他因為不憐恤人民的苦楚，失去了十個支派，他受神的懲罰是因為自己的罪。到了亞撒做猶大王的時候，行耶和華眼中看為正的事，神並沒有因所羅門、羅波安、跟亞撒的父親亞比央的惡行報

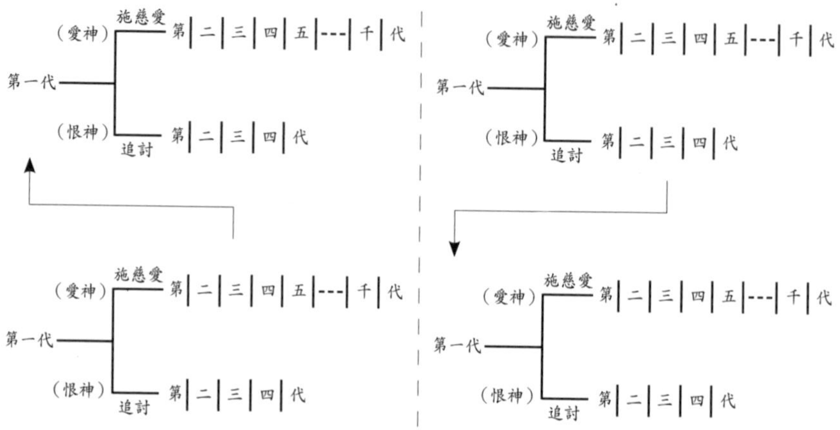

應他，卻因愛神的大衛恩待他。神的慈愛達到大衛的第五代勝過要追討所羅門的罪到第四代。

神的心意是很清楚的。「不可因子殺父，也不可因父殺子；凡被殺的都為本身的罪。」（申命記24章16節）申命記中的十誡在第5章，追討父及子的罪在第9節。到了24章16節就講到要為本身的罪負責。

以西結書重申父子互不擔罪的教導。「你們還說『兒子為何不擔當父親的罪孽呢？』兒子行正直與合理的事，謹守遵行我的一切律例，他必定存活。惟有犯罪的，他必死亡。兒子必不擔當父親的罪孽，父親也不擔當兒子的罪孽。」（以西結書18章19–20節）所以我們被神懲罰的時候，不必把責任推給我們的祖先。其實我們幫祖先認罪悔改很容易，因為只要用嘴巴講講，不需要什麼行動。要為自己認罪悔改則很難，因為要有行為和悔改的心相稱。所以我覺得幫祖先認罪悔改是逃避為自己的認罪悔改。

第三誡：「不可妄稱耶和華你神的名；因為妄稱耶和華名的，耶和華必不以他為無罪。」（出埃及記20章7節）這誡命很清楚，就是不要把耶和華的名拿來開玩笑，作假見證、唸咒、占卦、或褻瀆神。神的名是神聖的，必須存著敬虔的心去用神的名。

第四誡：「記念安息日，守為聖日（1）。六（6）日要勞碌做你一切的工，但第七（7）日是向耶和華你神（1）當守的安息日（1）。這一日（1）你和你的兒女、僕婢、牲畜，並你城裡寄居的客旅，無論何工都不可做（0），因為六日（6）之內，耶和華造天、地、海和其中的萬物，第七日（7）便安息，所以耶和華賜福與安息日，定為聖日（1）。」（出埃及記20章8－11節）括號裡是對應的數字。

上帝為以色列人定了七天中有一天不做工、可以安息，不只對以色列人，而且對全世界各地的作息有極大的影響。大家可以想像每週工作七天沒有間斷嗎？中國自古以來是沒有週休的。週休是袁世凱在清朝當官時開始的。那時候袁世凱要Dr. W. M. Hages辦山東大學。這位赫士博士提出的條件是每七天有一天休息。袁世凱以勤儉立國為理由拒絕了。後來請示慈禧太后，總算得到批准。從此中國才開始有週休一日。（康靈泉牧師《靈泉101》，209頁）

我不曉得週休一日半是什麼時候開始的，但是公元二〇〇〇年我來台灣時還沒有完全實行週休二日。所以我想沒有人會反對七日中有一天安息。我們現在每週有兩天休息，但是這兩一天並不是完全用在和神親近上。而且選那一天做禮拜也不一致。多數的教會在禮拜天，也就是七日的第一日做禮拜。有些別的教會像安息日會就以七日的最後一日做禮拜。也有教會為了禮拜天要上班的會友，定在週間的某一天做禮拜。究竟在安息日做禮拜有多重要？我們需要照字句守安息日嗎？新約的教會開始守七日的第一日，而不是第七日，因為七日的第一日是主復活的日子。

聖經從出埃及記16章23節才開始提到以色列人守安息日的事。當今的安息日如何推算到神創造天地的第七天，並沒有公認的記載。所以最重要的是每七天必須有一天分別為聖，是當今的禮拜天、禮拜六、或一星期中任何一天都應該可以。

「每逢七日的第一日，各人要照自己的進項抽出來留著，免得我來的時候現湊。」（哥林多前書6章2節）。保羅在哥林多前書提到七日的第一日要各人把要捐助耶路撒冷教會的錢抽出來留著。就是趁著他們在主日聚會的時候做這事。「七日的第一日，我們聚會擘餅的時候，保羅因為要次日起行，就與他們講論，直講到半夜。」在使徒行傳20章七節更記載特羅亞的教會在七日的第一日聚會擘餅。「當主日，我被聖靈感動，聽見在我後面有大聲音如吹號，說：」（啟示錄1章10節）這是新約教會有大約四十年歷史的時候，使徒老約翰主日在拔摩海島上被聖靈感動的經節。這幾十年的演變使七日的第一日被稱為主日，也可看到新約教會對主復活日子的重視。

第一到第四誡都是跟耶和華有關的。第五誡開始針對人際的關係。

第五誡：「當孝敬父母，使你的日子在耶和華你神所賜你的地上得以長久。」（出埃及記20章12節）這是十誡中首句帶著應許的誡命，也是第一句沒有「不可」兩字的誡命。所規定的都是正面的。孝敬父母在華人當中很容易被接受。我們要尊敬父母，順從他們，關心他們，照顧他們，供養他們，應該都沒有人反對。保羅提醒了一句：「要在主裡聽從父母」。最好的組合應該是全家父母和子女都在主裡。如果還不是，我們應該繼續禱告，求主帶我們全家信主，讓我們能坦然地在主裡聽從父母。

聖經很重視母親，知道母親對孩子的影響很大。譬如在列王記上下，每一位新王被提出的時候，都會交代他的母親是誰。可見母親之重要。我和修慧的母親都回天家了。她們都很愛孩子，注意我們的成長和教育，雖然她們離世多年，我們還是常常想念她們。現在有很多母親身兼兩職，要養家也要帶孩子，沒有辦法像以前的母親那麼專心，後一代的智力和道德的培養都是堪慮的。

這第五誡的代表數字是2。父加母也。

接著有第六到第八誡：「不可殺人。不可姦淫。不可偷盜。」（出埃及記20章13–15節）連著三個「不可」，都是不准做的。請問不殺人，不姦淫，不偷盜可以贖罪嗎？當然不能。因此我們守這些不同的誡命要想到積極的方面。我們自己不殺人，但是看到別人有危險應該去幫助他。「姦淫」和「偷盜」依此類推。

從數學的角度，這三個「不可」都是零貢獻，但是違反這些誡命卻是負貢獻，往積極的方向去做才會有正面的貢獻。

不可殺人（0），殺人（-1），救人（1）。

不可姦淫（0），姦淫（-1），救人（1）。

不可偷盜（0），偷盜（-1），救人（1）。

第一至第四誡中的「不可」也同樣可以代表0、-1和1這三個數字。

第九和第十誡：「不可作假見證陷害人。」、「不可貪戀人的房屋；也不可貪戀人的妻子、僕婢、牛驢，並他一切所有的。」（出埃及記20章16–17節）

第九誡可以歸納到前面的第六至第八誡，都是會有-1、0、和1的。我們要爭取積極的一面。最後一誡有關自己的心態，別人不一定看得到你的心，但是可以從你的行動看出你究竟有沒有貪戀別人所有的。上帝知道人的心，不管你有沒有行動，祂都知道。

總括十誡：(1)只允一神。(2)不可製、拜、事奉偶像。(3)不可妄稱神的名。(4)當記念安息日。(5)當考敬父母。(6)不可殺人。(7)不可姦淫。(8)不可偷盜。(9)不可做假見證。(10)不可貪鄰舍的人或財。

0、正或負的1、2、3、4、6、7、10、千、百萬都講到了。這些誡命是舊約時代上帝藉摩西頒給以色列人的。新約時代上帝有給世人誡命嗎？

耶穌對他說：「你要盡心、盡性、盡意愛主你的神。這是誡命中的第一，且是最大的。其次也相倣，就是要愛人如己。這兩條誡命是律法和先知一切道理的總綱。」（馬太福音22章37－40節）耶穌把律法和先知一切的道理歸納為兩條誡命。我們常常稱它們為大誡命。這兩條新約的誡命比舊約的誡命廣，容易記，但是要盡心、盡性、盡意去做。這一段包含兩個數字：「2」和「3」；兩個誡命和三個「盡」。

舊約的誡命頂多讓你在世上的日子長久。沒有一項能使你得永生的。這裡耶穌給律法師永生之道。他（律法師）回答說：「『你要盡心、盡性、盡力、盡意愛主你的神；又要愛鄰舍如同自己。』耶穌說：『你回答的是。你這樣行，就必得永生。』」（路加福音10章27－28節）人不是要信主、重生悔改，活出屬神的生命才能得到永生嗎？人不倚靠主、不重生、不悔改，就不可能有屬靈的生命去盡心、盡性、盡力、盡意愛主和愛鄰舍，是不可能得永生的。

好了。如果你盡心、盡性、盡力、盡意去愛主，把心、性、力、意都用盡了，還有餘力去愛鄰舍嗎？答案是：「當你愛了主，有主同行和加力，更加有原動力去愛你的鄰舍。」

願上帝的話語繼續感動我們。

「我們在天上的父神，愛我們的主，感動我們的聖靈：感謝神給我們的新和舊誡命，求祢繼續教導我們如何盡心、盡性、盡力、盡意守這些誡命。奉耶穌基督的名求。阿們！」

撒種的福音和警音

撒種的比喻很豐富。我們可以學到很多，也需要提防很多，才能結實百倍。因為除了撒種的人，還有一個和他作對的。我們必須提防這個存心不良的敵人，並勝過許多障礙。幸虧勝負操在主的大能和我們自己的心。

撒種的比喻在馬太福音、馬可福音、和路加福音都有記載。這裡以路加福音為主，其他兩本福音用來補充。路加福音8章4－5節記載有些種子落在路旁。

當許多人聚集、又有人從各城裡出來見耶穌的時候，耶穌就用比喻說：「有一個撒種的出去撒種。撒的時候，有落在路旁的，被人踐踏，天上的飛鳥又來吃盡了。」（路加福音8章4－5節）這時候聚集的人很多，而且這些人來路很雜，是從不同的城裡出來的。因為耶穌只要會意的人才聽得懂，就對他們說一些比喻，撒種的比喻是其中之一。

「種子」比喻「上帝的道」。不管是同情或敵對的聽道者，道要撒在所有聽道者的心中。撒種的人當然希望種子能夠發芽生長，最後會結出許多果實。可是種子落到不同的人的身上會產生不同的效果。對某些人來說，種子像撒在路旁一樣。這路旁跟我們在現代的城市看到的路旁不一樣。路不是給馬或馬車走的路，可能比較像在農田裡，在邊上比田中間高一點的泥路。聽道的人若是硬著心，不肯接受這道，他會遭到兩種後果，一是被來往的人踐踏，二是被飛鳥吃掉。被人踐踏，壓在土中將來土被鋤鬆了，還有發芽的希望。被飛鳥吃掉就完全失落了。

比喻講完後，門徒請耶穌解釋，於是耶穌說：「凡聽見天國道理不明白的，那惡者就來，把所撒在他心裡的奪了去，這就是撒在路旁的了。」（馬太福音13章19節）。凡聽見天國的道理不明白的，他所聽到的道就會被那惡者奪去。「那些在路旁的，就是人聽了道，隨後魔鬼來，從他們心裡把道奪去，恐怕他們信了得救」（路加福音8章12節）。這裡指明那惡者是魔鬼。牠把道奪去是有目的的，就是不讓這些人信主得救。聽見天國道理不明白，就是不明白聖經。耶穌說：「你們所以錯了，因為不明白聖經，也不曉得神的大能。」（馬可福音12章24節）

到了27節祂更說：「你們大錯了」。主在四福音書裡一共只有八次用到「錯」這個字來討論人的對錯。其中有五次說「不錯」。只有三次的確是用來指責人的錯。這三次都是針對同一件事，包括馬可福音27章這兩段聖經，和馬太福音22章29節耶穌回答說：「你們錯了，因為不明白聖經，也不曉得神的大能。」

「明白」和「不明白」是很重要的關鍵。雖然種子已經撒在心裡，魔鬼立刻來，把種子從不明白的人的心裡奪去。免得那人明白過來便會信主得救。我們當中的長期慕道友，應該有很多這樣的經歷，魔鬼常常把你心中還沒有明白的道奪去，使你不能得救。

可是怎樣才能明白呢？最重要的是你有心要明白。這心常常叫做自由意志，是我們主動要明白的。聖經這樣記載：「因為凡祈求的，就得著；尋找的，就尋見；叩門的，就給他開門。」馬太福音7章8節反過來「他們既然故意不認識神，神就任憑他們存邪僻的心，行那些不合理的事。」（羅馬書1章28節）我們用祈求、尋找、叩門的心，主就給我們開門，讓我們得著。但是當我們故意不認識神，神就任憑我們繼續不明白，作那些不合理的事。

有心來明白，我們藉著讀經可以有系統地明白神的道。詩篇119篇104節：「我藉著你的訓詞得以明白。」明白聖經需要有恆心經常讀。不懂的時候就禱告求主開我們的心。

路加福音24章45節：「於是耶穌開他們的心竅，使他們能明白聖經。」這是耶穌復活見到門徒們所作的事。門徒們已經見到復活的主，但是主還是要他們明白聖經。

我們先自己讀聖經，讀不懂就和弟兄姐妹一起讀。使徒行傳8章30－31節：「腓利就跑到太監那裡，聽見他念先知以賽亞的書，便問他說：『你所念的，你明白嗎？』他說：『沒有人指教我，怎能明白呢？』於是請腓利上車，與他同坐。」接下去發生的事情大家都很清楚。這位太監明白了，接受了主，並主動地要求腓利為他施洗。和別人一起讀的最好機會在主日學、團契、及一些同奔天路的活動。尤其在主日學裡，老師們為大家費心備了課，讓大家有機會來享受神的話語，不明白的時候還可以乘機問到底。

明白會經過看見（聽見）、知道、和思想。以賽亞書41章19－20節把明白的過程講得很清楚：「我（耶和華）要在曠野種上香柏樹、皂莢樹、番石榴樹和野橄欖樹。我在沙漠要把松樹、杉樹，並黃楊樹一同栽植；好叫人看見，知道，思想，明白；這是耶和華的手所作的，是以色列的聖者所造的。」我們聽了道，看見了聖經、知道了所說的、再加以思想。這思想包括我們的思考，包括求主差聖靈在我們心中動工，也包括弟兄姐妹在主日學和小組裡的交通。這樣看見了、知道了、思想了、就明白了。

這段經文不但告訴我們應當怎樣做，而且立即給我們作業，給我們機會思考。「曠野只長荊棘，沙漠只長仙人掌」，我們本來是罪人，心像沙漠乾旱之地。神卻在我們還是罪人的時候就為我們預備了救恩，像在曠野看見香柏樹，沙漠看見松樹一樣。看見、知道、思想、明白了這一點，就信主接受這奇妙的救恩，讓魔鬼無法把救恩奪走。

總括來說：要明白上帝的道，我們自己必須有心明白，可以藉者讀經，求主開我們的心竅，和弟兄姐妹同讀，看見、知道、思考、明白，最有效的是一邊明白一邊實行。不可能完全明白，我們明白了多少，就可以去實行多少。

最後我想說的是要邊明邊行，所謂明道行道。邊明邊行有三點需要考慮的：

(1) 不可能等到完全明白才信、才行動。上帝的道很奇妙，可以淺到幼童都能明白，也深到權威的聖經學者都不能完全明白。若是上帝的道可以讓人完全明白，上帝就太小了。

(2) 我們還是要有足夠的明白，才不會被魔鬼奪去。

(3) 重點是明多少道就行多少道。

在撒種的比喻中，主又說：

——「有落在磐石上的，一出來就枯乾了，因為得不著滋潤；」（路加福音8章6節）

——「那些在磐石上的，就是人聽道，歡喜領受，但心中沒有根，不過暫時相信，及至遇見試煉就退後了；」（路加福音8章13節）

這情形跟第一種情形不一樣。前者、種子還沒有發芽就被飛鳥吃掉了。這裡、種子發芽了，但是一出來就枯乾了。「磐石」在馬太福音13章5節叫做「土淺石頭地」，是有很多石頭的地，土很少，種子能夠發芽，可是長不出可持久的根，日頭一曬就枯乾了。枯不枯乾關鍵在有沒有足夠的根。有足夠的根吸收土壤中的水份，則陽光是植物的營養，否則就相反。

這種聽道的人對真道的領會是非常快的。他在魔鬼把道奪去之前，就高高興興地接受，可是經不起考驗，不過是暫時相信；根本不需要魔鬼來奪取。這好像把理論都搞清楚了，可是沒有行動，不把理論用在生活上。

發芽得快不一定心中有根。有些沒有根的人受洗後往往就不見了，更談不上在教會事奉。這種人有一些只知道救恩是白白得來的，可是不了解信而受洗只是救恩的起步，像一個小嬰孩誕生，以後還要長大成人並且生養眾多。他們雖然發了芽，但是沒有屬靈的生活，不可能有屬靈生命的成長。

另外有一些從極權統治的國家出來，信了主、受了洗，怕政府逼迫就消聲匿跡。

「官長中卻有好些信他的；只因法利賽人的緣故，就不承認，恐怕被趕出會堂。」（約翰福音12章42–43節）這些人雖然不需要到大街上高呼「我是基督徒」，但是還是需要長出能抵擋試煉的根。我們對這些處境困難的弟兄姐妹不應該責備他們軟弱，應該同情他們，幫助他們。求主給他們開一條出路。

我們在台灣宗教自由。這裡比較普遍的試煉是拜祖先和拜偶像的壓力。社會上、家族中，不拜祖先被認為大不孝。這當然也是因為民間信仰認為死後不燒一些紙錢，供奉一些食物，我們的祖先們便會在陰間過窮困挨餓的生活。可是真的孝行是對社會有正面的貢獻、光宗耀祖，不做貪污犯法、殺人放火的事。

民間信仰在科學上是站立不住的。有沒有人算過去世的人一天要吃幾頓？一盤水果可以餵飽多少亡魂？餵飽了祖父，還有曾祖父，曾曾祖父等等，那乾脆立一個列代祖先牌位。這些列代祖先究竟需要多少頭豬才吃得飽？拜祖先的人說：「你錯了！拜祭只是心意，不能量化。」

好了！既然是一個心意，我們也應該可以用思念、禱告、光宗耀祖來表示我們的心意吧！

在台灣另外一種普遍的試煉是不信主配偶的壓力。這些配偶們，常常沒有搞清楚我們的信仰，就盲目地反對。原因可能是受民間信仰的纏擾，也可能是有自知之明，不敢也不容許身邊有聖潔的人。其實這種試煉是主給我們為配偶作見證的大好機會。我的岳母是修慧家最先接受主的。我的岳父是一個道地的中國讀書人，抗戰時投筆從戎。他對這種洋教的東西應該有很大的反感。可是他看到了岳母信主，不但沒有反對，反而像庇理亞人，天天考查聖經，要曉得這道是與不是。為什麼？岳母信主前沉迷麻將，忽略家事，岳父屢勸無效。可是岳母信主後生命徹底改變。麻將不打、關心家人，而且很熱心帶牌友們信主。岳父聽到耳中，看在眼裡，知道了，思想了，明白了，就清清楚楚地接受主，熱心在教會事奉主，後來成為台北信友堂的長老。

主啊！岳母這有根的芽不管多嫩，有生命的改變就會結果。

剛讀過「暫時相信」（路加福音8章13節），這些暫時相信的人能得救嗎？「弟兄們，若有人偶然被過犯所勝，你們屬靈的人，就當用溫柔的心把他挽回過來；又當自己小心，恐怕也被引誘。」（加拉太書6章1節）所以偶然被過犯所勝的人，是可以挽回的。請注意「偶然」這兩字。硬著心消滅聖靈的感動，繼續不斷地犯罪的人並不符合這段經文。這裡也督促弟兄們去挽回被過犯所勝的人。我們有責任去向他們勸說，為他們禱告，帶他們重新回到主的面前。我們應該給這些夾在石縫中的嫩芽加土澆水，使他們能利用皓熱的陽光促進生長，長出又長又耐熱的根。

種子落在第三種地上也不能結果，但是跟第一、二種土不一樣的是前兩者都有外來的阻撓，第三種土不能使種子結果的原因是內在的，跟自己對人生優先次序的選擇有關。

「有落在荊棘裡的，荊棘一同生長，把它擠住了。」（路加福音8章7節）

「那落在荊棘裡的，就是人聽了道，走開以後，被今生的思慮、錢財、宴樂擠住了，便結不出成熟的子粒來。」（路加福音8章14節）

現代在台灣的人的確有很多今生的思慮。在公司裡頭有老闆的壓力，有顧客的壓力，有競爭的壓力，每天從早上七點忙到晚上八點，有時午餐晚餐的時間都要開會，拖著疲憊的身子回家。有人把甚至把電腦帶回家，上網繼續奮鬥。

回到家中，配偶需要關心，孩子們的功課、他們的交友、身心靈的成長都需要關心。有時候搞不清楚帶電腦回家是真的趕工，還是逃避家裡難唸的經？有人被車貸和房貸壓得喘不過氣。有人作投資。今天的股票行情怎樣？糟糕！昨天剛買的股票為什麼跌停板了？趕快想法翻本。反之，昨天剛買的股票漲停板了，下一步該什麼辦？有人為了吃什麼、穿什麼、玩什麼傷盡腦筋。總之世上的思慮一纏上你，就會把你緊緊擠住，讓你結不出果來，這些都是自己甘願上鈎的。

不錯！我們信主後，神並沒有立刻把我們接到天家，卻也沒有叫我們出家。神叫我們繼續活在這世界中，我們在世界中必須工作，經營家庭，事奉主。聖經叫我們在工作上忠心。

「你們作僕人的，要凡事聽從你們肉身的主人，不要只在眼前事奉，像是討人喜歡的，總要存心誠實敬畏主。無論作什麼，都要從心裡作，像是給主作的，不是給人作的，因你們知道，從主那裡必得著基業為賞賜，你們所事奉的，乃是主基督。」（歌羅西書3章22–24節）

我們要努力工作，但不是為了討人喜歡。我們要從心裡事奉肉身的老闆，不只做表面功夫。但是我們事奉這位肉身的老闆是為了事奉主，若是這肉身的老闆要我們做不榮耀神的事，我們真正的老闆是誰就很清楚了。

生活上有很多事情需要留意去打點。可是我們不能給這些事擠住，導致不能結果。一棵強壯的樹，會把荊棘擠住。不能結果的是荊棘，不是樹。就像陽光是有根的樹的營養，卻會把沒有根的樹曬乾一樣。主讓試煉把我們鍛鍊得剛強，世上的思慮和錢財，也照樣可以變為神叫我們成長、成熟的工具。神把我們放在繁忙工作的環境，讓我們有機會認識繁忙工作卻心靈空虛的人，讓我們有相同的經歷懂得怎樣關心他們，讓他們看到有主在心中的繁忙工作的人如何依靠主得勝。這也是一種行道。

最後主在撒種的比喻說：

「又有落在好土裡的，生長起來，結實百倍。」（路加福音8章8節）

什麼是好土？好土不硬、不淺、不雜，可以結實。不硬的原因是願意接受，願意明白。不明白的，魔鬼一早就把種子奪去，自己生命都不保，根本不用談結實了。不淺的原因在聽了道，明白了，把道持守在一個能勝過試煉的心裡面，就能讓根長出來。不雜的要點在把荊棘擠掉，變為肥料。

「那落在好土裡的，就是人聽了道，持守在誠實善良的心裡，並且忍耐著結實。」（路加福音8章15節）

其實主在路加福音8章15節給了我們結實的秘訣，就是抱誠實善良的心和耐心。誠實必須和善良並用；不善良的誠實是很可怕的，唯有從善良的心發出來的誠實才能勝過試煉。譬如說，我們不加思索的誠實可能會傷害對方，也不可以誠實地揭露別人的穩私。感謝主！祂必幫助我們做到又善良又誠實。

說到忍耐，我們在屬靈成長的過程，或許會受到很大的逼迫，或許有很重的憂慮，惟有忍耐到底的，必然得救。誠實善良忍耐到底，必定結實。我們從明道到行道再到傳道，終能結實百倍。

最後我問大家一個問題。慕道博士算什麼士？什麼是慕道博士？就是慕道多年的人。他聽的道多到可以寫博士論文了。可是他始終沒有接受耶穌基督做他的救主。

他為什麼慕道這麼久？很可能他要明道才信道。這是無可厚非的。不明道，魔鬼會來把道奪去。這位慕道友心中的道屢次被魔鬼奪去，但是主不灰心，撒了又撒。

他需要信什麼呢？兩件事。(1)口裡認耶穌為主。當然這必須是一個誠實的口所說的。(2)心裡相信上帝叫耶穌從死裡復活。其實耶穌復活的證據很多，聖經有很長的記載。單單憑耶穌的門徒們在耶穌被釘死後和耶穌復活後的改變，因他們不再怕死去傳道而使基督教成長了兩千多年，就足以使人心裡相信。

我們固然要明道，但是要拿捏得宜。如果上帝能被我們完全明白，祂就太小了，不值得我們信。如果上帝不完全知道我們的意念，祂也不值得我們信。

我為什麼說這第二點呢？因為慕道博士不信主的第二個原因是想腳踏兩船。他要把世界享受夠才信主。可是主是全知的，這樣的想法瞞不了祂。如果慕道博士真心愛主像愛他追求的人，他會等到奄奄一息的時候才跟最愛的對象結婚嗎？有一首古今中外動人的歌，可以表達相戀的情侶不能結婚的遺憾（歌詞請見〈杏樹開花，雨後雲彩反回〉）。

真心相愛者會等到奄奄一息的時候才跟理想的對象結婚嗎？在頭髮還未全白的時候做什麼？青春要浪費在差一點的人身上嗎？青春要浪費在沒有盼望中嗎？

願上帝的話繼續感動我們！

為什麼科學家需要上帝？

「起初上帝創造天地。」（創世記1章1節）

上帝說：「我們要照著我們的形像，按著我們的樣式造人，使他們管理海裡的魚、空中的鳥、地上的牲畜和全地，並地上所爬的一切昆蟲。」（創世記1章26節）

「為什麼科學家需要上帝？」意思是科學家需要上帝，我用這一篇文章來分享說明為什麼科學家需要上帝。

其實，我們也可以從另一個角度來看：「為什麼科學家不需要上帝？」世人都需要上帝，為什麼科學家就例外？因為科學家心靈不空虛嗎？他們對人生的目的很清楚嗎？對世界的開始沒有好奇心嗎？對生命的開始、成長和繁殖的種種奇妙的設計，沒有興趣嗎？最重要的原因可能是他們不曉得有上帝。什麼不曉得有上帝？因為他們崇尚真理，覺得聖經不是真理，因此不相信聖經中的上帝，更不相信「上帝愛世人」的記載。

世人常常問下面這幾個問題，科學家也應該會問吧：「我是怎樣來的？我會怎樣回去？我為什麼走這一趟？活得快樂嗎？快樂建立在什麼東西上？」

要怎樣才能確知上帝的存在？科學家一板一眼，就事論事。所有的事情必須親自看見了、聽見了才信，要摸到才同意東西的存在，證明了才承認是真理。那科學能不能證明有上帝？有一個我很同意的說法，就是：「科學不能絕對地證明沒有上帝。」為什麼不？因為有很多科學家相信上帝。科學若能證明沒有上帝，他們早就不會信主，也會證明沒有上帝給世人看，讓他們也不信主。世界上也就沒有什麼宗教了。要有的話，只有迷信的宗教而已。

可是科學也不能絕對地證明有上帝。為什麼不能用科學證明到使不信的人不得不承認有上帝呢？科學還在發展中，非常有機動性。今天的科學真理很可能被明天的新發現推翻。用機動性的真理去證明永恆性的真理，這是不可能的。

其實上帝是萬能的，若是祂要讓科學不得不承認上帝的存在，也是辦得到的。但是上帝沒有這樣做。因為若是一個人沒有別的選擇，不得不承認，那他的自由意志就不復存在了。自由意志是上帝創造人的一個主要特色。除非迫不得已，上帝不會輕易剝奪你的自由意志。可是上帝能不能奪去人的自由意志呢？當然能！歷史上有上帝使人不得不信祂的記載，像保羅看到已復活升天六年的主，被祂感動不再迫害基督徒，反而去宣揚基督，鼓勵人去信祂。在眼看得到、耳聽得見的情形下，保羅沒有自由選擇的餘地。

說到這裡，聖經中有一個例子。科學家就像耶穌的門徒多馬，不輕易聽說就信。他非看見耶穌釘十字架的釘痕，摸到那釘痕，才相信主耶穌真的復活了。可是耶穌卻說「沒有看見就相信的有福了」，這也是為了給人自由意志。雖然如此，上帝也沒有要我們迷信。聖經的記載也應該有可信度。那這些記載能夠重複、用實驗來證實嗎？我給大家舉三個例子。

第一個例子：耶穌曾用五塊餅二條魚餵飽超過五千人。

這是大家很熟悉的事。五餅二魚的神蹟能做一個重複的實驗嗎？當然不能！我們不能請耶穌回到這世界，再行一次這樣的神蹟。雖然我們不能重做這實驗，但是四本福音書對這神蹟都有記載。這實驗的過程和結果有可靠的人記下來，讓我們可以不需要親自經歷過才信。

第二個例子：耶穌被釘死，三天後復活。

這更加不能重複。我們不可能請耶穌來到世上，再把祂釘死，埋葬祂，讓祂三天後復活。但是一直到今天，我們都可以親眼看到復活的影響。怎麼講？當耶穌被捕、被釘的時候，門徒們躲的躲、逃的逃，他的大弟子彼得還三次不認他。可是他們後來都視死如歸去傳福音。轉捩點在他們看見復活的主，所以福音才得已傳開，我們可以看到千千萬萬的基督徒都是這第二個實驗的結果。更動人的是剛剛提到的保羅在主升天六年後見到復活的主，而作了一百八十度的轉變，後來寫了很多篇聖經，而且為主殉道。我們也在聖經中看到有關他的實驗結果。

第三個例子：上帝創造天地。

這根本無法重複。可是同樣的，一直到今天我們都可以親眼看到實驗結果。聖經中第一本書創世記中的第一章第一句話是：「起初上帝創造天地。」很多科學家翻開聖經，讀了第一句話就把聖經合起來，拒絕接受。

可是有一個科學家剛好相反。這位叫修義羅斯（Hugh Ross）科學家得了加拿大不列顛哥倫比亞大學的物理學士、多倫多大學的天文學碩士和博士。後來又到加州理工大學作博士後的研究好幾年。最後他去當宣教牧師。其實他十六歲的時候已經是一個物理和天文的狂愛者，而且對天地的起源有濃厚的興趣。因此他去研究各種宗教對創世的記載。比較的結果，他覺得聖經和其他的宗教有顯著的分別。創世記記載的天地及人類的誕生，和現代科學的認知非常相似，聖經是所有宗教的經典中唯一可以和科學的認知互相印證的。不用說別的，中國磐古開天的傳說可以拿來跟創世記比一比，給大家作一個參考。

磐古開天的傳說是這樣的：「太初的時候，沒有天地，也沒有萬物，宇宙間瀰漫著渾沌之氣。後來，經過一段漫長歲月的孕育，才分成了天和地。」聖經的記載也類似：「起初上帝創造天地。地是空虛混沌，淵面黑暗；上帝的靈運行在水面上。上帝說：『要有光。』就有了光。上帝看光是好的，就把光暗分開了。上帝稱光為晝，稱暗為夜。有晚上，有早晨，這是頭一日。上帝說：『諸水之間要有空氣，將水分為上下。』上帝就造出空氣，將空氣以下的水、空氣以上的水分開了。事就這樣成了。上帝稱空氣為天。有晚上，有早晨，是第二日。」

聖經說第一天上帝在空虛混沌、淵面黑暗的地上創造了光和暗，第二天創造天，其實聖經中的天是空氣的意思。不像磐古開天中的天，像是一個鍋蓋一樣。這兩個天地起源的故事都說起初空虛混沌，天地經過一些時間才分開。天地分開的時間好像磐古開天的傳說比較合理，因為經過一段漫長的歲月，不是兩天。其實聖經的兩天指兩個時代，等一下我會仔細說明。

我們先繼續磐古開天的傳說：「天和地生下一個名叫盤古的巨人。盤古夾在天空和大地之間，隨著時光的飛逝漸漸成長。天空每天增高一丈，大地也同樣每天加厚一丈，夾在中間的盤古，也一日九變的長高一丈。就這樣，經過了一萬八千年的漫長歲月，盤古的軀體已高達九萬里，原來相連的天和地，也因盤古長高了而相隔九萬里。天空和大地之所以像今天距離得那麼遠，就是這樣形成的。」這裡講到天像一個蓋子。蓋子下面有一個人。因為這個人每天長高就把蓋子頂高。一直頂到同溫層的上限。講到這裡，相信我們當中已經沒有人覺得可以相信了。

在我們看聖經的記載之前，我先給大家解釋聖經的一天究竟有多長。一天的「天」字的希伯來原文是 yom。這字可以代表 (1) 白天中的一段時間，(2) 日出到日落，(3) 日落到日出，(4) 一個時代。我們習慣把 yom 當作 24 小時。其實創世記的六天應該代表六個時代，而不是六天六夜。英文的用法也差不多。譬如"in my grandfather's day"講的是「在我祖父的時代」，不是「我祖父的一天」。上帝是萬能的，祂肯定能夠用144小時，就是六個24小時創造天地和其中的萬物。上帝也可以用六秒鐘創造天地和其中的萬物。祂當然也能夠用六個時代造這世界。可是上帝有沒有用144小時、六秒、或六個時代造這世界？根據地球所留下創造的證據，上帝用六個時代造這個世界。

有堅持創世記的一天只能代表24小時的人指出剛剛讀過的「有晚上，有早晨，這是頭一日」既然有晚上和早晨，那一定是24小時囉？從原文可以翻譯的各種意義去揣摩，「有晚上和早晨」可以翻成「有開始和結尾。開始是黑暗的，結尾是光亮的，這是頭一個時代」。另外有神學家對一天24小時提出一個很有趣的想法。上帝把六個時代用六天的工夫顯現給摩西看，摩西就照著所看見的每一天記下來。

我們來看看上帝怎樣在這六個時代中，創造一個適合人類居住的世界。

創世記1章1節：「起初，上帝創造天地。」

起初表示宇宙有一個開始。最新的大爆炸理論和聖經的記載吻合。天地指宇宙。第一節的觀察點在宇宙中，第二節的觀察點轉到地球的表面。

創世記1章2節：「地是空虛混沌，淵面黑暗；上帝的靈運行在水面上。」

地指的是地球。地是空虛混沌，表示地面是空空的，沒有高山低谷，全是平的，是一個表面光滑的圓球，而且均勻的佈滿了水和水氣。淵面黑暗就是水的表面沒有光的意思。

創世記1章3至5節：「上帝說：『要有光。』就有了光。上帝看光是好的，就把光暗分開了。上帝稱光為『晝』，稱暗為『夜』；有晚上，有早晨，這是頭一日。」

可是地球形成的時候太陽已經有了。為什麼沒有光？太陽確定已經先地球而有，也有相當強的光照到地球。可是在地球的表面看不到陽光，因為光被水上面濃厚的水蒸氣擋住，照不到水面上。就像濃霧把日光擋住一樣。上帝說要有光的時候，地球已經冷卻到水氣變得稍為稀薄，讓陽光開始可以透過。在水面上的觀察者隱隱約約可以分辨出日和夜，這就是第一個創造的階段。這階段中有太陽照不到的時候，也有太陽照到的時候。

創世記1章6至8節：「上帝說：『諸水之間要有空氣，將水分為上下。』上帝就造出空氣，將空氣以下的水、空氣以上的水分開了。事就這樣成了。上帝稱空氣為『天』；有晚上，有早晨，是第二日。」

第二天上帝造了空氣，並將空氣以下的水和空氣以上的水分開。這是因為地球繼續冷卻，水氣就變回液體的水，空氣中有氧氣、氮氣，二氧化碳和一些其他的稀有氣體。水氣所佔的比例越來越低，在空氣中的水氣不再瀰漫，而結集成雲。這可能是聖經所說空氣以上的水。天空變得比較晴朗，但是沒有以後亞當夏娃的時候那麼晴朗。這第二個時代照樣有晚上和早晨。

創世記1章9－13節：「上帝說：『天下的水要聚在一處，使旱地露出來。』事就這樣成了。上帝稱旱地為『地』，稱水的聚處為『海』。上帝看著是好的。上帝說：『地要發生青草和結種子的菜蔬，並結果子的樹木，各從其類，果子都包著核。』事就這樣成了。於是地發生了青草和結種子的菜蔬，各從其類；並結果子的樹木，各從其類，果子都包著核。上帝看著是好的。有晚上，有早晨，是第三日。」

第三天地殼開始收縮，形成高山和深谷。低於水平線的都佈滿了水，就是海洋。因為有陸地和水的滋潤，二氧化碳、和陽光，藉著光合作用供給能量，地球開始有各種的植物。

創世記1章14－19節：「上帝說：『天上要有光體，可以分晝夜，作記號，定節令、日子、年歲，並要發光在天空，普照在地上。』事就這樣成了。於是上帝造了兩個大光，大的管晝，小的管夜，又造眾星；就把這些光擺列在天空，普照在地上，管理晝夜，分別明暗。上帝看著是好的。有晚上，有早晨，是第四日。」

第四天空氣更加晴朗。在地面上可以清楚看到太陽、月亮、星星各種光體。有人讀到第四天就說聖經有矛盾，因為科學家明明知道太陽在地球之前形成，聖經卻說是在造地球的第四天才造太陽、月亮和星星。其實聖經並沒有說上帝在第四天才造這些天體。第16節說「於是上帝造了兩個大光」的「造」字是完成式的時態，表示上帝在第四天之前已經造了天體。而且在第一天太陽已掌管地球白晝的照明。第四天只是空氣更加晴朗。以前在地面上只能模模糊糊的看到光和暗，到了第四天才可以清楚看到太陽、月亮、星星各種光體。

剛剛提到那位天文物理學家修義羅斯，看到聖經這麼吻合科學界對地球形成和演變的記載，就決定把聖經好好的從頭到尾讀一遍。一年半後，他在聖經中找不到有任何從科學觀點不能接受的記載。他當然對聖經不能百分一百了解，就像他對天文沒有百分之一百了解一樣。可是他所了解的足夠讓他決定承認上帝是創造天地的主，也願意接受主耶穌為我們預備的救恩。他就成為基督徒，後來又去攻讀了一個神學學位，在一所教會當了11年的宣教牧師。他又成立了一個衛道的會社，寫了很多衛道的書。我前面所講的有很多是從他的書中得到的資料。

我們看到這位科學家，並沒有違背他的科學去信上帝。然而，還有很多科學家不接受有上帝，因為他們沒有辦法看到上帝、聽到上帝、摸到上帝。上帝也了解我們的弱點，所以將近兩千年前，成為肉身降生到世上，讓那時的人可以看到祂、聽到祂、摸到祂。耶穌在世上留下很多教訓，也訓練了一些門徒，讓這些門徒去帶人信主，使這些人也可以去領受上帝降世為我們留下的教訓。這些教訓都在聖經中，我們要認識天地的主宰，聖經是最能幫助我們的。

還有一位比修義羅斯更有名的科學家，他叫做法蘭西斯．柯林斯（Francis Collins），是跨國「人類基因體計劃」的主持人。法蘭西斯五歲時雖然當過唱詩班班員，十六歲中學畢業時卻是一個不可知論者。不可知論者是指不知道上帝是否存在的人。

大學畢業後法蘭西斯到耶魯大學唸博士，漸漸變成堅定的無神論者，常嘲笑和反駁有信仰的人。像法蘭西斯這樣的人還會信主嗎？會！法蘭西斯在26歲之後篤信上帝，因為他常常自問：「科學家會不考慮數據嗎？」、「有比上帝是否存在更重要的問題嗎？」這些問題的答案把他帶到主的跟前。信主後他常常用基因的簡單密碼和複雜無比的機制見證上帝，他的暢銷書《上帝的語言》（*The Language of God*），詳細記載了融合信仰與科學的見證歷程。

法蘭西斯又問了兩個問題：「科學家都必須是無神論者嗎？」、「人類基因體的定序會顛覆宗教信仰嗎？」第一個問題的答案很簡單，有無數的科學家是基督徒。我們剛剛講過的修義羅斯和正在講的法蘭西斯．柯林斯當然是；牛頓也是世界知名的基督徒。法蘭西斯說：「牛頓所寫的解釋聖經的著作比科學著作多。」

基因體的定序會顛覆宗教信仰嗎？法蘭西斯說：「我們正在學習上帝用以創造生命的語言。我們對上帝以及上帝神聖的禮物的複雜、美麗和奧妙，更加敬畏了。」這位科學家在經歷過對上帝的無知和反對之後說：「信仰的原理和科學的原理其實是相輔相成的。」

法蘭西斯對主耶穌復活的認知是怎樣的呢？他認為基督宗教的信仰核心，就是耶穌基督的復活。如果基督真是上帝的獨生子，那麼上帝為了成就重要的事，當然可以違反自然律。

法蘭西斯提出三個只能用「上帝存在」來回答的問題：

(1) 為什麼會有宇宙的誕生？

(2) 人類存在的意義是什麼？

(3) 我們死亡以後會怎樣？

我們來看看聖經怎樣回答法蘭西斯的三個問題。

約翰福音3章16－17節：「上帝愛世人，甚至將他的獨生子賜給他們，叫一切信他的，不至滅亡，反得永生。因為上帝差他的兒子降世，不是要定世人的罪，乃是要叫世人因他得救。」

上帝愛世上所有的人。不管你是神學家還是科學家，祂一概為你預備了救恩。祂提醒你有罪，可是祂不要定你的罪，反而為你預備了救恩，讓你可以接受耶穌作救主，罪得赦免、不致滅亡，而且得到永生。你透過神學的眼鏡或科學的眼鏡，都可以看到上帝的真實，真理是越看越真的，是經得起考驗的。無論是科學家、神學家、醫學家、音樂家、相夫教子家，都可以靠著信耶穌得永生。

有人問：「我為什麼有罪？我做了很多好事，建了很多功德，不能補償嗎？」

大家要知道，用自己的方法不管做了多少好事，建了多少功德，都是本來應該做的事。不做會有禍，做了並不能加分。我們唯有靠主耶穌在十字架上為我們流的寶血，罪才能得贖，人才能得救。我給大家舉一個很簡單的例子。殺人是罪，犯姦淫也是罪。不殺人是應該的，不犯姦淫也是應該的。我們不能用不殺人來彌補犯姦淫的罪。反之亦然。

我們再看一段經文。

「上帝說：『我們要照著我們的形像，按著我們的樣式造人，使他們管理海裡的魚、空中的鳥、地上的牲畜和全地，並地上所爬的一切昆蟲。』」（創世記1章26節）

人類存在的意義在做回饋上帝的愛的子女，和祂一齊享受和管理祂所造的宇宙和其中的萬物。宇宙的誕生也是為了按著上帝的形像所造的人，和上帝要建立的天國。

那我們要做什麼才能得救呢？

「你若口裡認耶穌為主，心裡信上帝叫他從死裡復活，就必得救。」（羅馬書10章9節）

祂已經為你準備了全備的救恩，不管你的罪有多大，只要你專心尋求祂，抓住祂赦罪賜永生的應許，心裡相信主的復活，口裡承認祂是你的主，就必得救。牛頓、修義羅斯、法蘭西斯·柯林斯都口裡承認、心裡相信。我們還能有什麼疑問？

最後我再介紹一位科學家羅勃・賈斯特羅（Robert Jastrow），他在所寫的《上帝和天文學家》（*God And The Astronomers*）說：「一位堅持相信理性力量的科學家，征服一個個心靈關閉的群山；當他將要征服最高的山峰，就在他爬上最後一顆巨石的時候，卻看到一群在那裡坐了好幾個世紀的神學家們跟他打招呼。」

在《神奇的紡織機》(*The Enchanted Loom*) 裡，他說：「現在我們看到天文學的證據如何推論出聖經裡世界起源的觀點。儘管細節有些許差異，但是它們的基本元素以及天文學和聖經對於創世的解釋不謀而合：自洪荒以至人類的整個事件序列，就在某個時間點裡，在光和能量一閃之際突然開始。」他指的是大爆炸開始了這個宇宙。

我就用他的這兩句名言作為結束。願科學家、非科學家都做上帝的子女，得到平安喜樂，直到永永遠遠。

我們在天上的父上帝，感謝祢創造了天地，最後造了我們人類。人類不幸犯了罪，虧欠了祢的榮耀。感謝祢差獨生愛子為我們捨命，為我們贖罪。祢也叫祂從死裡復活，而且為我們留下許多實驗結果，證明主耶穌是真理、道路、生命。祢又差了聖靈感動我們。主啊！求祢把願意的心賜給有感動的人，叫他們願意相信祢復活，願意承認接受祢做他們的救主。奉耶穌基督的名祈求。阿們！

基督徒的生活守則：不、不、不、不、不的慎思

「愛人不可虛假；惡要厭惡，善要親近。愛弟兄，要彼此親熱；恭敬人，要彼此推讓。殷勤不可懶惰。要心裡火熱，常常服事主。在指望中要喜樂，在患難中要忍耐；禱告要恆切。聖徒缺乏要幫補，客要一味地款待。逼迫你們的，要給他們祝福；只要祝福，不可咒詛。與喜樂的人要同樂；與哀哭的人要同哭。要彼此同心，不要志氣高大，倒要俯就卑微的人。不要自以為聰明。不要以惡報惡。眾人以為美的事，要留心去做。若是能行，總要盡力與眾人和睦。親愛的弟兄，不要自己伸冤，寧可讓步，聽憑主怒。因為經上記著：『主說：伸冤在我，我必報應。』所以，『你的仇敵若餓了，就給他吃；若渴了，就給他喝。因為你這樣行，就是把炭火堆在他的頭上。』你不可為惡所勝，反要以善勝惡。」──（羅馬書12章9－21節）

這段經文是羅馬書12章9至21節，從「愛人不可虛假」到「以善勝惡」。一共有十九個「要」和八個「不」。其中在四個「不要」中的「要」字沒有算進去。為什麼我在題目只寫五個「不」呢？這五個「不」是：不推銷、不講政治、不借貸、不搭會、不作保，這是現在有些教會提倡的。

有位教友來問我這個問題。羅馬書這段經文正好可以跟這些現代的「不」作個比較，我們先看第10至14節。

羅馬書12章10－17節：「10愛弟兄，要彼此親熱；恭敬人，要彼此推讓。11殷勤不可懶惰。要心裡火熱，常常服事主。12在指望中要喜樂，在患難中要忍耐；禱告要恆切。13聖徒缺乏要幫補，客要一味地款待。14逼迫你們的，要給他們祝福；只要祝福，不可咒詛。15與喜樂的人要同樂；與哀哭的人要同哭。16要彼此同心，不要志氣高大，倒要俯就卑微的人。不要自以為聰明。17不要以惡報惡。眾人以為美的事，要留心去做。」

剛才所讀的十五個「要」字，用在弟兄姐妹和我們的主，「人」也指弟兄姐妹，因為英文的NIV跟KJV版本的翻譯都是one another。對我們自己來說：我們在指望中要喜樂，在患難中要忍耐，禱告要恆切。別的聖徒如果有缺乏，要去幫助他們，到我們當中作客的聖徒要樂意地去款待。

請到這裡，我忍不住要講我們到美國天柏教會王定揚家聚餐的情形。他先端出一道菜來，說客要一味的款待；意思就是按著聖經的教訓，他只用一道菜招待我們。還好他只是說笑而已，但這段經文的這個解釋，卻在天柏教會廣傳。

好！我們繼續來看14–17節。要祝福逼迫我們的，不可以咒詛他們。跟喜樂的人要同樂；跟哀哭的人要同哭。聖徒之間要同心。對卑微的人或事，要俯就。眾人以為美的事，要留心去做。

從11節到21節一共有八個「不」：愛人不可虛假，殷勤不可懶惰，不可咒詛，不要志氣高大，不要自以為聰明，不要以惡報惡，要聽憑主怒，而不要自己伸冤，要以善勝惡而不可為惡所勝。

我們服事主要殷勤，不可懶惰。不可以咒詛逼迫我們的人。不要高傲，也不要自以為聰明。不要以惡報惡，因為這樣我們也變成惡了。受到委屈的時候不要自己伸冤，寧可給上帝的義怒留地步，讓上帝替我們動怒；上帝會處理得比我們好的。不要被惡所勝；如果我們以惡報惡的話，就是被惡所勝。用善來勝過惡是最討神喜悅的，也是眾人以為美的事。

羅馬書12章9－21節用愛人不可虛假作開始，叫我們親近善，厭惡惡，這一段的經文用「以善勝惡」結束。我們先來看親近善。

第十節取自呂振中譯本如下：「論弟兄們之相愛，要彼此親愛；論敬重人，要互相推尊。」弟兄姐妹彼此親愛是好的，我們互相尊重也是好的。第13節「幫補聖徒的缺乏」也是好的。等一等，這跟教會的五「不」有衝突嗎？

■不推銷

我們就從「不推銷」講起。有可能我們的弟兄姐妹靠向別的弟兄姐妹推銷來維生嗎？

約翰福音2章14－15節記載主耶穌把聖殿裡賣牛、羊、鴿子、和兌換銀錢的人的生意都阻止了。理由很清楚，父的殿不是做買賣的地方。做買賣沒有錯；賣牛、羊、鴿子和兌換銀錢給上聖殿獻祭的人方便，對雙方是互補的。錯在父的殿不是做買賣的地方，他們可以在殿外做買賣。

在教會中作買賣也是不合宜的，因為教會是基督的身體，我們在教會中要全心服事主，不能在其中作買賣。我們聚會為了敬拜神，領受祂的話語，不是來直銷、推銷，或是來聽直銷、推銷的。這規定已經很清楚印在教會的週報上。

在推銷上有一些灰色的地帶：(1)對會眾靈命有幫助的，譬如推銷每日研經譯義、介紹莊祖鯤牧師的新書，等都是可行和做過的。(2)基督教團體來募捐，像信神主日、總會主日等也是常常發生的。(3)若聖徒是靠推銷商品維生的，只能推銷給外邦人，不能服務弟兄姐妹嗎？重點是不能在屬靈的聚會中推銷商品。你可以請弟兄姐妹到你的店裡或任一方的家中作買賣、談生意。請注意，我們對主內的弟兄姊妹有一種同心的互信。請務必用真誠相待。要有誠信，就像剛剛讀過的：愛人不可虛假。只要有一次的虛假，以後就很難徵信了。

■不講政治

在教會中不應該講政治也不談政治。講和談有什麼不同？講是在講台上宣講。講台是傳講神話語之處，不是推銷貨品或候選人的地方，所以不宜講政治。美國的福音派基督徒一向很受人尊重。可是現在是非不明，福音派的傳道人在講台上呼籲他們的信徒投某某人的票。主耶穌一定會責備這些傳道人：「我父的殿不是搞政治的地方。」

談政治可以歸納為不在講台上呼籲，而在私底下討論的。可不可以談？這要看情況。如果討論會變成爭論的話，最好避而不談，免得使弟兄姐妹因政治立場的固執，而影響靈裡的同心。

可是基督徒也必須關心國家大事。難道我們只能從外邦人得到政治的資料嗎？弟兄姐妹如果能客觀地互相幫助了解政局，不意氣用事，或者為政府遵行主道而禱告是美事。

■不借貸

現在來討論借貸。聖徒缺乏要向弟兄姐妹借貸，要不要幫助他？我們先問問聖徒的定義，再問他們到底缺乏什麼。聖徒的定義很簡單，他們是重生得救，有生命的基督徒。這裡面有不同的層次，不是用屬靈的深度來分，而是按我們互相認識的程度來分。一個普世教會的會友要向我借貸或向教會借貸。我們素昧平生，如何取信呢？

以前南勝來了一位弟兄，在聚會講見證時說看到過復活的主，我們當然肅然起敬。但是在他身上看不到聖靈的果子，只看到他酗酒。而且他常用一些理由向我們借錢，令我們很困惑。有一天，他向弟兄姐妹借錢給兒子交學費，我們商量的結果是不經過他的手，直接到學校去繳學費；後來證實這樣做很對。他的兒子是一個值得幫助的年輕人，我們能幫助他受教育，很感謝主。他的父親卻是不能相信的；他會說謊騙錢，拿去吃喝玩樂。

請回來看聖徒的層次。我們對經常來聚會的會友當然知道得比較清楚，對他的需要也比較會了解。這樣一層層地推到了是家中的親友，那更不用說了。當我的聖徒妻子有缺乏的時候，她提都不用提，幫補就來了。

什麼是缺乏？是因為颱風、地震、或某種不是由有缺乏的聖徒能控制的事情所引起的？我們必須問這缺乏是暫時的或是長期的？有辦法幫他解決短期的困難，還是應該幫助他得到長期幫助的能力？這位幫助者也必須知道自己能力的限度。

我們拿幫忙酗酒者為例。(1)酗酒者是不是重生得救的聖徒，是需要知道的。(2)他短期的需要是醒酒和賠償損失，長期的需要是戒酒。我們如果要幫忙解決他短期的需要，必須確定他不會再犯，就是他要有決心去戒酒，願意尋求專業的幫助。

詩篇37章21節：「惡人借貸而不償還；義人卻恩待人，並且施捨。」這一段詩篇的經文可以提醒缺乏的聖徒和幫補缺乏的聖徒。要記得：借貸不還的是惡人，惡人還是聖徒嗎？還配得幫補嗎？所以在沒有顯露是惡人之前，只有機會借貸一次。義人要恩待人，並且願意施捨。切記要量力而為。神因為你恩待人，加倍恩待你，讓你更加能恩待別人，是良性循環。但是如果不細察，只會馴良像鴿子，也不是神的好管家。

歸納來說，教會原則上不鼓勵弟兄姐妹互相借貨。我的意思是不要因為他好像是聖徒而借貸，你認識對方越多才能相信他越多；而且要量力而為，不要自己淪為需要幫補的聖徒。

■不搭會

不搭會不是那麼難，因為搭會的很多機制都已被銀行取代了。銀行能確認借貸者的信用，是搭會所不及的。教會建議會友應該用已演進的工具，不要冒不必要的風險。但這也是個人的決定。

■不作保

現在討論作保。有很多弟兄姐妹不為人作保，因為聖經這樣說。因此主內的人有需要，在主裡得不到幫助，反而需要請外邦人給他作保。以前有一位台積電的資深處長要買一間九百萬的公寓，需要五百萬的房資。他請台積電另外一位資深處長幫他作保。兩人都是主內的好弟兄，在同一個教會和同一個小組聚會。但是請求作保沒有成功，因為那位被要求的弟兄說聖經教導不替人作保。後來，要買公寓的弟兄只好求助於非基督徒的老闆，這位非基督徒毫不猶豫地答應了。那位不作保的基督徒可能沒有唸過「聖徒缺乏要幫補」這段經文，還是這兩處經文有矛盾？

箴言11章15節：「為外人作保的，必受虧損，恨惡擊掌的卻得安穩」，這裡叫神的子民不要為外人作保。但沒有說可不可以為弟兄作保。

箴言17章18節：「朋友乃為時常親愛；弟兄為患難而生。在鄰舍面前擊掌作保，乃是無知的人」，你在鄰舍面前作保，是無知的人；朋友和弟兄的交情勝過鄰舍，並沒有說不能為朋友或弟兄作保。

箴言6章1－2節：「我兒，你若為朋友作保，替外人擊掌，你就被口中的話語纏住，被嘴裡的言語捉住」。這裡有沒有叫你不可以為朋友作保？沒有！聖經說你如果為朋友作保，你就要為你的保證負責。下面兩節經文也說要為你的保證負責。箴言22的經文叫你要衡量你保不保得起。保不起就不要亂保。

歸納來說，基督徒為主內的弟兄姐妹作保未嘗不可，但需要非常謹慎，也要量力而為，不小心會受虧損。

我們需要明白作保的意義。當一個機構或一位有權柄者要託付一個重要的責任或一筆鉅額的錢給一位還沒有建立信用的人，這機構需要一個跟他很熟、有能力保證他的信用的人，為他作保。如果世界上沒有人願意作保，這個制度就會瓦解。所以作保不能徇情，要切切實實地保證認保的對象，如果認保者的信用無法配合保金，就不能為其作保；如果保人無法承擔最壞的結果，也不可作保。

我們比較完現代教會的五「不」和保羅寫下的「善要親近」。現在來看看「惡要厭惡」。

惡是什麼？根據羅馬書的經文：惡是懶惰、不服待主的人、志氣高大的人、自以為聰明的人，逼迫基督徒的當然也是惡。可是如果你以惡報惡，那你也惡。甚至自己伸冤，不聽憑主怒，不讓神伸冤的人也是惡的。請記得神有祂自己的時間，祂不一定立即替你伸冤。神可能不求治標而求治本，要帶領委屈你的人悔改得救。

這段經文的結論是「不可為惡所勝，反要以善勝惡」。就是這個道理。經文已經解釋完了。最後一點是比較保羅在羅馬書和哥林多前書的思路。

羅馬書12章從身上有好些肢體開始，講到各人的恩賜，接著用「愛人不可虛假，要以善勝惡」結束。哥林多前書12章也講到身子和肢體，神在教會設立使徒、先知等，最後以「愛是恆久忍耐，如今最大的是愛」來結束。可見沒有虛假的愛是大家最需要追求的。

「愛是永不止息：先知講道之能，終必歸於無有；說方言之能，終必停止；知識也終必歸於無有。」（哥林多前書13章8節）

「愛人不可虛假：小子們哪，我們相愛，不要只在言語和舌頭上，總要在行為和誠實上。」（羅馬書12章9節；約翰壹書 3章18節）

願上帝的話語持續感動我們。阿們。

奉獻的功課

我剛信主時是中學生，沒有什麼進帳，父親給我每月五百越幣的零用錢，我就把五十元作為奉獻。反正沒有什麼開銷，心裡也沒有爭戰。到了大學當過家教，但是主要的收入還是靠家裡的滙款。後來到了美國進研究院每月得到250元研究獎學金。得碩士以後加到350元。成家後加上修慧的150元獎學金，每月共有500元免所得稅的收入，操練十一奉獻都不成問題。

對奉獻最大的考驗是到IBM上班後。我被聘的薪水是每年1萬7千元。當時博士的公價是1萬2千至1萬3千元。我收到IBM的offer時覺得一定用不完，還跟修慧商量要不要設立獎學金幫助有需要的留學生。不料從俄亥俄州到了紐約州才知道兩地的生活水準不同。每月的薪金付了房貸和各種所得稅，所剩無幾，勉強可以養活一家三口。一年後老二也出生了，得靠IBM每年的加薪才能維持。在這種情形之下，我的奉獻雖然有恆，卻是達不到目標的。

這樣過了一陣子，上帝插手了。有一天，銀行告知存款不足，有好幾張支票都無法兌現。我很不解。明明量入為出，從不開空頭支票，為什麼會發生這種情形？到銀行細查之後，才發現我有一張高額的奉獻支票，把銀行的存款都提光了。那張支票所寫的數目分毫不差，就是存款的全部。

原來我每週主日崇拜前把該週的奉獻寫一張支票，以便放在奉獻袋裡。那天寫的數目不是我心目中奉獻的數目，而是存款的整數。這是寫支票時心不在焉？還是上帝給我的訊息？我禱告思考後覺得不可能是心不在焉，因為英文的數目和阿拉伯的數字從千位到毫位都是一貫的。我感覺這是上帝告訴我，所有的財產都是祂的，使用的主權在祂。

既然如此，我就全數奉獻吧！上帝沒有虧待我，後來那些空頭支票都一一應付了。雖然以後的奉獻增加了，我的財務再沒有缺乏過。讀者讀了此事以後的章節，一定會同意上帝給我的恩典是非常足夠的。

瑪拉基3章10節：「你們要將當納的十分之一全然送入倉庫，使我家有糧，以此試試我是否為你們敞開天上的窗戶，傾福與你們，甚至無處可容。這是萬軍之耶和華說的。」上帝按著各信徒的才能，把各種不同大小的財物交給他們掌管。我沒有成為大富翁，但是上帝給我的，確是超過我眼睛看過，耳朵聽過，心理想過的，後來我終於能設立一些獎學金幫助別人。

我一直沒有把這一件事寫在書中，因為怕有人誤會，把奉獻當作得到上帝更多回饋的手段。最近在聽了一篇道之後，覺得上帝洞悉人心，各種奉獻的動機祂都知道，我在奉獻上學到的功課，還是應該和大家分享的。

一甲子的懷恩堂與我

我在越南的宣道會福音堂信主，到了台灣，在台北中正路的宣道會受洗。高三在新竹中學就學時，每兩禮拜到台北宣道會主日崇拜並跟馬熙程老師學小提琴。留在新竹的主日則在東山里的浸信會聚會。記得那時東山里的牧師是康靈泉牧師，宣道會則有凌克非傳道和林秀庭傳道。進了台大第一年，我每週從台大宿舍騎腳踏車到中正路的宣道會聚會。有時則坐〇南公車去聚會。一年下來，交通太費時，而且校園周圍的教會有規模較大的學生工作，所以我就決定轉到校園附近的教會。

校園附近的教會很多，為什麼我選中浸信會懷恩堂？首先，我在新竹東山里教會聚會時對浸信會已有些認識。而且第一位帶我到懷恩堂的是教我們大一英文的李夏蘭教士（Ola Lea）。她是傳教士，到校園教書是要認識學生、帶他們信主、參加教會。課餘時，李教士會邀請我們這些學生到她的住處查經，她的住處就在懷恩堂。所以我大一時雖然到宣道會聚會，但是已經涉足懷恩堂。我本是基督徒，英文也超過九十分，所以在李教士的腦海中是有印象的。我相信她有為我找到合適的教會禱告。

三常遇故知

還有兩位使我決定到懷恩堂的，是懷恩堂三常助道會的顧問陳宗澤先生和陳鍾榮匡夫人，奇妙的是我到懷恩堂之前已經常常跑他們家。當時由越南到台灣的基督徒學生，都因陳先生在越南的NCR同事譚迺德先生的介紹，被他們倆照顧甚多。因此，在我高三和大一時，陳家已經多次邀請我們到他們家吃飯聚會了。

我決定在校園附近找教會並沒有和李教士或陳先生商量。一天晚上，我到懷恩堂的三常助道會聚會，覺得氣氛很好，而且居然有一位三常會友是我見過的。這位會友是我有事找李教士時，幫李教士登記聚會的一位姐妹。既然喜歡三常的聚會，在那裡又看到了認識的陳先生和陳太太，並發現他們是三常助道會的顧問，我想上帝的旨意很清楚，就決定把懷恩堂當作我屬靈的家，也就沒有去接觸別的教會了。

助道會是很多同學參加懷恩堂的一個重要原因。那時因為大專學生很多，懷恩堂需要三個助道會才能照顧得當。國語助道會有加略助道會和三常助道會，英語助道會則是常綠助道會。助道會像是一個小型的教會，在助道會聚會時也像做主日崇拜。有唱詩、禱告和講道。都由助道會會友負責。後來助道會輪流在晚崇拜時獻詩。我的講道和指揮詩班都是那時奠下的基礎。

懷恩堂的學生會，是各助道會合作事奉的一個組織。我們藉著學生會和其他的助道會友同工，一起增廣了很多見識。有很多助道會的會友擔任兒童主日學的老師。

那時在懷恩堂站講台的牧師有周聯華牧師和張繼忠牧師，我們很有福氣聽他們講道。記得大二那一年，我被邀請到嶺頭的退修會。主講者是周聯華牧師，講以賽亞書，特別是53章。我從嶺頭回來的路上覺得生命又更新了，愛主更深，看到平常的事物和風景，心中的感覺是簇新的，像是眼睛明亮了一樣。

我的生活和懷恩堂越來越密切。週間的早上，我多半會到樂民館和弟兄姐妹作晨更，主日當然去做禮拜和到三常助道會聚會，我們要為每月一次的晚崇拜獻詩。有時會到學生會幫忙，有時也會到樂民館打羽毛球；那年代學校裡只有桌球和軟式網球的設備，懷恩堂有室內羽球場，是很難得的。

李教士也時常照顧我。有一個暑假，她請我幫她鋸竹子，把鋸下的竹子塊黏在一起作成聖誕樹給小朋友做樣本，算是他們上主日學的手藝吧？我以為是幫她老人家的忙，不料做完了還有金錢的報酬。雖然不算多，但是她的心意很令我感動。

六十年的美好回憶留心底

三常會友離開懷恩堂後，仍會保持聯絡。我在台大畢業離開三常時，寫了一篇「十五年後」，根據會友們這幾年的作為，預料十五年後狀況。其中有常丟腳踏車的，十五年後當然常丟汽車。有幫妹妹擦鞋子的，以後當然幫孩子擦鞋子。有很瘦的，我故意說變成胖得一蹋糊塗。有喜歡照顧我們，常帶好吃的菜給我們的大姐，當然成為做一鍋又一鍋好菜辦重聚。有吃東西不太講究衛生的會友，被我嘲笑了幾句。有一家六姐妹沒有男丁的，被我預料她成家後的困境。有個子不高的，被我預料他的太太不可以穿高跟鞋。

我寫這篇文章只為了有趣，好讓大家互相記得、互相懷念。不料很瘦的那一位果然變得很胖。做好菜的果然越做越多，也越做越好，把父親照顧到超過百歲。不講究衛生的，不幸得了癌症，畢業不久就和我們永別，使我覺得寧可有些事情不要說中。其實我也有說錯的，那位六姐妹的會友生的第一胎居然是男的。

三常的靈魂人物之一的沈辛六大姐，在一九七八年舉辦了一個重聚。大家久別十五年見到彼此成家立業，互相介紹配偶和年幼的孩子，覺得很溫馨，也很珍惜。

以後陸續有好幾次的重聚。我出差到聖地牙哥時，常常會去拜訪陳顧問夫婦。經過五十七年後的二〇一七年，修慧和我及丘皖生、夏德琛夫婦，有機會到年逾九十的陳先生、陳太太的家中（他們不喜歡我們叫伯伯、伯母，喜歡我們把他們當作同輩）。二〇一六年，我依依不捨地在懷恩堂參加周聯華牧師的追思禮拜。

二〇一九年在記念周牧師誕生一百週年的特刊中，我是這樣寫的：

上帝帶領我在一九五九年進了台大電機系為我奠定了兩個基礎：一是讓我在電機系學習將來就業的基本功，並和一班很有才華的同學互動。二是把我帶到懷恩堂這屬靈的家，和不同系及不同年級的弟兄姐妹一起成長，做了很多以後服事教會的準備。至於周牧師，我個人對他只能遠觀，不像其他很多弟兄姐妹跟他在講台下有直接的來往。既使如此，周牧師和香港建道神學院的汪長仁教授促成了我屬靈中的兩個轉捩點。

我屬靈生命的誕生從越南的李挺秀弟兄向我傳福音而起，他跟我傳福音和我信主的經過在我的《把心放上去》一書有詳細的記載，我講道及傳福音時常常提起這段經過。美中不足的：我信主是為了接受真理，但是沒有認罪悔改的想法。直到汪教授到越南來開培靈會的時候，我才深深地感到自己是一個罪人，不只在心中悔改而且用行動向以前在心中不喜歡的人道歉。記得我父親辦的學校有一位年青的工友喜歡大聲哼歌，可是他五音不全，令我覺得很不舒服，只是沒有告訴他。當我被聖靈催迫去向他道歉的時候，反而把他嚇了一跳。雖然如此，上帝讓我學到不只在外頭，而且在心中也不能隨便論斷人。

周牧師給我的靈命轉捩點發生在陽明山嶺頭的夏令退修會。我大二暑假的時候被三常的弟兄姐妹慫恿去參加退修會。周牧師在會中主講以賽亞書。我在他講53章的時候大大地感動。到了大會結束下山的時候，心中的感覺就像周牧師在他的自傳中所寫的情景。周牧師說：「這位能聽人禱告的上帝多麼奇妙，他是又活又真實地在我旁邊，聽我的禱告。我願意一生獻給他，我願意做他的僕人，一生為他所用。我就把這感動告訴高樂民教士。她要我不告訴別人，繼續禱告；她也為我禱告。當我離開高教士家時，已經很晚了。我一路走出去的時候，感到真正的喜樂，好像花都在笑，而且笑得好美。樹都在跳舞，也跳得好美。我快樂，從心底回應那些花和樹的笑。這時候我剛好碰到一個我最不喜歡的同學，因為我當時的喜樂，就對他有一個帶著笑的招呼。奇妙的是，從此，我就再也沒有不喜歡他了。他對我的態度也改變了。我回想起來，這是上帝的安排，讓我在那時候碰到我最不喜歡的人。他要我沒有偏見地愛所有的人，從此以後，我學到愛所有的人。」

我心裡清新的感覺就跟周牧師講的一樣。

一九八三年輪到我主辦離開三常廿週年在美國千島湖的重聚，周牧師欣然來參加，讓我們喜出望外。我們為他準備了一個Executive Suite，可是他執意不肯住，非要跟大家一樣。

二〇〇〇年我回台灣就職台積電之後，有很多機會在大小的聚會中近觀周牧師，常聽到他講述很多從講台上聽不到的軼事，使我越來越認識他，也更加佩服他。他不只有學問，亦會傳遞他的學問；有魄力，亦會待人處世；而且成為我靈裡的定心丸。每次看到他身體健朗，頭腦清楚，就覺得很踏實。參加他九十歲生日的時候，有人祝他百歲，我心也戚戚然。不管100歲、105歲，我相信總會看到他高大的身影，聽到有智慧的教導。

當天，書局為他出版了著作全集。我趕緊買了一套。有機會時逐字不漏地看了兩本。一本是講道法，另一本是啟示錄的解經，對我的講道和啟示錄的了解都很有幫助。藉著這兩本書，我覺得周牧師活生生地在我的心中，變成我的知心朋友。可是不久便看到他回天家的消息。

這怎麼可能呢？前幾天我們還在書中親切地對話呢！好吧，上帝祢有祢的美意。現在高教士、李教士、吳教士、陸老師、周師母、周牧師都在祢的身邊。求祢在地上興起更多後代的忠心僕人，繼續用心、用口、用筆、用榜樣宣揚祢的國度。阿們！

我們就這樣，從廿歲出頭的年青小夥子漸漸步入晚年，在懷恩堂進出將近一甲子，留下很多美好的回憶，也學到很多功課，希望都能帶到天上。

竹南勝利堂的十五個年頭

二〇〇〇年從美國來台積電工作之後，我經過一番探索，就把新竹勝利堂當作我屬靈的家。新竹勝利堂是一個大教會，我參加過詩班，教過英語成人主日學，也做過關東橋小組的輔導。上帝帶我到台積電的旨意是很清楚的，但是有時候我會問祂，帶我到新竹勝利堂的旨意是什麼，終於在二〇〇四年我得到了答案。

那主日吳大明牧師證道，講到竹南的救恩堂只剩下兩個人聚會，其中一位朱媽媽向新竹勝利堂求援。因此新竹勝利堂計劃鼓勵會友到竹南福音移民。我向修慧說有感動，要過去看看。

二〇〇四年十月三十一日，我踏入竹南救恩堂，參加主日崇拜。那一天是新竹勝利堂的梁敬賢牧師講道。散會後他問我能不能委身至少一年。我回答說願意順服主的旨意，心中並沒有一個年數，只覺得一年很短，如果是上帝的旨意，祂不太可能叫我只來一年。我們一直在竹南服事到二〇二〇年的七月。

從二〇〇四年十一月到二〇二〇年七月，已超過十五個年頭，救恩堂也更名為勝利堂。這十五年來，上帝讓我學到很多功課。學習的環境有順境也有逆境，有做得好的時候，也有遭人誤會的時候。以下是所經過的高潮和低潮。

聘牧的波折不斷

當福音移民陸續到來，救恩堂的舊會友也接踵回來，這時是竹南勝利堂（簡稱南勝）的高峰時刻。朱頌恩牧師那時候還是神學生，他和也是神學生的妻子黃博雅，給了我們很好的屬靈供養，弟兄姐妹對崇拜的投入，兒主、成主和小組的建立等等，有血汗也有果效。記得我們為主日學教室擔憂，想去外面另租教室時，上帝給了我們最好的安排——讓我們幫鄰居整修殘舊不堪的三合院，換得六年的免費使用。我們在需要停車場時，可以租用鄰居的地，及至幾年後有機會購買部份的停車場用地，都是上帝奇妙的供應。

繼購買部份停車場之後，上帝又給我們機會把鄰居李家的地和建築物向大蔡先生買下來。那時候弟兄姐妹們覺得最好把小蔡先生的另外一半同時買下，可惜當時小蔡先生並無賣意，結果失之交臂，大蔡先生的部份土地又被李家買去。幾年後教會才買到小蔡先生的那一半，造成以後很多煩惱。上帝藉著這件事給我們學的功課很多。

頌恩打算在畢業後接受神學院安排繼續深造，得博士後再回神學院教書，他叫我們及早進行聘牧。於是鄭貴立弟兄和我儘快成立聘牧委員會，並請教牧長們聘牧的方法。可惜學到的聘牧之法適用於大教會，對我們的幫助不大。我們認識的人選都考慮過，但是沒有看到神的旨意。正在無計可施之時，頌恩用叫我們驚喜的方式約貴立和我見面。就在我家裡見面時，頌恩告訴我們，他可以留在竹南三至六年，把南勝帶上軌道再回神學院。這對南勝是大喜的信息，另一個高潮。

教會逐漸成長，有些會友是在南勝信主的，也有一些是從別的教會轉來的。當初有一個想法是不願意讓人以為我們搶其他教會的羊，只要傳福音得人如魚。後來我們按著使徒信經的原則，對凡是接受使徒信經的教會來的，願意在南勝得到屬靈供養的弟兄姐妹，都歡迎。我們接受到不同教會或宗派的文化，也經歷到文化的衝擊。究竟哪些屬靈的恩賜要強調？如何結聖靈的果子？如何感動人認罪悔改，活出新生命？要聽信聖經還是要增添聖經以外的預言？

頌恩的前三年快到時，他提前告訴我們，任滿後要專心進修博士。教會重新面臨聘牧的挑戰。我們把聘牧啟事登載《論壇報》，並請信義神學院和中華福音神學院，也登在他們給畢業生和校友的佈告欄上。這期間有一些應徵者，但都不合適。總括來說，在原來的教會很成功的牧者，除非有神的特別呼召，南勝在人文地理和教會大小的條件上是佔劣勢的。在原來的教會不順利的牧師，多半有各種不合適的原因，也不太可能適合南勝；比較可能的是神學院快畢業或剛畢業的傳道人。

在這些還沒有按牧的傳道人中，黃木升（信義神學院）、林福雄、詹夢莉夫婦（中華福音神學院）都以實習神學生的身份先後在南勝服事。福雄畢業時，教會慎重地考慮請他們全時間在南勝事奉，但是他們因孩子上學的地點未定，不能接受邀請，必須再等兩年，而且兩年後如果孩子們升學的地點不合適在竹南牧會，還是不能前來。結果雙方都感到很遺憾。

木升畢業後，在南勝全時間傳道，教會亦曾告知聘牧將會繼續進行。這期間中華福音神學院畢業生陳建良和在台灣浸會神學院就讀的妻子洪菱，按著南勝在中華福音神學院的聘牧張貼來應徵。他們的條件超過以前沒有被接納的應徵者，所以後來亦成為南勝的全時間傳道人。到了三年的前後，這三位傳道人沒有一位進入按牧的程序，先後因不同的原因離開南勝。這又是低潮。

感謝主！二〇一六年南勝有個大轉折，就是蔡正文牧師一家到此牧會。他們服事過兩種屬性的教會，熟知各種看法的利弊。他介紹的《靈恩問題面面觀》一書，給了我們不少亮光。

南勝是愛主、愛人的大家庭

上帝的照顧沒有中斷。傳道人仍在過渡的時期，上帝給我們機會購買教育大樓、三合院、和更大的停車場。經過禱告、思考、計劃和會友們的支持，南勝買了這些地和建築物。後來我們把大堂後面的天井和小房間拆除，改建為現在三層樓，有辦公室、親子室、副堂，和有很多洗手間的建築物，及有遮蓋的陽光走廊，不但滿足了各主日學和各小組的需求，而且後來也有空間給牧師一家和他的雙親居住。這些都是很值得感謝的。二〇一六至二〇一七年主日聚會的人數在八十至一百人之間。

從二〇〇六年開始，我在每三月的第五週講道。二〇〇八年被按立為長老，到了二〇一〇年的下半年，應教會的需要改為每月講道一次。我講道的題目常常跟南勝的需要配合，也有從讀經和靈修得到的感動。在南勝其他的事工包括長執會主席、教成人主日學、指揮詩班等。

二〇二〇年六月廿一號，新竹勝利堂開了一個臨時長執會，專心討論到關新區福音移民的事。經過很多往返的意見、好幾個鐘頭的討論，終於決定要到關新區福音移民。接下一週的主日，我向南勝的臨時長執會報告要回新竹幫忙的計劃。因為那邊需要處理的事越來越多，修慧和我都不能兩邊兼顧，所以計劃在竹南服事到七月底，接著就全時間在關新區事奉。新教會的地點就在我們新竹家可以用步行走到的地方。這是我們覺得是上帝旨意的一個原因。

向長執會報告之後，我們開始告訴所參加的小組及有機會接觸的弟兄姊妹。大多數的反應是驚訝、不捨，和責備。責備我們告知的太晚，離開的太匆忙。

上帝的計劃高過我們的計劃。他為愛他的人所預備的是眼睛未曾看見，耳朵未曾聽見，人心也未曾想到的。二〇〇〇年我離開美國天柏華人宣道會時，也抱著同樣的心情，雖然對弟兄姐妹不捨，也順服上帝的帶領到未見、未聽、未想過之地。

感謝主叫萬事互相效力，讓南勝有挑戰，經過高潮和低潮。求主讓我們從所經歷的學到功課，實行南勝的異象：愛主，愛人，明道，行道，傳道。

大神蹟、小神蹟、真神蹟、假神蹟

我們從詩篇知道有大神蹟。詩篇136篇4－7節（現代本）：

惟有他行大神蹟；他的慈愛永遠長存。
他憑自己的智慧創造諸天；他的慈愛永遠長存。
他在深水上面鋪張大地；他的慈愛永遠長存。
他造太陽和月亮；他的慈愛永遠長存。

惟有上帝能行大神蹟。為了祂的慈愛，祂行大神蹟。祂用自己的智慧，不用靠任何別的方法來創造諸天，出發點是祂的慈愛。祂在深水上面鋪張大地，造太陽和月亮，都是出於祂永遠長存的慈愛。

既然有大神蹟當然有小神蹟。聖經中記載上帝所行的神蹟當然是真的，可是魔鬼跟世人也常常製造真真假假超自然的事來迷惑我們。

耶穌對神蹟的態度

聖經裡神蹟的大小，取決於耶穌對這神蹟的態度。怎麼講？請大家和我一齊讀一段經文。

約翰福音3章1－3節說：「有一個法利賽人，名叫尼哥德慕，是猶太人的官。這人夜裡來見耶穌，說：『拉比，我們知道你是由上帝那裡來作師傅的，因為你所行的神蹟，若沒有上帝同在，無人能行。』耶穌回答說：『我實實在在地告訴你，人若不重生，就不能見上帝的國。』」

尼哥德慕是法利賽人，又是猶太人的官。他一見面就尊稱耶穌為拉比，就是猶太人尊重的律法老師，接著他滿口稱讚耶穌是由上帝那裡來的，又肯定耶穌所行的神蹟是靠上帝的能力行的。可是我們的主一口都不提神蹟，卻告訴他要重生。神蹟和重生究竟哪一個比較重要？沒有重生會有永生嗎？沒有神蹟會有重生嗎？

讀到這裡，我們應該回溯一下，去讀約翰福音3章前面的三節聖經（現代本，約翰福音2章23–25節）：「耶穌在耶路撒冷過逾越節的時候，許多人看見他所行的神蹟，就信了他。但是耶穌不能使自己信任他們，因為他對所有的人都有深刻的了解。他不需要人告訴他關於人性的事，因為他洞悉人的內心。」

這時候耶穌剛出道，但是已經行了一些神蹟。許多人看見祂行的神蹟就信了祂。可是耶穌反而不信任他們。問題出在哪裡？因看見神蹟而信耶穌不好嗎？

再看一段馬可福音（馬可福音7章32–34節）：「有人帶著一個耳聾舌結的人來見耶穌，求他按手在他身上。耶穌領他離開眾人，到一邊去，就用指頭探他的耳朵，吐唾沫抹他的舌頭，望天歎息，對他說：『以法大！』就是說：『開了吧！』」

耶穌為什麼行神蹟的時候要望天歎息？

馬可福音8章11–12節：「法利賽人出來盤問耶穌，求他從天上顯個神蹟給他們看，想要試探他。耶穌心裡深深地歎息，說：『這世代為甚麼求神蹟呢？我實在告訴你們，沒有神蹟給這世代看。』」

這段經文說得比上一段更嚴重。耶穌根本不肯行神蹟。祂的歎息是深深從心裡發出來的。為什麼？有些動機不對的神蹟，耶穌是不肯行的。

我連接著問了好幾個問題，都跟神蹟有關。總括幾個要點：

——主不注重神蹟，卻重視重生。沒有神蹟，會不會有重生和永生的問題？

——主不信任因見神蹟而信他的人。

——主行神蹟後，望天嘆息。

——主深深嘆息，不肯行神蹟。

耶穌對神蹟的態度都不很好。難道耶穌不喜歡行神蹟嗎？剛剛唸過的約翰福音2章25節說因為祂洞悉人的內心。耶穌喜歡看我們用什麼心態對待神蹟：有人不用看見神蹟就信，也有人必須看到神蹟才信。

主對神蹟的功用採取保留的態度，我想是因為靠神蹟信的人有點像撒在淺土的種子。當時歡喜接受，可是因為心裡沒有根，不過是暫時接受，等到遭到困難或為真道受了逼迫，立刻就放棄了。一個人經歷了神蹟而信了主，如果不趕快在真道上下功夫，他所信的恐怕就只有那個神蹟，這是非常膚淺的。下次這個人再生病的時候，若沒有神蹟醫治，他就不信了。到底誰是主？他要主變成他免費的隨身醫生？還是要主做神燈裡為主人服務的奴隸？

小神蹟

我們心目中的神蹟無非就是病得醫治、化險為夷、找到停車位之類的事。這些神蹟對造天地的上帝說來都輕而易舉，都太小，而且上帝能叫萬事互相效力，不違反自然的律就可以做得到，可是我們往往指望主用超自然的方法來行這些神蹟。

「主啊！我的病是醫生治好的。我禱告的時候祢不理我，反而是醫生把我醫好的。」

「主啊！水快淹沒屋頂了。小艇來過好幾趟，直昇機也來過了，祢為什麼還不來？」

求主行這些小神蹟不但是叫祂牛刀殺雞，而且對上帝的偉大工作是一種諷刺。祂造的天地和所訂下大自然的律是很完美的，不需要時時去補充、去修改的。聖經上提到的神蹟，重要的是大神蹟，令主嘆氣勉強去行的是小神蹟。

大神蹟

詩篇136篇說創造天地是大神蹟、造太陽、地球、和月亮是大神蹟。上帝造這些是為了給人一個可以生養眾多的環境。大神蹟不一定是天體的神蹟。上帝認為重要的就是大神蹟。

申命記29章2－4節（現代本）提到，摩西召集所有的以色列人，對他們說：「你們親眼看見上主對埃及王和祂的臣僕，以及全國所做的一切。你們看見上主所降那嚴重的災禍和他所行。但是到今天，他還沒有讓你們確實明白你們的經歷有甚麼意義。」在29章5－6節：「四十年之久，上主領你們經過曠野，你們的衣服和鞋子都沒有穿破，腳上的鞋也沒有穿壞，你們沒有餅，沒有烈酒或淡酒，但是上主供給你們所需要的一切，為要使你們認識祂是上主——你們的上帝。」

上帝為了使埃及的法老王允許以色列人離開埃及，行了十個神蹟。後來為了救以色列人脫離法老王的追殺，使紅海的水分開。以色列人在曠野四十年，上帝每天準備嗎哪給他們吃。上帝做這些領以色列人離開埃及的神蹟，在曠野餵養他們四十年的神蹟，為的是要他們認識上帝。

大神蹟也不一定是物理上的，我們每一個人從不信到信都是一件大神蹟。我們當中已經信主的想想看，還沒有信主的時候，我們的親戚朋友要帶我們信主帶得好辛苦。我記得我自己當年反對基督教的態度，使我的弟妹們都不敢去教堂，我做夢也沒有想到會信主。接著我父親反對我信主，他的態度比我反對基督教的時候更厲害，我只能為他禱告，禱告了十年後他才親身經歷上帝的帶領信了主。可是父親沒有繼續扎根，就像使耶穌嘆氣的那種人。感謝主！再十幾年後，上帝感動他讀經禱告，恆心聚會，在真理上扎根。

還沒有信主的朋友們，你們同不同意，自己信主是一件極難的事？是一件大神蹟？你們可能聚會了好幾年，甚至好幾十年，就是不願意往前踏這一步。任何一個人真心願意接受主為救主，的確是大神蹟。

假神蹟

上帝不喜歡我們去追求小神蹟。不只因為上述的原因。有很多小神蹟是假的。校園團契饒孝柏弟兄著的《靈恩問題面面觀》引用馬太福音24章，主耶穌預先告訴我們到了末世會有假先知出現。

馬太福音24章24－25節裡耶穌說：「因為假基督、假先知將要起來，顯大神蹟、大奇事。倘若能行，連選民也就迷惑了。」、「看哪，我預先告訴你們了。」

饒弟兄說假先知有兩種：一種是真的假先知，另一種是假的假先知。真的假先知靠邪靈行異能，假的假先知用人的方法假冒異能。在這裡我要講假的假先知所行的假神蹟。

中國學園傳道會出了一本書《魔術的真相》（*Miracles or Magic*, Andre Kole and Al Janssen, published by Harvey House Publications, 1987）。這本書的作者高安德是一個得「表演藝術獎」的魔術天才。這表演藝術獎相當於魔術表演者的諾貝爾獎。高安德是基督徒，經常在校園裡用魔術表演吸引學生，帶領了世界各地上千上萬的學生成為基督徒。他也揭發了教內外很多有特異功能者的真相，有很多醫病和算命的神蹟，都是用表演魔術的方法騙人的。

■神醫的假神蹟

高安德提到以前在菲律賓很流行一些基督教的神醫。他們號稱依上帝的大能無痛無痕跡地開刀取出有病的器官，吸引了很多人去就醫。美國也有多人組團去就醫。因此美國報界派記者隨行採訪。高安德也被派以記者的的身份去查驗真假。他描述其中一次的過程。

他看到在一張狹窄的桌子上躺著一個年輕的婦人。她的身上蓋著一張白被單，周圍有一位醫生、幾個助手、和兩名美國雜誌的記者。這位醫生向婦人保證她雖然會有輕微的疼痛，但是只要相信上帝的能力，便會得到醫治。他打開聖經唸「我雖然行過死蔭的幽谷，也不怕遭害，因為祢與我同在」（詩篇23章4節）。接著醫生作了一個默禱。護士把白被單稍為往下拉，使病人的腹部露出來。醫生拿棉花球在水裡浸一下，然後擦拭病人露出來的皮膚上一小部份。擦拭時皮膚漸漸出現少量的血。突然醫生的手指插入病人的腹部，一下子就取出一塊組織，說是病人的盲腸，告訴病人說她應該感到舒服了。他把取出來的組織和用過的棉花丟進一個水桶後，用乾淨的棉擦拭傷口；擦乾淨後沒有看到切口的痕跡。醫生囑咐病人回去常常讀經禱告、繼續信靠上帝。前後用了大約五分鐘。

這神蹟是怎樣用合乎自然的方法做到的？棉花擦拭時漸漸出血是醫生在準備道具時把動物的血包在棉花球中，放在冰箱的造冰室中。動手術時把棉花球放水桶裡一泡，使棉花球的溫度增加，擦拭時血塊融化了就會滲透出來到病人被擦拭的皮膚上。醫生在趁人不備時很快地把手指彎起來，壓着病人的患處，讓人看起來像是插入她的身體一樣。取出的組織是動物的內臟藏在手中，插入患處的手指取出來後便顯露出來，說是取出來的器官。

這些病人花了錢，又跋涉千里，以為因信心得到無痛無痕跡的醫治。結果有些醫療團的人病死他鄉，有些在美國復發，有人請神醫開了三次盲腸，最後用醫學手術才真正割除。

■相命者和預言者的假神蹟

人都喜歡知道未來，因此產生了相命者和預言者從中得到錢財、聲譽或權柄。他們多半用人的方法取得資料，道出一些隱事使人相信他們有超自然的能力。取信後，他們會用一些可以作多種解釋的話來預言將來會發生的事。

這些資料通常由相命者高超的閱人術，用敏銳的觀察力和特別的記憶力從對方的衣著、款式、整潔、價格、年齡、體重、姿勢、相貌、眼神、雙手的動作、說話的態度、措辭、表情、對相命者套話的反應等獲得的。他們會說一些聽者容易認可的話。譬如：「你有一些朋友，好朋友卻不多。」、「你有時候會快樂，但也常常對將來憂慮。」、「你不喜歡做的事會拖拖拉拉。」……

他們預言的事也常常是可以作多種解釋的。「不到幾年會有大地震，傷亡很多人，有很多房子倒塌」、「你一個心愛的人會遇到意外」、「一年內你會做出一件很得意的事」等等。

饒孝柏弟兄說：「也許你說，我們沒有占卜、也沒有算命。不錯，但是基督徒用代禱的方式求得個人『未來的事』，雖然與算命的方式不同，性質卻是一樣。」

代禱時，代禱者有時從腦海中的一幅圖畫當作聖靈的啟示，加以解釋作為上帝所賜的預言。饒弟兄說這是很危險的。一幅圖畫十個人會有十種不同的解譯，如何能確定它的意義？

大衛鮑森在他的書《*Word and Spirit Together*》說，在一次講道中，他的喉嚨不舒服，講了一個鐘頭就沒有聲音了。聚會的主席問會眾有沒有人從神得到話語。首先回應的人說他看到一幅圖畫，有很多沒有鏈子的腳踏車，但是沒有人能解釋那幅圖畫。接著有五次有人提出圖畫但是沒有人能解釋。大衛鮑森終於用他僅有的微聲向麥克風說：「請回家」。上帝必須藉著不確定的圖畫傳達祂的信息嗎？

對這些預言的驗證法：幾個風水家的說法一致嗎？被不同代禱者所預言的命運相同嗎？符合聖經嗎？他們所講對未來的對策一致嗎？合符聖經嗎？這些預言模稜兩可嗎？有應驗嗎？任何人所說的預言只要有一個不應驗，就是假先知。

申命記18章20－22節：「若有先知擅敢託我的名，說我所未曾吩咐他說的話，或是奉別神的名說話，那先知就必治死。」你心裡若說：「耶和華所未曾吩咐的話，我們怎能知道呢？」先知託耶和華的名說話，所說的若不成就也無效驗，這就是耶和華所未曾吩咐的，是那先知擅自說的，你不要怕他。

■神醫佈道家的假神蹟

高安德的書記載說：調查者對美國一些有名的基督教特會中神醫佈道家的一些研究，這些佈道家很注重搜集資料。這些資料有些是從報章或網路取得的，有些是與會者在報名登記時填寫的，有些是會前助手穿插在觀眾當中談出來的。這些資料有些記在神醫的小抄上或由助手（多半是妻子）用無線電經過佈道家的耳機通告，讓神醫在適當的場合說出來，令聽者信服，接而相信他要行的神蹟。

佈道家使坐在輪椅上的人行走最普遍的方法是，由招待員在開會前見到行走稍為不穩的人就給他輪椅坐，並幫他把輪椅推到靠近講台的前排。這些人就成為他禱告醫治的對象。真的需要醫治的人被放到很遠的地方，雖然有病人大聲呼叫，佈道家還是不聞不問的。

高安德說：「有眾多的證據顯示出，其中一些電視佈道家所展示的並非上帝的大能。……他們以欺騙的手法來偽造神蹟，和假裝他們擁有聖靈的大能。結果他們吸引了成千成萬跟隨他們的人以及無數的金錢。他們也使很多人對上帝的工作方式覺得大惑不解。」

讀者千萬不要以為神不能用超自然的神蹟醫治病人。他記載一位中西部牧師告訴他的真神蹟。這位牧師小時得了很嚴重的燙傷。他的父母在送醫的路上為他迫切禱告。到了醫院護士打開包裹他的布，發現他的燙傷已經消失。結果他接受了主，後來獻身為全時間的傳道人。我們很熟悉吳勇長老末期腸癌得醫治的神蹟，也是榮耀上帝的真神蹟。這兩個神蹟都不是在神醫的特會發生的。上帝醫治可以在任何的場合，不一定得在特會上。只是在特會中特別容易作假。

合乎自然的神蹟

上帝行的神蹟多半是合乎自然的神蹟。為什麼？因為天地和自然的律都是祂造的，而且祂造得很好，覺得很滿意。

什麼是合乎自然的神蹟？合乎自然的神蹟就是可以用自然的定律解釋的神蹟。譬如說蘋果從樹上掉下來是合乎自然定律的。它因為地心吸力的緣故，一離開樹技就掉下來了。那麼蘋果向上升就是違背自然定律嗎？未必。假使剛好有一陣強風向上吹，蘋果可能就向上升了。哦！那裡有這麼大的風？風能把整個房子吹到空中，何況蘋果呢？蘋果向上飛不一定靠風，一隻鳥把蘋果咬住飛走也行。風和鳥都是我們看得到的，立即可以解釋，不會當作神蹟。可是如果這鳥是上帝差來的，把蘋果帶走就有意義、有目的了。那就是神蹟。

列王上17章2–6節：「耶和華的話臨到以利亞說：『你離開這裡往東去，藏在約但河東邊的基立溪旁，你要喝那溪裡的水，我已吩咐烏鴉在那裡供養你。』於是以利亞照著耶和華的話，去住在約但河東的基立溪旁；烏鴉早晚給他叼餅和肉來，他也喝那溪裡的水。」

烏鴉叼餅和肉是不違背地心吸力的，可是還是非常神奇的事。這裡記載是耶和華吩咐烏鴉的。雖然沒有違背自然的律，卻是不可否認的神蹟。

如果我們絕對不准有風，也不准有鳥，但是要蘋果上升。一個有心騙你的人可以在蘋果上綁了一根透明的細線把蘋果拉上去，看起來就像蘋果違反地心吸力了。所以合不合乎自然，並不是神蹟定義的根據。神蹟可以完全乎合自然的定律，人為的魔術也可以令人以為違背自然，信以為神蹟。可是那是假神蹟。真神蹟的定義在乎是不是上帝的作為。是上帝的作為就是神蹟。

太陽天天從東方出來，不管重複性有多高，肯定是神的作為。不敬虔要試探上帝的人，非要太陽從西方出來才算是神蹟。這樣子強求只有兩種後果：要不然就得不到，要不然就會被有心術的人欺騙，得到假神蹟。怎麼說？一個會操縱心理的人可以令人誤東為西，誤西為東。太陽明明照樣從東方出來，可是因為目睹人的錯誤，誤以為太陽從西方出來了，就會把假神蹟當作真神蹟。怎樣可以令人誤東為西？在室內你可以乘人睡覺的時候把他熟悉的家具東西互換，他一覺醒來，看見日出，會以為是從西方出來的。在戶外，可以把他熟悉的街道東西互換。然後等太陽出來就好了。這樣做當然要花點功夫，可是做這事的人有心騙你，要達到某種目的。這樣做雖然麻煩，總比叫太陽從西方出來容易多了。

除了烏鴉叼餅之外，上帝叫萬事互相效力，讓你遇到一個有辦法醫治你的醫師，用對的藥，在對的時間把你醫好不是恰巧的。上帝叫萬事互相效力，讓你十年無病、無車禍……等等，都是合乎自然的神蹟。我們對上帝大能的信心不夠的時候，就會常常勉強上帝行神蹟。當我們對上帝愛我們的心不夠肯定的時候也會這樣。一個新婚的太太，對她先生的愛的信心不夠的時候，一定不斷地要先生為她滔湯赴火來確認。

神蹟發生得太頻繁會變成常態，不令人覺得是神蹟。太陽每天從東邊出來是了不起的事。地球必須在它繞太陽的軌道上自轉才能有日出。不自轉或不在軌道上，後果都不堪設想。可是因為日出每天發生，我們不把它當作神蹟。同樣的，蘋果從樹上掉下來，雖然有地心吸力的大神蹟，我們也不覺得是神蹟。以色列人第一天撿取嗎哪的時候一定非常感謝上帝的供應。他們多收的沒有餘，少收的也沒有缺。有留到早晨的，就生蟲，變臭了。安息日的前一日收兩份留到早晨，也不臭，裡頭也沒有蟲子。這都是真神蹟的證據。可是，這樣一天又一天，漸漸地嗎哪、蘋果、太陽都變成重複性很高的自然現象。到了以色列的第二代，他們生來就有嗎哪，司空見慣，就不覺得是神蹟了。這樣說來，上帝保護我們一天一天、一年一年平安，沒有車禍，也很少人覺得是神蹟。

我們當中有信主多年的基督徒，上帝在我們身上行的大神蹟叫我們信主，應該常常記得。我們感激上帝和愛主的心應該隨著時間增長，不應該淡忘。還沒有信主的要知道上帝保護你，讓你在還有機會的時候能接受祂為你的救主，要好好利用這機會。

那麼上帝能不能行超自然的神蹟呢？當然可以。上帝是萬能的，天地是祂創造的，自然的律也是祂設立的。祂當然能夠違背自然的律。可是前面說過，祂行神蹟是有目的的，都集中在愛世人要拯救世人的目的，要叫他們可以得永生。因此上帝行了很多超自然的大神蹟來達到這目的。

約翰福音3章16節：「神愛世人，甚至將他的獨生子賜給他們，叫一切信他的，不至滅亡，反得永生。」這段經文包含了多少大神蹟？

超自然大神蹟1：童貞女懷孕

馬太福音1章18節：「耶穌基督降生的事記在下面：他母親馬利亞已經許配了約瑟，還沒有迎娶，馬利亞就從聖靈懷了孕……

路加福音1章30－32節，天使被派去安撫馬利亞，對她說：「馬利亞，不要怕！你在神面前已經蒙恩了。你要懷孕生子，可以給他起名叫耶穌。他要為大，稱為至高者的兒子，主神要把他祖大衛的位給他。」

馬太福音1章20－21節，天使安撫了馬利亞，還得安撫不願戴綠帽子的約瑟：「……有主的使者向他夢中顯現，說『大衛的子孫約瑟，不要怕！只管娶過……馬利亞來，因她所懷的孕是從聖靈來的；她將要生一個兒子，你要給他起名叫耶穌……。』」

馬太福音1章23節：「這一切的事成就，是要應驗主藉先知所說的話：『必有童女懷孕生子，人要稱他的名為以馬內利。』」童女懷孕的神蹟，魔術師行不出來。

超自然大神蹟2：耶穌受苦為世人贖罪

主基督（以馬內利）到世上來，不是來享受而是為我們受苦。

以賽亞書53章3－6節：「他被藐視，被人厭棄，多受痛苦，常經憂患。他被藐視，好像被人掩面不看的一樣；我們也不尊重他。他誠然擔當我們的憂患，背負我們的痛苦；我們卻以為他受責罰，被神擊打苦待了。哪知他為我們的過犯受害，為我們的罪孽壓傷。因他受的刑罰，我們得平安；因他受的鞭傷，我們得醫治。我們都如羊走迷，各人偏行己路。耶和華使我們眾人的罪孽都歸在他身上。」主耶穌救贖世人是大神蹟。

超自然大神蹟3：耶穌復活

格林多前書15章3－8節：「我當日所領受，又傳給你們的，第一，就是基督照聖經所說，為我們的罪死了，而且埋葬了；又照聖經所說，第三天復活了」、「並且顯給磯法看，然後顯給十二使徒看；後來一時顯給五百多弟兄看，其中一大半到如今還在，卻也有已經睡了的。以後顯給雅各看，再顯給眾使徒看」、「末了也顯給我看；我如同未到產期而生的人一般」。

主復活的神蹟魔術師行不出來。若是主僅僅在十字架上釘死，那我們的希望就落空了。祂不復活就不可能是上帝的獨生愛子，在十字架上的那個可憐的人也沒有資格替我們贖罪，我們都會像那些逃跑的門徒們一樣，偷偷摸摸，惶惶恐恐地生活。感謝主！那些門徒們看到了復活的主，生命有方向、有力量。他們毫不懼怕地出來為主作見證。我們今天才有機會聽到福音，才有機會信主，得到永生。

超自然大神蹟4：反得永生

得永生的神蹟魔術師行不出來。不要說魔術師，連秦始皇花了多少人力、財力、和時間都沒有得到永生。我們只要心裡相信主的復活、口裡承認祂是我們的主就可以得救。這是關乎世世代代的，也是關乎億億萬萬人的，這關乎需要看見大神蹟的你。你可能已經經歷過一些小神蹟，你也可能是令耶穌擔憂的人，可是你今天已經看到足夠多的大神蹟了，你願意不至滅亡反得永生嗎？我們當中已經信主的，希望你不要一天到晚向上帝求小神蹟，不尊重祂的主權。我們必須看到上帝的大計劃，成為完成祂大計劃的一員。

弟兄姐妹們現在會辨認神蹟嗎？有正確的動機求上帝嗎？會為主在我們身上合乎自然的作為感謝主嗎？會勉強主行違反自然的神蹟嗎？不管有沒有遇到違反自然的神蹟，我們有主的生命，有平安喜樂嗎？我們當中還沒有信主的，你有遇到上帝嗎？你有感覺到上帝的大能和愛嗎？你一定要畫家修改他的傑作才相信嗎？

要趁著還有機會，趕快接受祂。

第四部
職場之破浪乘風

奇妙的安排：到ＩＢＭ上班

我是美國光學學會的會員，這是我到ＩＢＭ研究中心上班的重要關鍵。我成為會員的經過是這樣的：為了在美國光學會的研討會上口頭發表畢業論文，我得參加光學學會，成為會員（幸虧學生會員的會費不高）。當時，導師並沒有提供我到芝加哥作口頭發表論文的預算，我只好向系主任申請補助。他給了我五十元美金付來回機票。

得到系主任的允許，我沒搭飛機，改為自己開車來回，拿剩下的旅費作為餐費。我住在芝加哥一位同學的家，省去旅館費，每天通車去開會。終於把我那篇有好幾十條方程式的論文，順利地報告了。我的導師非常照顧我。他教我寫論文、作口頭報告，遠超過一個導師該做的事。

因為我曾經身受其苦，知道研究生有去開會發表論文的經費需要，所以我後來在母校設立了一個補助研究生參加研討會的基金，也紀念我那位諄諄教誨、循循善誘的導師。

快從俄亥俄州立大學畢業時，我開始找合適的任職公司。那時候，我認為導師是萬能的。我的博士指導教授柯仕督（Stuart A. Collins）是麻省理工學院的博士。他和工業界有一些接觸，也和一些公司簽約合作。我直覺地請他為我介紹工作。

他的反應有點出乎我的意料之外。

信主的人留心作正經事業

這位照顧我的導師提醒我是美國光學學會的會員，同時拿出一本光學學會的期刊，轉到背面——上面印著十幾家公司的名字和地址；導師叫我按地址給每家公司發求職信。

他說這些公司是光學學會的產業會員，都有相當大規模的光學研究，需要博士級的研究員。我拿來一看，上面有柯達公司，是全美熟悉的照相大公司，柯達做光學研究毫不意外。我又看到Itek，是幫美國國防部作光學研究的公司。這兩家公司我都很有興趣，其他的公司我就不熟悉了，但還是聽話、照導師的意思都發信了。

在等候回音的這段時間，有大學和一些沒登在期刊上的公司，從學校提供的資料知道我快畢業，找我去面談。但，柯達和Itek遲遲沒有回音。我求職的那一年正好不景氣，能有那些面談算是不錯了。

雖然這兩家我嚮往的公司都沒有回音，我卻接到ＩＢＭ華生研究中心邀請我面談的信，心裡有點納悶。

ＩＢＭ雖然登在光學期刊上，但這電腦公司為什麼要作光學研究？我對他們有用嗎？可是既然邀請我、住宿和交通又都提供，沒有理由不去看看。於是我到了紐約的Yorktown。住在Yorktown Motor Lodge。

那天一早，我照常讀一段聖經，作一個禱告——不論在外或在家，我習慣這樣開始一天——那天看到的經文有點特別，我讀到的是提多書3章8節：

信主的人留心作正經事業是應該的，是主所喜悅的。

我正想今天不是要去為一個正經的事業面試嗎？難道上帝藉著這段經文要告訴我什麼嗎？

那天招待我的東道主是一位德國裔的物理博士Eberhard Spiller，他研究光學薄膜作抗反射或增反射之用，後來被慫恿去研發X光微影。在EUV微影草創的時候，他領先用多層薄膜增加反射率，從1％至2％到大於60％，因此EUV微影才有希望。我最後聽到的消息是他研發出來的X光薄膜，對天文望遠鏡有很大的貢獻。

IBM的確是藏龍臥虎之地。Eberhard人很和氣，是個好學者和好東道。我博士研究有關的全相術，他也不陌生，跟我有很好的對談。那一天，我跟一位做全相術的研究員交談，並參觀了他的實驗室。他有特別的技巧做出全世界品質最好的全相相片，我以為以後會參加他的小組。結果並非如此，因為他們沒有缺。

我未來的老闆Janusz Wilczynski則帶領他的團隊做比較傳統的光學。他也給我看以前發表的合成天文望遠鏡的論文，其實他並沒有繼續在這方面發展，大概只想讓應徵者仰慕他的創意吧？下午排我演講，有不少人來聽。我就把在光學學會演講的那一套搬出來。其實我那幾十條方程式太理論化了，幸虧我加了一段實驗結果，有很多微米級的數據，聽眾的接受度因此提高很多。

回旅館後，我覺得講得不錯也談得不錯，心情很好。而且IBM研究中心的建築和設備，周邊的生活環境，及同事的才智都是像我們這種人嚮往的。我又想到早上讀的經文，難道上帝真的安排我到ＩＢＭ研究中心，像安排我到台大讀電機一樣？

一兩週後，ＩＢＭ的人事部來電邀請我去參加研究，告知聘我為Research Staff Member和給我的待遇，並承諾負責從俄亥俄到紐約的搬家費。這些都超乎我的想像，上帝的恩典實在美好。我和妻子禱告、考慮沒有太久，因為有提多書的預告，我便接受了這邀請。

踏上微影的路

我的老闆的主要工作是傳統光學的應用和研究，不用雷射，也不用全相術。我對他有什麼用處呢？原來我在俄亥俄的最後一年，幫導師寫了幾個電腦程式；用電腦是我以前為了興趣和預測將來的需要而自修出來的。想不到我的未來老闆看中那幾十條方程式所導出來的全相偏差（aberration）的研究和寫程式的能力，因為他那傳統鏡頭一樣會有偏差，需要用模擬作降低偏差的設計。他找我去幫他寫設計鏡頭的程式，讓他用電腦設計出最小偏差的傳統鏡頭。

不久，另外一家登在光學期刊背面，我不認得的公司——AT&T的貝爾實驗室（Bell Laboratories）也來電邀請我去面談。因為我已接受ＩＢＭ的研究工作，就婉謝來電者，並據實以告。到ＩＢＭ之後，我才知道打電話給我的這兩家公司，是全美最大的兩個研究中心。他們之間有互爭長短的傾向。我到了ＩＢＭ，逐漸走上研究微影的路，在微影上和貝爾實驗室各有千秋，不分軒輊。

上帝安排我在這兩家公司中選擇ＩＢＭ用了很多方法，包括自學寫程式、導師的指導、面談前給我經文，安排在面談中有演講、有實驗數據，並且讓ＩＢＭ搶先一步等等。上帝的確叫萬事互相效力。現在回顧，柯達公司的聲勢已大不如前，Itek在一九八三年開始被購併，陸續轉了四次手之後，到了一九九六年就全部消失了。

上帝的計劃是越久越明，越經歷越令人感恩的。

從全相術到微影逾五十年

上帝安排我到ＩＢＭ，並且一步一步地帶領我走上微影學的路，超過五十年。一開始，老闆聘我到ＩＢＭ是為了請我寫設計鏡頭的程式，讓他和他的設計師用電腦設計出最小偏差的傳統鏡頭。

我剛到的時候，他的設計師用機械計算機，其繁瑣與緩慢可想而知。ＩＢＭ有世界最新的電腦，不用電腦設計鏡頭，的確有點暴殄天物。我報到之後，老闆便從圖書館拿了一本他的老師 **Harold Hopkins** 寫的書給我看，叫我依著書上的公式建立設計鏡頭的程式。他給了我一個很大的實驗室，雖然大，裝了一台電腦、一台印表機、和一台讀卡機就塞滿了。

七〇年代的電腦程式是寫在卡片上的。每張卡片總共可以打八十個洞，有七十二個洞用來打程式。每一行程式用一張卡。我給他寫了上千行，裝了整整一長盒。我的電腦是ＩＢＭ用電晶體取代真空管的版本。因為我需要很多運算，所以給我加倍的記憶體——共64 K的記憶體，比標準型的電腦多了一倍；這和現在的電腦比起來，有點可笑。我現在的筆記型電腦有16 G的記憶體，是那七〇年代巨無霸電腦記憶體的25萬倍。

我做了將近一年，快完成了，便去問老闆有沒有更具挑戰性的工作。他說ＩＢＭ在西岸的研究中心想做用光讀寫的記憶磁碟，為了省錢，不想用鏡頭，而要用刻了細縫的薄片浮在磁碟上面去成像。模擬光波在很近的成像區的分佈不是那麼容易，問我有沒有興趣。我答應試一試。結果被我解出來了，不但替西岸解決了問題，而且衍生了兩個發明和光學學會的一篇論文。

我的微影入門：近場成像

ＩＢＭ那時用近場成像（proximity printing）生產半導體晶片，也想用近場成像發展比半導體元件小十倍的磁泡記憶碟。我的近場推算既然破了世界記錄，自自然然地被捲進這兩項技術的發展，因而學會用光阻和連帶所須的製程發展。

近場成像增加解析度的方法只有兩種：讓成像更近或縮短光的波長。老闆建議我把光的波長從365至436奈米縮到254奈米，並介紹我跟工廠研發機構的一位光阻專家Wayne Moreau合作，把工廠成熟的近紫外光（near uv）換成深紫外光（deep uv）。我們把光源、光罩、光阻和示意的曝光設備都建立了，並曝出比生產線上小十倍的線寬。那時候用1奈米波長的X光和用波長更短數十倍的電子束的結果，也不過只好了一些。當時並沒有深紫外光這名稱，有一位同事跟我討論要投稿的論文，他建議給這新的波段取一個名字。我們兩人討論的結果認為深紫外光一詞很合適，因而有此名。

我和Wayne給深紫外線微影起了頭。真正使它能上線的大功臣應屬引進excimer laser的Kanty Jain、Grant Willson，和貝爾實驗室的John Brunning，加上使光阻的感光速度提高十倍的Grant Willson和Hiroshi Ito。我的貢獻是發明了綜合深紫外線層和近紫外線層的多層光阻系統及近場成像的模擬，還幫了磁泡的研究團隊製造了很多0.5微米元件的晶片，讓他們做生產磁泡元件的實驗。

投影微影：推進摩爾定律的主要工具

近場成像已臨極限，我轉到用鏡頭成像的投影微影（projection printing lithography）。這是一個很有挑戰、但是機會很多的領域，投入的高手也很多。我貢獻了什麼呢？

◆把光投射到任意的二維圖形經過鏡頭成的像，在三維的空間模擬出來（partially coherent imaging in 3D from 2D patterns）。

◆制定解析度和景深跟鏡頭孔徑和波長連接的縮放公式（Resolution and depth of focus scaling equations using the k1, k2, k3 coefficients）。

◆用上述二公式，畫出 lithography galaxy，定出在任一組 k1 和 k3 的組合下，所有孔徑和波長的組合可產生的解析度和景深。

◆發明 Exposure-defocus tools，用來準確地把微影系統的容忍度量化。

◆用無庸置疑的數據指出縮小式成像（Reduction imaging）對一比一成像的優勢。產業界自從 1 微米以下已全部轉到縮小式微影。

◆Phase-shifting mask 的分析。用在光罩上增加解析度或景深。我領先分析 attenuated phase-shifting mask 並詳細地比較 Att PSM 和當時很流行的 Rim PSM，指出 Att PSM 在各方面的優點。經過這些世代，Att PSM 已變成半導體量產的主流，Rim PSM 則從未上生產線，已不見影踪。

◆模擬機台震動（vibration imaging）對成像容忍度的影響。這是當時微影業者始料未及的，現在所有顯影的機台都對震動有很專注的處理。

◆開發Optical Proximity Correction（OPC），修正增加解析度所產生的誤差。當時Proximity Correction是電子束成像的專用名詞。現在所有的半導體生產不能不用OPC。每家公司投入OPC的人力達數百人，也有好幾家公司研發生產所需要的龐大軟件。

◆發明並推廣浸潤式微影（immersion lithography）把摩爾定律推進了六個世代。從一九七二年近場成像的論文開始，到二〇〇二至二〇一七年的浸潤式微影，我一共在這個領域四十五年。

X光微影的功課：用幽默以對

那時候ＩＢＭ有很多人研發Ｘ光微影，我只帶領一個小組做深紫外線微影。當時Ｘ光微影的氣勢有點像現在的EUV微影。長官們極力推動Ｘ光微影，理由是：「如果ＩＢＭ不研發Ｘ光微影，便沒有公司研發；反之，即使ＩＢＭ不研發深紫外光微影，世界上還有很多公司會投資研發。」這種似是而非的道理讓ＩＢＭ在Ｘ光微影上浪費了很多時間和資源。

還有一種支持Ｘ光微影的說法，在支持許多別的科技的研發上也常聽到。ＩＢＭ

說：「NTT大力推動X光，IBM不容落後。」NTT說：「IBM大力推動X光，NTT不容落後。」現在的公司至少有三家照這種說法，互用在半導體科技上。那時候我頻頻指出X光不可量產的各種原因，可是聽者硬著心、摀著耳朵。

有時候對這種固執的人，只好用幽默對付。那時候IBM的微影有X光、電子束和紫外線，統統由一位主張X光的主管帶領。我說紫外光的預算只需要X光的十分之一，就能做出很多超越競爭對手的成果。言之有理，聽者無心，當然得不到我要的預算。有一次老闆開月會的時候坐在長桌的主位，他左手邊坐了很多人，右手邊只有我一人。他開玩笑地對我說：「你看！紫外線多孤單！」我的眼光向周圍一掃，回答說：「我選擇到最有成長空間的位置。」

類似EUV，X光的光源是一個嚴重的問題。IBM有很多物理學家，對電子儲藏環（Electron storage ring）很熟悉，因而建議用它來做X光微影的光源並和有儲藏環的機構合作，在Brookhaven那裡建立了一個X光的出光口，做X光成像的實驗。出光口完工之後，我那位以X光維生的老闆，邀請大家到現場開慶祝會，並給每一位參加者一件T恤，上面印著"X ray works"（就是「X光可用」的意思）。

我不例外，也收到一件T恤；可想而知，是從一位洋洋得意的老闆手中接過來的。回辦公室之後我加了幾個字，變成"X ray works - for the dentists"（X光可用，是在牙醫診所裡）。我把這件T恤用磁鐵掛在辦公桌後面的文件櫃上，路過我辦公室的人都看得見。這件事有好一些同事還記得，常常津津樂道。

我開始做投影微影的時候，最小的線寬是1250奈米，現在已可以做到5奈米，用每世代縮小百分之七〇來算，一共經過十六個世代。上帝安排我到IBM有最好的機會參與半導體技術的邁進，以後有機會到台積電把研發應用到最佳的量產平台，是我始料未及的。

因為，祂的道路高過我的道路，祂的意念高過我的意念。

離開IBM有上帝的旨意嗎？

我進IBM時的特別的經歷，讓我知道到IBM任職是上帝的旨意，是祂喜悅的，而且對人有益。

我在IBM的華生研究中心工作了十六年後轉到IBM在佛蒙特州柏林頓市的半導體廠作前瞻的研發，目標在發展比量產產品多兩個世代的技術。當時IBM在柏林頓市積極準備量產1微米的動態隨機存取記憶體（DRAM）。我的研發就在0.5和0.35微米的DRAM上。

我是隻身到柏林頓的，太太那時在新澤西州的IBM工作，女兒和兒子都在紐約州的士嘉士道（Scarsdale）校區上學，女兒上高二，兒子上初三，都不便搬到柏林頓。那裡離我家大約五、六小時的車程，所以我週五下班後開車回家，週日晚上北上。有時上去十天，回家四天。太太在新澤西州上班，開車單程約四十五分鐘；雖然她是每日通勤返家，但我這樣的通車對家庭很不好，這是我對家庭不起的地方。

做了四年，我的研發告一段落。IBM CMOS量產的研發重心集中到紐約州的東費斯克（East Fishkill），我就轉到費斯克上班。從家裡到公司只要一個鐘頭，可以每天通車。太太則是轉到離家十五分鐘的白平市（White Plains）上班。這樣子的生活比較穩定。

好景不常，微影界起了一個位移光罩的突破，我到位於德州奧斯汀市、由產業界組合的半導體研發公會（Sematech）上班，幫產業界推動位移光罩。奧斯汀離紐約三小時的飛行時間，不可能通車。那時孩子們都已離家上大學，太太有前車之鑑，毅然決定離開她得心應手的工作，請IBM也派她去Sematech。我們就在一九九二年初搬到奧斯汀。

五十歲，決定創業！

在Sematech工作了約半年，建立了人脈，也有機會和其他公司的微影專家互動。其中有一位Chris Mack是美國國防部的微影工程師。他是第一位把成像的模擬放在個人電腦上運算的。我們在國際會議上常常見面，想不到他也被國防部派去Sematech。我的兩年任期剛要開始，他卻要結束了。後來歡送他時才知道他要離開Sematech，自己創辦一個發展模擬軟體的公司。聽說國防部特別為他訂購了一台一百多萬美金的stepper，等他回去使用，因此對他的辭職有些介意。

這樣過了將近半年，我的五十歲生日快到了。IBM宣佈了一個鼓勵員工提早退休的方案。我看看佈告，沒有感動，覺得我剛到半年，不關我的事。漸漸地有紐約的同事勸我趁機退休，因為以後的方案會越來越差。於是要提早退休的念頭開始在我心中醞釀。那時候IBM的工作很穩定，幾乎是鐵飯碗。我主要的考量是要在IBM做一輩子，還是自己出來創業。

我的發明幫IBM爭取到不少專利，當然都是IBM的智慧財產。出來創業的好處是可以為自己的公司建立一些專利，而且可以聚焦做自己認為最重要的事。缺點是要重新建立支持的架構（supporting infrastructure）。

經濟上，我們應該可以過得去。女兒已經大學畢業，兒子不久也要畢業。每月我們省下不少開銷。我累積了上百天的休假日，可兌現為現金付清孩子們的教育貸款。太太的收入跟我的差不多，奧斯汀的物價水平也比紐約低，生活還過得去。因此經濟並不是最大的考量。

一個晚上，我忽然想到公司要取什麼名字。

我不想像一般人把公司叫做Lin Associates之類。靈感一來，何不叫做Linnovation？這是把Lin和Innovation合併起來的字，和林書豪的Linsanity有異曲同工之妙，只是比他早了約廿年。

好吧！我退休的心動了。可是當年我進IBM，上帝給我肯定，祂贊成我離開IBM嗎？我和太太為這件事尋求上帝的旨意，可是祂沒有在牆上給我們劃字，宣告祂的旨意。那怎麼辦呢？

當年上帝用聖經中的提多書3章8節給我肯定。祂在提多書還說了什麼呢？我把第三章讀了好幾遍。這章聖經不長，只有十五節經文。我讀來讀去，可能因為以前的經歷，「正經事業」這詞總會吸引我的注意。其實有一個註解說這一段經文也可以翻成行善（good works）。這種行善不是指一般慈善家修橋鋪路、賙濟窮人的行善，而是作眾人以為美的事的意思。前者比較傾向直譯，後者傾向意譯。上帝很奇妙地以正經事業的譯法引起我的注意，聯想到被僱到IBM要從事的工作。若是先留意到做眾人以為美的事，可能指我工作的結果，這結果是我當初料想不到的。像哥林多前書2章9節所說的：「眼睛未曾看見，耳朵未曾聽見，人心也未曾想到的。」

送律師走路，好聚好散

提多書3章還有一處出現了「正經事業」這詞，在14節「要學習正經事業」。這一節有一個同樣的註解。我也被吸引、反覆思考這段經文。在這段經文前面的一節，忽然引起亮光——「你要趕緊給律師西納和亞波羅送行，叫他們沒有缺乏。」

我正在跟IBM的律師們討論退休的事，其中有一項條件是很耐人尋味的。他們要求我不到IBM的競爭對手工作。這很合理。我就要求他們給我IBM的競爭對手名單，心想也很合理。不料他們的回應是不給，要等到我打算給某公司受聘的時候告知IBM，才知道該公司是不是競爭對手。雖然我心目中只想出來創業，但是IBM這限制還是不容易接受的。

提多書提到滿足律師給他送行，各走各路。我也可以想到滿足IBM的律師，送他們走路。好吧！上帝用3章8節給我進IBM的肯定，也用3章13節給我可以離開IBM的訊號。

寫到這裡，我必須鄭重聲明，聖經不是一本占卜的書。我從來不這樣用聖經。平生只有這兩次剛好經句跟環境相印證。這是上帝採取主動讓我看到的經文，讀者千萬不要自己拚命翻聖經，去找迎合自己心意的句子。

退休的消息傳出後，有一個大公司給了我聘書；另一家更大的公司的處長請我跟他們的副總吃飯。我大致知道他們的來意，席間我大談創業申請專利的理想，他們也就知難而退，祝我成功。

從美國到台積電

我公元二千年四月廿六日開始在台積電上班。事情的發生不在我的計劃中，後來卻越來越清楚是上帝奇妙的安排。

一九七〇年起，我在IBM工作了廿二年。接著出來開了一家公司，叫做Linnovation（就是Lin+Innovation），意譯是領創，音譯也可以唸成林創。公司在美國德州的奧斯汀城設立。一年後，就搬到佛羅里達州的天柏城。公元二千年台積電來找我的時候，領創正進入第九年。

當年的年初，我接到嚴濤南經理的電話，問我有沒有興趣到台積電來接手一個研發微影的處。我覺得有點不解。應該是職位比處長高的來問我，會比較合理一些。更特別的，他問我年紀有沒有超過五十歲，因為這是需要符合的條件。我請他不必擔心，我已經五十七歲。接著他跟我解釋是蔣尚義研發副總要他打的電話。如果我有興趣，蔣副總會親自給我打電話。

在美38年，要回台灣嗎？

那時候，領創有些產品賣到台灣，台積電是我的客戶之一。我對台積電和跟我互動的台積電工程師的印象很好，我就告訴他台積電的邀請是值得考慮的。過了沒幾天，蔣副總就給我打電話，告知我他要設立兩個部，一個負責晶片的微影，另一個負責光罩。兩位部經理中負責晶片的會是嚴濤南。另一位負責光罩的部經理會是林進祥。

這兩位我都見過面，有互動過，我對這兩位人選覺得很合適，而且覺得把光罩和晶片的微影放在同一個處是很有遠見的。晶片上的成像和光罩的成像有很多相同，而且可以互相幫助，應該放在一起推動，蔣副總的構想很有遠見。接著他請我到台積電面談。

我說好，五月能去。他說太久了，問我最近忙什麼事。我解釋說二月廿七日要到加州參加一個SPIE主辦的國際微影研討會。他說何不開完會就繼續西飛到台積電，全程的機票錢由台積電支付，也可以節省佛羅里達州到加州的飛機票錢。我想也對，就調整原來的計劃，三月六日到台積電面談。

台積電和我面談的人除了邀請我的蔣副總，記得有總經理曾繁城，管營運（Operation）的副總左大川，管整合研發（R&D Integration）的處長孫元成和模組研發（R&D Module）的處長梁孟松；還有嚴濤南、林進祥兩位部經理。面談很順利，這些面談者有些聽過我的演講，有些上過我的課，有些是IBM的老同事，唯有蔣副總是以前不認識的。

到了第二天，蔣副總問我這兩天的感想，並邀請我到台積電當資深處長，把薪水、配股、就職獎金等都告訴我，而且跟我說，要我趕去面談的原因是要我在四月之內加入台積電，遲一點加入會拖慢一年才能領到股票分紅。對領股票一事，我當時沒有太多的感覺。接著有另一位資深處長五月到任，辦公室在我的隔壁，也是基督徒，後來成為好朋友，我才知道蔣副總果然講的很對。

當時我謝謝蔣副總的好意，說要回去跟老闆商量才能決定。蔣副總知道我開公司，是自己的老闆，老闆何來？其實，我有老闆，第一位老闆就是我的妻子——我平時常開玩笑說她是我的老闆。我也常說她是我的Lothersecookmaid，就是我的愛人、孩子的母親，家中的秘書、主廚、女傭。我把這些身份的英文拼成一個英文字如上。這位老闆的細述，請見「王子和公主，過了54年之後……」。

另一位老闆比任何老闆都大，是我生命的主。蔣副總對這樣的心態不陌生，有一次在追述往事時，他告訴我以前邀請另一位基督徒副總時，他也說需要尋求主的旨意。另外一次追述往事時，他說我沒有跟他討價還價，讓他覺得我與眾不同，所以把最好的待遇都給了我。又有一次追述往事，他說我是他所聘的人中覺得最得意的。我受寵若驚，心中感謝主，也感謝蔣副總對我的賞識。

我說要跟老闆商量，蔣副總說當然當然，可是不要商量太久。一方面公司需要人，另一方面過了四月底來報到，股票會少拿很多。其實那時候我還不是台積人，對股票一知半解。我看到的是台積電的需要和我的專長非常吻合。台積電又是一個很成功的公司，我所見到的人都是很聰明能幹的人，值得一起打拚，一起做大事。

我回家後，跟修慧說應該認真地考慮到台灣，可是我們必須確定這是上帝的旨意。我在美國生活了三十八年，兩個孩子都大學畢業，也都在美國成家自立了。妻子修慧在美國的電話電報公司（AT&T）有一份很好的工作。我們兩人在教會有很多事奉，現在要連根拔起把家搬到台灣，是需要很多考量和禱告的，否則我們離開天柏的事奉去追逐自己的理想，是不討上帝喜悅的。

當我告訴教會的弟兄姐妹們我要回台灣，大家都很不解。因為那時候我和修慧的入息還不錯，住在海邊、有一百二十坪大的房子。修慧常常在海邊走路運動，我常常在海邊拍攝日出。其實房子是身外物，我們捨不得離開天柏城，是因為那裡的弟兄姐妹。我教主日學，也是詩班的指揮，當過執事會的主席，牧師常常請我講道。那時候因為自己開公司，時間彈性大，我們有好幾年的聖誕節可以花很多時間練習把John Peterson和David Clydesdale等作曲家的清唱劇演唱出來。修慧也在詩班事奉，是女高音的台柱之一。後來我先回台灣，她就接手指揮詩班，也唱了很多很好的曲子。修慧帶領青少年，很得到他們的信賴，對他們的人生方向和處世態度很有幫助。怪不得弟兄姐妹不明白我們為什麼要離開屬靈的家，到離別了三十八年的地方去冒險。真是人心沒有想到的。

究竟是什麼感動讓我離開美國到台積電？

人心未曾想到的回應

接著的幾天我們迫切地禱告，可是天並沒有打開，也沒有聲音叫我們去台灣。我想蔣副總快要打電話來了，開始有點焦急。有一天在思考的時候，我順手把桌子上的記事本翻了一下，翻到我在一九九九年十二月一日記下來的一則禱告。當天，我因為競爭對手和一家大公司合併，所以對自己公司的競爭力相當擔憂，懇切地求主給我一個對策。

其實我心中希望祂幫我找一家公司來和我合併，並不是求祂差一家公司來聘我，而且我心目中有兩個公司覺得可以試一試。

為了慎重起見，我把禱告的事項和日期寫在記事本中，以便將來上帝聽我禱告的時候，可以記得感謝祂。可是過了一陣子，上帝好像沒有理我。不料第二年的二月蔣副總給我打電話。我三月到台積電面談，現在回到美國又向上帝禱告，幾乎忘記了十二月曾向祂祈求過。

看到了記事本，覺得有可能這就是上帝給我的回應。可是主啊！你只安排了工作，教會的事奉呢？難道祢不喜歡我事奉嗎？對了！聖經中哥林多前書2章9節不是說「上帝為愛他的人所預備的，是眼睛未曾看見，耳朵未曾聽見，人心也未曾想到的」嗎？我沒想到台積電，可是上帝用台積電回應我的禱告。焉知祂不會用我想不到的方法來安排我的事奉？

四月廿五日是公元二〇〇〇年的復活節。天柏教會有一位姐妹向牧師建議把復活節的講台讓給我，以便我向弟兄姐妹們交代如何知道到台積電是上帝的旨意。我就用哥林多前書這段經節講了一篇復活節的道。先講馬利亞在復活節時準備了香膏要去膏耶穌的屍體，沒有想到主會復活，不料看到的是復活的主而喜出望外。真是眼睛未曾看過，耳朵未曾聽過，人心未曾想到的。我就這樣抓著這金句到了台積電。

上帝為我在台積電的工作所準備的機會和在台灣安排的事奉，在本書的其他各章會記載。我當時禱告中想求祂幫我合併卻不敢告訴祂的公司，到現在都消失了，台積電卻增長了好幾倍。我的團隊也從開始的五十人增長到七百多人。退休時微影的世代從130奈米推進到快要量產7奈米，研發到5奈米。

上帝的道路的確高過我的道路。

職場的基本心態

我從幼稚園起至得到博士學位，一共過了二十四年的學校生活，接著進入職場立刻面對相當大的改變。雖然從學校的研究室進入業界的研發中心，應該有很多相同的考量，可是心態上有很大的差異。

在學校的時候要爭分數，要名列前茅。在職場固然要爭貢獻，加薪和升級也要爭排名。但是最大不同的是，這些排名和貢獻，和你跟別人合作發揮團隊的力量，是息息相關的。

在學校有點像練習投籃、運球、傳球等基本功。到了職場像是把許多個人技巧極佳的球員放在一起，叫他們互相合作去得分。在職場，互助合作的本領、幫團隊得分的功力，是非常重要的。

我們常常聽到1+1大於2的要求，很多時候用在勉勵新婚夫婦上。在公司裡頭不僅是1+1的問題，而是「1+1+1+……等於多少」的問題。兩家公司同樣顧了一百位員工，都是名校的高材生。要是領導有方，這一百人可以發揮好幾百人的戰力。領導得不好，員工們內耗、工作重複，很容易只達到五十人的功效。

這兩家公司的輸贏，就取決於員工是否只顧自己，還是以公司的利益為至要。這種心態也適用在社會國家，決定某國某城的興衰強弱。在教會裡更是如此，越謙卑越願意助人的，不爭權奪利的，越得上帝的喜悅，也越得人心。

回到公司，要發揮團隊精神，每位員工必須冒自己吃虧的險，不勾心鬥角，以長補短，老手幫忙新手，自動自發，不自滿，不自傲。

互尊、互信、互助

我在台積電的時候，鼓勵本部門的同儕；互尊、互信、互助，就是為團隊合作打基礎。

互尊：互相尊重，在態度上、言語上、行動上；對上、對下、對同儕都尊重。不罵人、不損人，不管在開會中或關起門一對一交談，用講理、用邀請、用挑戰、激將都可以。目的是要對方自動自發去完成使命，不要像軍隊裡用命令來達到目的。前者事半功倍，而且增長士氣，使員工對公司有向心力；後者事倍功半，1+1小於1，員工的尊嚴受損，談何忠心？

互信：互相尊重助長人與人之間的信賴，不互相尊重是不可能有互信的。如果會挨罵，誰願意把心裡的話告訴你？沒有人會自討苦吃、自討沒趣的。有一件有關雙親和孩子關係的統計很適用在這裡。

父母親平均對孩子們有40次負面的反應，才會有1次正面的鼓勵，以及一般的兒童心理師覺得「需要4次正面的鼓勵才能消解1次負面的反應」。父母親望子成龍，喜歡挑剔孩子們的毛病，希望他們改進缺點，常常忽略給孩子們鼓勵。

長官對下屬也常常會這樣。要注意的是講了一句負面的話，要有四次正面的鼓勵才能抵銷那句話，才能互相信任。孩子們需要四次正面的鼓勵，但大人可是沒有那麼容易；如果對方不是基督徒，可能會記恨一輩子，兩敗俱傷。

互助：建立了互信之後才會有自動自發的互助。這種互助可以發揮最大的戰力。讓團隊、公司、社會、國家迅速進步，人民樂居其中，願意傾心効力。

台積電的ICIC

台積電有四大核心價值：Integrity、Commitment、Innovation、Customer trust（ICIC），就是誠信／正直／操守、委身委心、創新致用、客戶信賴。這些中文翻譯可能跟台積電官方的翻譯不相同，我是按著我的認知翻出來，作為大家在職場上的參考，而不僅限於在台積電。

誠信／正直／操守（Integrity）：很抱歉，Integrity甚難翻譯，我一共用了三個中文的詞才稍為達意。一個在職場或是在國家社會成功的人，必須是不說假話、值得信賴、有道德規範、不違法、不徇私。公司裡有好技術的人很多，決定升遷的關鍵在誠信。公司如何能把重要的職責交給一個沒有誠信的人？

社會上有黑心奶粉、黑心建築、黑心這個、黑心那個，有貪污的，有害人的，不法的事增多終必害人害己。反過來，一個有誠信正直的人於心無愧，坦坦蕩蕩，高枕無憂，有平安喜樂，無論在公司裡、在社會中，都是有用、可倚重的份子。

委身委心（Commitment）：委身不只掛在口上，而且要把心也委上去。在公司之間的委身心，台積電解釋得很清楚，只要答應下來，即使對自己有損也要赴湯蹈火去做到。在職場的委身除了執行公司間的委身之外，一個員工對公司的委身也必須身心都委上的。

譬如接一件任務之前，先量力能不能做到、需要多少資源等，一旦接下來就要盡心盡力去完成。若有意料不到的原因以致有困難、無法完成，必須及時求援，以免公司間的委身不能完成。還有一種委身心是不洩漏公司的機密，要用心去做到。結婚時男女雙方的委身心，更是要把身和心都慎重地委上。

創新致用（Innovation）：「創新」用在公司之間，就是要有比競爭對手更好的新產品或新製程。我加上「致用」一詞來強調不是為創新而創新，必須創出有用的新品。員工在職場上的創新也類似，不要只顧「新」，也要顧到「用」。

再者，創新不只是發明，可以是一種新的做法、新的心態、新的溝通、新的標準、新的量測等等。當你覺得你做的事情太單調、太乏味、太浪費時間或資源時，正是創新致用的良機。

客戶信賴（Customer Trust）：這種信賴需要持續地以心思和行動來建立，而且只要做錯一步就會導致前功盡棄，更加不能有刻意的不誠信行為。員工在職場中也要留意自己的表現，尤其跟平時不常有機會互動的同儕或高級主管。在有限的機會中要表現得對，獲得信賴，才能發揮團隊的精神。

升遷之道無他

在職場，多人迫切關心的是如何升遷和加薪。其實我在前面所提出的各點有很多是升遷和加薪的基本功：

1. 正直、誠信、操守
2. 創新致用
3. 委身委心
4. 團隊合作
5. 互尊、互信、互助

除此之外，我還要強調兩個重要的功夫：「表現自己」和「英文能力」。

表現自己，可分為兩方面

(1)眾人面前的表現

這種場合很多，最常見的是在自己所屬的單位的會議中向直屬老闆報告，包括準備投影片、講話的方式、身體語言等；進一步則是向別的單位或更高的單位報告。

投影片必須針對聽者和時間的長短而有所調整，常犯的錯誤是想用同一套投影片應付各種不同的聽眾。在準備投影片時，要時時留意每一張投影片的主題清不清楚、如何帶領聽眾的思路、如何合乎邏輯、他們會想問什麼問題、投影片上的字和圖夠不夠大，以及會不會塞得滿滿，令人看得眼花撩亂，以致不想費神去了解。

講解投影片時，聲音要夠響，咬字要清楚，講解的速度和態度要比平時和人交談的速度穩重。最要緊的是言語的邏輯、高潮的安排。目的是保持聽眾的注意力，提供他最關心的內容。很多人滔滔不絕不會結束，所以最好先想好如何收尾。肢體語言要表現出誠懇和用心，不要咄咄逼人，也不要驕氣凌人。

(2)平時的行動和言語上的表現

這是一門學不完的功課，也是一種藝術。要有心去做，用心去做。平時要細心觀察別人的表現，客觀地檢討自己可以改進的地方。很多時候，表現是在不言中的。操之過急的表現顯出該人的心虛，效果適得其反。

英文能力

不管是中文或英文，能講能寫才能與人溝通，發揮團隊的力量，也才能有效地表現自己的能力。在現今的社會，能用英文溝通變成升遷的一個重要因素。我們需要用英文看論文，寫論文，聽演講，作演講，參加國際會議，和顧客溝通，和供應商談判等等。英文不好會吃虧。

英文好的方法無他，要把求進的心放上去。英文文法不難，而且很有邏輯，國人對數學特有天分，把這種邏輯的天分用在英文文法上是不難的。

我大學時用一個方法背英文生字，可以提供給大家參考。我準備了一本可以放在口袋裡的小冊子。讀到書本或報章雜誌遇到的生字就把它寫在小冊子上，每天記五個，第二天溫習昨天的五個生字，再加上五個新的。這樣過了幾天，就把熟了的字用新字取代。週而復始，幾年下來，累積了不少可用的字。

對華人來說，可能聽英語最難。我建議去看沒有中文字幕的英美電影或電視。對話則要多講，找到英語流利的朋友交談是最好的。否則，就大聲地自言自語，再聽自己的錄音，比對英語流利的人的錄音。

華人有幾個發音的瓶頸。

‘m’字的尾音：‘m’字放在母音前面的字，如Mary、man、many等都沒有問題，華人都可以唸得很正確。可是尾音常常會唸成‘n’。譬如team就會唸成tean、Samsung 會唸成Sansung。

‘n’字也沒有唸對，華人把它唸成‘恩’。應該唸成‘an’才對。我把自己名字中的‘Burn’拼給對方的時候，唸‘bee’、‘you’、‘ahr’、‘an’，會被寫為‘Burm’.，非得唸‘bee’、‘you’、‘ahr’、‘恩’，才能達到目的。

‘th’的發音應該用上下的門牙輕輕壓住舌頭發出來。有很多人不知道或不能掌握這方法，用‘s’和‘l’代替。因此that唸成lat、think唸成sink。

Airport會唸成‘elport’，應該唸成‘eh-er port’。

Long會唸成lone，應該唸成「羅翁」。

其實這些正確的發音都不難，難在要不要用心去糾正。

管理和被管理

每個人必定有老闆。老闆的用處在分配工作、提供資源、推薦加薪和升遷，並對上及對平行的單位溝通，讓他的團隊對公司有貢獻。我們跟老闆相處得好，工作會事半功倍，心情愉快。反之則事倍功半，影響工作的熱忱。我服侍過很多老闆，也當過不少人的老闆，不敢說毫無錯失，但是很用心，也累積了一些心得。在這裡跟讀者分享。

對待老闆的方法

老闆是一個很特別的身份。大部份的人對老闆又敬又怕，有些人表面上敬敬怕怕，但心理很不服氣，常常偷偷做他不喜歡的事。這樣的關係是不健全的。演變到這地步，雙方都要負點責任，需要把關係修補回來。

有一件毋庸置疑的事實，就是老闆多半對。這不是因為想討好老闆，而是因為他看到的大方向比我清楚，在大方向上他的資訊比我多。假使他的決定有點難了解，可以試著從他的觀點去思考。

一個委身委心的人，必定想把事情做好，可是他會傾向做最會做的事或最喜歡做的事。老闆在分配工作時，當然要考慮到各個下屬才能的配搭；無奈十全十美的團隊少有，他也有他的限制。所以工作要以需要為導向，不能受制於個人的好惡。做會做的事情當然很開心，對不會做的事情，應該當作學習的機會增廣自己。對不喜歡做的事，可以找出其中的樂趣，也可以用創意，把它增進為人人都喜歡做的事。

既使願意學習，有些工作是有限期的。到期不能交差，問題很嚴重。遇到這種情形，負責的人固然要全力以赴，但是千萬不能悶在心裡，到了限期讓老闆交不了差。要儘早讓老闆知道你能做和辦不到的，在還可挽救時，他可以幫你出些主意，或調動一些資源。你當然要讓他知道你如何盡了力，免得他以為你在偷懶或找藉口，也可以避免重複你已經做過的。

其實溝通是重要的關鍵，要拿捏得好。跟老闆溝通時要抓住重點，要有條理，免得浪費他的時間。如果你的老闆有十位直屬員工，還有他自己的事情和他的老闆要他做的事情，你能分到的時間原則上不到十分之一。當然事有緩急先後，和老闆溝通的時間是有彈性的，不必拘泥一定得在十分之一以下。

有些基督徒在工作心態上有點困惑。究竟屬世的工作在身為基督徒的心中有多重要？我們不是要盡心、盡性、盡意、愛主嗎？其實愛主跟努力工作沒有衝突，是互補的。我們因為愛主，要榮耀祂的名，所以要努力工作。況且我們受聘就是要委身委心，是要認真工作的。聖經中的提多書3章8節說：「信上帝的人從事正經事業是美事，而且與人有益。」只有當努力工作的目的是為了貪圖世上的榮華富貴，讓這些取代了上帝在我們心中的地位時，努力工作和愛主才會有衝突。

我們委身委心幫老闆為公司打拚，不需要感到虧疚。聖經中的以弗所書6章5－7節說：「你們作僕人的，要懼怕戰兢，用誠實的心聽從你們肉身的主人，好像聽從基督一般。不要只在眼前事奉，像是討人喜歡的，要像基督的僕人，從心裡遵行神的旨意，甘心事奉，好像服事主，不像服事人。」

我們可以甘心事奉肉身的老闆像事奉主一樣，除了有以下的情形：當我們的老闆或公司要我們做不合道德、不誠信的事、或聖經禁止的事，這就是你要作正確的決定，分出天上老闆和地上老闆先後次序的時候。若是老闆不講理，卻還沒有叫我們做不法的事，怎麼辦？我建議先從他的觀點去了解他的要求。若是真的不合理，他一定不會在位置上留太久。若是又不合理又可以久留，那就證明我和公司志不同、道不合，可以儘早分道揚鑣了。

帶領團隊的方法

我在「職場的基本心態」這篇文章提到，從學校剛進入職場有一個心態上的大差異，就是從個人主義轉為團隊精神。一位員工因為表現良好被升為經理人時，也必須有很大的心態調整。以前他必須守住崗位把公司託付的工作做好，現在被託付的工作多了一項以前沒有的，就是溝通正確的方向，適當地把工作分給下屬，為他們爭取資源，激勵他們的士氣，來達到一個團隊應該有的效率和效果。最常有的老心態就是看不起屬下的作法，會把屬下的工作搶來做，也會跟屬下爭功勞。

要知道你已經從同儕脫穎而出了，一個主要的原因是你做得比他們好，他們的作法你當然會覺得不夠好。

這時，你可以做兩件事情。若是他們做得不夠好，是因為不會你的方法，你可以想一個不傷他們自尊的辦法，把你那比較好的方法教會他們。若是他們的能力就只能做到現況，那就接受現實。好好地把他們的才能用在合適的地方，讓他們以長補短發揮團隊的力量。我在清華大學給學生考試時發現一件很有意義的現象。沒有一位考生能把所有的考題都做得十全十美，可是也沒有哪個考題能夠難倒所有的考生。做老闆的責任是讓你的屬下能互補，突破他們個人才智的極限。

跟屬下爭功勞是最不好的事情。你被升到新的層級，有更高的功勞等你去爭取。屬下的功勞你得幫忙他們爭取，給他們製造立功的機會、有立功的環境，而不是去搶他們的功勞。

一個好主管是願意和屬下溝通的，溝通是雙向的，主管要講也需要聽，他必須有耐心聽下屬的意見，肯接納好的意見，不嘲諷比較膚淺的意見。他當然必須講理，否則遲早會失去屬下。

用命令的方式領導團隊比較不需要花腦筋，可是產業界不是軍隊。在產業界，命令式是最低級的領導方式，這種領導人不尊重他人，不講理，不肯在管理技巧上求進，是不得人心的。在激烈爭取高能力員工的環境，這種領導人是很容易被淘汰的。好的領導人用智慧和榜樣領導，講理，肯聆聽，而且獎罰分明，力求公平，關心下屬，幫助下屬。公司越多這樣的領導人，越能吸收人才，越能發揮戰力，越能勝過競爭對手。

浸潤式微影——改變半導體業的發展方向

浸潤式微影，從45奈米的世代成為生產半導體的主流，到現在的7奈米，一共經過六個世代，其中有好些曲折的經過。要微影界放棄將近十億美元的投資，改用浸潤式，終究不是一件簡單的事！

一九八七年，我應邀在研討會中發表有關光學微影的論文。當時我演講的主題是有關「光學微影的藍圖，將來會碰到什麼瓶頸，有什麼方法突破這些瓶頸」。當光學微影的解析度提高時，景深會隨著下降；而且下降的速度會比解析度增加的速度快，遲早會碰到景深的瓶頸。我提出很多方法，並提出到了沒有其他方法時，浸潤式可以解決問題。一九八七年業界正要準備1000奈米的量產，我幫ＩＢＭ研發兩個世代以後的技術，也就是500奈米；那時還有很多方法可用，不需要浸潤式這牛刀。

從1000奈米到750、500、350、250、180、130、90奈米，半導體業者每一代都用了一些巧妙的方法過關。到了65奈米的世代，波長已縮短到193奈米，鏡頭的孔徑也到了0.93，各種有創意的方法已經把同樣波長及孔徑的解析度增加了超過兩倍，很難再有突破。13.4奈米的極紫外光（EUV）遙不可及（13.4奈米是當時的認知，現在改正為13.5奈米）。大家的希望都寄託在157奈米的波長上。

157奈米這波長很不好用。其中一個主要原因是這波長的穿透率很低，只有少數可用的介質是透明的，這波長一共有五個瓶頸需要突破：

(1)鏡頭的材料就是一個瓶頸。唯一有希望的介質是單結晶的二氟化鈣（CaF_2）。可是要做出20－30公分大小的完美結晶非常困難。拉結晶要很有耐心，整個過程需要約九十天。在這期間所需的溫度、拉速、震動、周遭的環境等都不能有任何變動。這麼長的學習週期，用數百個熔爐都無法改進學習的速度。

(2)感光物質的穿透率及耐蝕刻性，也令發展光阻的高手傷透腦筋。

(3)光罩的材料因二氟化鈣價錢太高，而且不耐用，只好用穿透率差的石英（quartz），對高準確度的成像有影響。

(4)在光罩的聚焦區以外的平面有一層透明的護膜，作用是擋開會附在光罩上產生影像瑕疵的微粒。在157奈米的波長發展不出既透明又能伸展的薄膜。用石英的硬片取代則產生無應力把硬片吸附在光罩上的難題。

(5)因為空氣中的氧氣會吸收157奈米的光，光經過的整個路徑必須只有氮氣，造成很多不便，會增加製造的成本，而且如果意外漏出太多氮氣會致命。

二〇〇二年二月，我受邀到SPIE的「國際微影討論會」作個全會眾出席（Plenary）的演講，其中一個要點是微影技術的下一步應該怎麼走。

我分析了157奈米和13.4奈米，不認為這兩個技術能及時解決問題，讓摩爾定律按進度邁進。這是我在一九八七年之後，再次提出浸潤式的可能性，並發表了浸潤式設備及操作的示意圖。有些聽眾聽進去了，其他的聽眾覺得浸潤式還是一個冷門的技術。

當年的九月，有一個針對157奈米的技術研討會，主持人邀請我去講浸潤式微影。他可能屬於在二月時把我的演講聽進去的聽眾；事隔七個月，想多聽一點我的想法。那天因為是157奈米的研討會，大家認為我要講用浸潤式繼續推進157奈米。其實我在二月還沒有提到浸潤式以前，已經說157奈米很難了，把浸潤式加到157奈米，不是難上加難嗎？

在MIT林肯實驗室的兩位研究員M. Switkes和M. Rothschild，在157奈米的浸潤式液體上作了很多研究，這些液體穿透率不高，又是油性，有些還會污染晶片。他們順便也量了水的折射率，得到1.46（這是當時的數據，後來他們小心再量測得到1.44），這是在193奈米波長的折射率。水在157奈米波長的折射率是量不出來的，因為不透光。

我看了1.46這數字很有感覺，因為水的折射率在一般的波長是1.3多。所以在一般波長下用水做浸潤式的介質只能改進百分之卅多，但若改成現在可用的最短波長193奈米，1.46的折射率特性，水能把解析度增加46%，這太好了。水又是半導體生產線上大量使用的液體，接受度不成問題。那兩位林肯實驗室的研究員沒有注意到水，可能因為他們專心想在157奈米上突破。我算了一下，157奈米只比193奈米短23%，換句話說，只能把解析度提高23%，用193奈米加水可以提高46%，幾乎是兩倍。因為波長只在水中變短為132奈米。光在進入水前的波長是193奈米，可以避開所有157奈米的困難，能改進46%，又容易被半導體業接受，真是天造之合，是上帝給半導體業的奇妙安排。這就好像上帝使冰的密度比水低，讓冰浮在水面上而使下面的水不容易結冰，這個物理現象可以保護魚類，是祂給生物界的奇妙安排。

接著我在研討會發表用水配合193奈米，能比乾式的157奈米多增進一世代，而且比後者容易開發。結果全場轟動。我演講後，所有交談的時間大家都在討論這個題目。更震撼的是在二〇〇四年的二月，有數千人聚會的SPIE「國際微影談論會」——就是我在二〇〇二年提到浸潤式微影的研討會——其中有一個以157奈米為主題的會場，雖然有文章發表，却沒有聽眾。193奈米浸潤式微影的會場卻擠滿人。

雖千萬人，吾往矣！

轟動歸轟動，要說服曝光機台的廠商研發並量產浸潤式機台卻困難重重。問題出在全世界的研發方向都朝向157奈米，不但有很多廠商和研發單位投注到這波長，而且全球對157奈米的投資遠超過十億美元；單單一家曝光機台的廠商號稱已投資超過七億多美元。他們覺得我在攪局，並想說服我的老闆阻止我。幸虧蔣尚義老闆很有見識，也相信我的能力，並沒有採取行動。

我和組內的同仁必須寫好幾篇論文，從理論的觀點證明浸潤式微影的可行性及優勢，並駁斥一些錯誤的負面看法。我們也及早申請了應該申請的專利，並繼續在國際技術討論會發表論文。最重要的是必須說服廠商提供機台。

因此我常奔跑荷、德、美、日各地作技術和商業的交談。這樣辛苦耕耘了一年多，在二〇〇三年的十月，我們到荷蘭作技術討論時，愛斯摩爾公司（ASML）給我們看剛剛趕出來的第一片用浸潤式曝光機在光阻上的成像。當然皆大歡喜。接著台積電和愛斯摩爾兩個公司用很多年的苦功，把機台和製程研發到可以把浸潤式微影駕輕就熟地用在量產上。

45奈米是用浸潤式技術量產的第一代，接著在全球，40奈米、32奈米、28奈米、20奈米、16奈米、14奈米、10奈米、7奈米，都靠浸潤式的技術生產。到了二〇一一年，台積電總收入的47%是用浸潤式技術生產的。當年台積電的總營收是170億美元。二〇一六年的總營收是320億美元，浸潤式技術生產的比例想必比二〇一一年的要高得多。二〇一七年的第一季，愛斯摩爾的季收中，浸潤式的機台佔74%。我個人也因此得到公司內外的很多認可。這是上帝賜給我「眼睛未曾看見，耳朵未曾聽見，人心未曾想到的恩典」。

如何創新，以及如何培養創新

創新是社會和產業進步的必要條件，也是國際、業際競爭成敗的一個重要關鍵。創新（innovation）此詞是一個很受推崇的用語，常見在很多文獻和口號中。創新的能力究竟是與生俱來的還是可以用心培養的？

先談談創意是怎樣引起的。是做白日夢產生的嗎？不太可能。大多數有用的創意是基於需要。有些需要是大勢所趨或是老闆交代下來，譬如兩年之內必須把半導體原件的面積縮小一倍。有些需要是敏銳的觀察力或強烈的好奇心帶出來的。

譬如當年吉萊特（King Camp Gillette）發明了安全刮鬍刀，是因為觀察到粗大鋒利的刀子刮鬍子的危險及不方便，結果花了六年的工夫，發展出薄又安全也便宜的安全刀片刮鬍刀。愛廸生說過：「我沒有一項發明是碰巧得來的。當看到一個值得鑽研的需要，我就一次又一次地努力，直到成功。這歸於百分之一的靈感和百分之九十九的汗水。」

魔鬼沾（Velcro）是瑞士工程師馬斯特羅（Mestral）注意到打獵時，他的獵犬和自己的衣服牢牢地沾上很多蒼耳屬植物（cockle-burs）的種子而去研究原因，接著發展出來的產品。創造魔鬼沾的關鍵在於有好奇心注意到別人不以為意的現象，再從這些現象去思考最有利的應用。

無論是為了需要而創新，或是為了新的用途去創新，愛廸生所講的99%汗水，不能靠蠻力，卻要靠智力和努力把心放上去。愛廸生提到：「憑著恆心、毅力、鍥而不捨的心情去做一件事，一定會成功的。」正是我常常努力去做的。

這些汗水要怎樣流？怎樣把心放上去？

在創意上找樂趣

「晝夜思想、廢寢忘食」是用心的最明顯現象之一，這是免不了的事，但是應該適可而止。培養創意需要精力，精力充沛需要健康的身體，包括營養、運動和休息。精力的發揮需要心無旁騖，把心情和家庭顧好以免分心。精力的使用需要有聚焦的時候，聚焦當然很費勁，所以要儲備才能衝刺，正像我們用電鑽鑽硬物時，在使勁壓著電鑽之後，應該放鬆，讓鑽速變快，鑽頭散熱之後再使勁，這樣周而復始，直到把硬物鑽通。

怎樣放鬆？可以站一站，喝口水，動一下眼睛（聚焦遠方，再近方，重複多次。這對防止近視或遠視都有幫助。我是受益者），走一走，打一個頓，甚至去睡一覺。發明週期表和發明縫衣機的人，都在睡夢中得到關鍵性的靈感。

當一個人智窮的時候，有兩三個人一起商量是很有幫助的，所謂「三個臭皮匠勝過一個諸葛亮」。凝聚兩三個人互補的特長、經歷和觀點所產生的力量是不容忽視的。我給學生考試，還沒有看到任何一位學生得到滿分，可是也沒有任何一個考題是全班都答錯的，把大家能答的分數加起來，就是滿分的。就是說一個人解決不了的難題，多一些人就能解決。這是業界和學校不一樣的地方。在考場被認為作弊的事情，在職場認為是1+1大於2。為了訓練學生團隊解問題，我的一些作業要求二至三位同學合做，才准繳交。

互助的力量不能忽略，前人的成果更不能浪費。在花太多心思去突破之前，務必弄清楚突破的底線在哪裡。要看看前人做到哪裡，用什麼方法，免得浪費時間複製前人的創作。

有時候用盡了方法還是得不到答案，不妨把題目改一改。便利貼原來的目的是要研發一種很牢固的貼膠。可是這一種膠就是粘著力有限。發明者靈機一動，何不利用它的特性創造便利貼。粘牢的膠很多，輕貼易撕的紙則是創舉。有一種肥皂比水輕，能浮在水面上，也是意外產生的。這特性被標榜為賣點，賣出了不少這種肥皂。

創意的應用很廣，不限制用在產品上。任何事情做得很繁瑣、很費力費時，就有發揮創意的機會。

每天塞車很辛苦嗎？有機會找一條新路線或改用別的交通工具。體重不斷增加嗎？一定能找出原因，對症下藥，改用新的食譜或作息的方式。洗熱水澡時，從熱水器先流來的冷水浪費嗎？可以想一個辦法利用這冷水。除濕機的水也可以不浪費。

創意能創造商機，也能讓創新者活得有意義和樂趣。愛迪生說：「有所成就是人生唯一的真正的樂趣。」成就包括事業上、家庭中和人生價值上的成就。對愛迪生而言，創新的成就是其中一個重要的因素。

教學八年領悟到的方法與快樂

我二〇一五年十一月從台積電退休。二〇一六年接受國立清華大學的邀請成為電機系光電所的特聘研究講座教授。後來又合聘到國立交通大學和國立台灣大學。在台積電任職時，我在台大開了兩次光學微影的課，二〇一六年後在清大和交大先後開過「創意微影」、「奈影精要」和「半導體微影」等課，一共累積了八年的教學經驗。很珍惜這些新的經歷。

我在IBM和台積電時，經常在國際研討會上發表論文，在公司內部也常演講或向不同階層的主管或同僚作報告，應該算是很有經驗的講員。這些經驗對講課當然有幫助，但仍需很大的調整，主要的分別在訊息傳達的深度和速度。我在國際研討會中也有授課，這些課稱為短課（short course）；有的課用4小時，另些課則8小時。我教8小時的短課會用到260張投影片，平均每小時33張。但是在清大授課，每小時只能用18張投影片，超過這個速度學生就吸收不了；其實，研討會上的短課，聽者也是吸收不良的，可是他們不需要吸收得那麼徹底。兩處對吸收程度的要求是不一樣的。

在老師寫黑板、學生抄黑板的時代，訊息傳遞的速度容許後者有時間邊抄邊思考。現在老師用投影片，每一張投影片包含的資料很多，若想把換投影片的速度降到寫黑板的速度，在實務上有困難。我的解決方法是在重要的地方仔細解釋，請同學們用心理解，然後把他們的理解扼要地寫在講義或筆記本上。碰到方程式時，我同樣地仔細解釋，請同學們用心理解，然後不看投影片，憑理解把方程式在筆記本或講義上重寫一遍。

我把微影學當作一個平台，教學生獨立思考，解決問題，發揮創意，並學習團隊合作。每學期第一次上課時我會告訴他們，大家對學習的共識是備課、聽課、複習，但要全部做到，應該是沒有足夠時間的。所以，我要求他們聽課時當場明白消化，有不清楚之處立即發問，下課後也可以問我或助教；和同學一起討論也很有幫助。為了鼓勵學生們學習合作，有些習題是設計給他們合作解答的。交上來的習題，必須有二至三位同學的名字我才接受。

有些習題繳交之後，我會請學生在課堂上示範，向大家解釋答案。我也鼓勵他們問問題。學生發問時，切記不要給他難堪，否則以後要他發問就會非常困難了。如果他問了一個不太高明的問題，可以探索他問這問題的原因，明白他的出發點，再引導他的思路。有時候不要立即把答案告訴他，可以一步步帶他接近一個合理的答案。一個問題往往有很多不同的解答、引起新的問題或啟發。我有時會拋出一個問題，請同學輪流回答、發問、或延伸出新的方向。有時我會提出一個需要突破的瓶頸，請同學當場發明突破的方法。往往一個解法會激發更好的解法。同學們七嘴八舌地提供他們的想法，得到brainstorming 的效果，老師也從心裡樂起來。

我把考試當作讓學生融會貫通的工具。考試前帶他們複習，讓他們在不明白之處有機會再次思考。考後，我會有一個解釋試題的時段，解釋正確的答案。其中，我多半會請對某一題答得最好的同學為大家示範。

教學的樂趣真不小。除了上述的快樂，每屆看到學生自告奮勇地給我書面的鼓勵，也是非常快樂的。我徵求過同意後，把一位同學給我的信節錄如下：

老師您好：

謝謝老師這學期的指導，我很高興能夠在清大最後一學期修到老師的課。這門課是我在清大收穫最多，也是最喜歡的一門課，課程內容豐富，連結當今半導體製造中最重要的微影關鍵知識跟技術，讓我學到多。此外，我也學到了在課堂上多思考多發問、積極回答、與學長姐合作與交流，以及認真審視考試的錯誤，糾正錯誤，讓自己更進前一步。

之前修過四、五門研究所的半導體技術的課程，課堂中，讓同學思考的機會較少，開放的很多問題，也都是有制式的答案。而老師教授這門課，讓我開始在課堂認真地思考老師提出的每一個問題，並捨棄只有一個正確答案的想法，使我的思考不再侷限，速度也變快。有時候還會被自己嚇到，沒想到原來自己也能想到這個方法或答案。

與學長姐的合作與交流，是從第一個作業開始的。以往跟研究所學長姐合作，因為專業知識與能力的落差，很常無法在對等狀態下分工，雖然盡全力積極參與，但參與感還是很低。這次是第一次在與學長姐合作中感受到對等，可以真正的提出意見與貢獻，從討論中修正，彼此一起成長。

訂正期中考的部分讓我印象最為深刻，以往的課程不會這樣，有些甚至不發回、不檢討考卷。雖然之前只要是發回來的考卷，我都會訂正錯誤，但並不會像這門課訂正地這麼徹底。期中訂正影響我很深，使我在期末考檢討的時候，也很積極聆聽講解，後來也有再跟助教進行發問，徹底修正自己的錯誤。

因為疫情的關係，後半學期無法實體上課有點可惜，原本我希望能在最後一堂課請老師在我的課本簽名以及穿學士服跟老師合照留念，不知道會不會有機會找老師簽名以及合照？……

成立半導體研究學院

清大籌辦半導體研究學院大約在二〇二〇年的下半年開始。我是在八月廿七日從清大陳信文副校長和奈米中心主任丘博文教授的來訪中，知道半導體研究學院的消息。看來產業界有需要，也跟政府會談討論過，很可能會成立，但是還有很多考量。

到了二〇二一年一月廿日，清大的賀陳弘校長邀我到校長室，告訴我半導體學院勢在必行，問我願不願當院長。我的反映是：要知道大家對學院和院長的期望，衡量能不能達到大家的期望。在三天後的一個會議中，我告訴大家我已超齡時，好幾位與會者告訴我高齡不是問題，因為教育部已經考慮過這問題，並為高齡鬆了綁。數次會議之後，我被任命為籌備處主任，著手籌辦半導體研究學院。學院正式成立後，我被選為院長。

有關半導體的課程，大部份在各系所中可以選修到，學院無需複製這些課程。而且學院每年僅招收80位碩士生和20位博士生，對整個台灣需要的數千近萬的人數，是杯水車薪；既使全台設立四個半導體學院也無濟於事。因此我覺得最重要的事是要把目標定對，免得浪費各界及政府的投資。我好幾次從睡夢中醒來，覺得因循固舊不是辦法。

與半導體學院有關的課程會散佈在各系所，是因為各院系的重點不同，這些系所也不覺得不好，反正產業界飢不擇食，把所有優秀的畢業生都聘到之後，他們再按需要去訓練。其實半導體學院可以有目的地把合用的課程整合起來，也把不足的課程補起來。譬有些三學分的課，可以保留其中有關的部分，剩下的時間可以用微學分的方式併入。如3學分＝1.5＋1＋0.5學分。學生需要學習原理，也應該知道產業界實際操作時的考量。

剛開始時，我請教授們按他們的認知——不管有沒有現成的課程——來建議半導體學院應該教的課程，也請產業界對這些課程提供意見。由這個方式列出來的課程不少。可惜研究生著重和教授做研究，修的學分並不多。所以學院應該和大學部配合，設立和半導體有關的系列課程。

我覺得學院應該培育學生做領導者，給他們領導者的裝備。他們除了會做研究之外，需要能和內行人或外行人溝通，知道如何和別人互助合作，也要有創意及能解決問題。

首先他們必須專精學院中元件部、設計部、製程部和材料部中的一部，成為該方面的專才。他學習了如何深入一門的研究本領，掌握該方面的運作。再者，半導體科技講究互助合作。某部的專才必須知道其他各部的要點，懂得他們的語言，以便互相配搭把事情做成；因此他也必須是通才。更者，半導體科技日新月異，進步很快也常有突變，這位專才和通才須很靈活，能解決新問題，也能開創新的方向和領域，成為一個活才。能建立新方向，先別人取得專利、讓人追趕，會比追趕別人事半功倍。

訓練專才是一般名校拿手的事，可是如何教通才？如何培養活才？

我希望元件、設計、製程和材料部，各有一門該部的導讀課，是每一位學生第一學期的必修課。有了這概觀之後，他們再去讚研自己部內的課。修了本部必修的課之後，剩餘的選修學分可以繼續深研自己部的題目，也可以修別部的。他們可以和導師商量做自己部或跨部的研究。

培育活才不容易，用靈活的方法因人施教才能培育出活才，需要每一位老師和學生都配合；個人有些淺見載於「教學八年領悟到的方法與快樂」這篇文章。

籌備處提早和產業界溝通這些想法，從他們和其他半導體學院老師的反應知道，這些想法是可接受的。接下來要把構想實行出來才有用。這需要教授們和學生們的認同和努力，產業界和政府的支持。實現這些構想需要時間，不可能一蹴而及，也需要各方面的協助和耐心。

我對學院的另一個願景是培育優秀的博士，讓他們有世界級的水準。台灣因為少子化，學齡的年輕人逐年減少。又因為業界的需要大，每年畢業的碩士已經供不應求。他們和家長們經不起短期入息增加的誘因，多數寧願選擇立即就業，不願意在學校多進修幾年，升級到更有潛力的資格。

其實以台積電為例，聘進的職等博士比碩士高兩級。碩士加入後升遷兩個職等的時間比修博士的時間長得多，就業之後很不容易有好幾年專心進修的時間，對長遠的升遷是比較不利的。

優秀的博士會刷清社會上以為只有被聘不上的人才去修博士的迷思。另一個迷思是洋博士比較優秀。這些迷思並非空穴來風，而是環環相扣的。優秀的學生因為這些迷思而出國修博士，也因為這些迷思他們不甘在台灣修博士。

如果我們使本地博士的形象提高到和加州柏克萊大學、史丹福大學、麻省理工學院同等，台灣的優秀學生就不必花那麼多錢離鄉背井到外國唸書，反而會有國外的學生來填補因少子化空出來的缺。這並不是辦不到的。

二〇一八年清大在QS對世界大學的排名是第六，和柏克萊大學同等，超過史丹福大學和麻省理工學院。儘管QS排名很重要，表示清大有好教授及合適教學和做研究的環境，但是最重要的還是清大博士生的表現。這是要努力去促成的。

我們必須吸引好的師資和學生，並得到業界和政府足夠的支持，同心用心去做。獎學金的多寡和修博士時間的長短對修博士的意願都有影響。能學得快的學生不要拖延他，能跳過碩士直接攻博士的，可以鼓勵他讀博士。

產業界的出資固然扮演重要角色，但不止於此。產業界可以派出一些高手和學院的老師一同授課和教導學生。這些時間和才能的投資會得到報酬的。很多製造、設計、測量的半導體設備非常昂貴，產業界可以想辦法給教授和學生有機會使用。

談到出資，產業界習慣細算成本，期望得到短期的回報。可是教育是百年樹人，不能操之太急。產業界能把所出之資幫助教授和學生做研究固然一舉兩得，但是若一時找不到教授做期望中的研究，也應該考慮到所出之資是為了幫助整個半導體科技的發展，而無須斤斤計較要悉數用在自己公司的利益上。

外一章

美好的記憶

我在台積電的退休晚會

我的職業生涯從一九七〇年二月二日到ＩＢＭ開始上班，到二〇一五年十一月一日從台積電退休，一共過了將近四十六年。其中在ＩＢＭ二十二年，在自行創業的「領創公司」一八．四年，最後在台積電十五．六年。

ＩＢＭ的董事長沒有為我的退休辦一個晚會，我也不可能為自己在領創公司辦晚會，唯有張忠謀董事長為我辦了一個惜別晚會。除了他和夫人及其他的副總伉儷，我們邀請了四位直接和我同工的處長和他們的配偶，加上我組裡的副處長和部經理及一些有音樂造詣的同仁。董事長委任多才多藝能言善道的孫又文處長籌劃整個晚會，當晚有室內弦樂團和鋼琴，提供全場的音樂和為各人的歌唱伴奏。

這晚會出現了一位特別來賓，就是退休不久的共同營運長蔣尚義。蔣營運長一度和劉德音、魏哲家兩位營運長，同是張忠謀董事長暨執行長以下，階級最高的三位領導人。他的位置雖高但平易近人，實事求是，是帶領研發團隊的好長官。我們經常稱他為蔣爸。十多年來，他在我台積電的生涯扮演很重要的角色。我推動的浸潤式微影，若沒有他的支持，可能會窒礙難行，無法推展。

回歸正題，我的退休晚會當日程序如下：

孫又文處長——是台積電的發言人，這個晚會的籌劃者及主持人——作了一個開場白。接著是張忠謀董事長和魏哲家共同執行長的致辭，然後大會播放有關我的生平的投影片，接著蔣尚義前共同營運長致辭，然後我組內的同事們提供了一個大、小提琴和鋼琴的三重奏，女高音獨唱，及兩首合唱的曲子。最後修慧和我合唱「我願傳講我是基督徒」，我獨唱「做那不可能的夢」（To Dream The Impossible Dream）。董事長送我紀念品，我陳述心聲，就結束這個難忘的晚會。

下面是三位長官給我的勉勵，在此節錄以作紀念。

張忠謀董事長：

我先為今天這聚會定一個調，今天主要為感謝Burn過去十五年來對台積電的貢獻。Burn是在二〇〇〇年加入台積電的，二〇〇〇年是台積電很重要的一年。那一年我們併購了世大跟德基。一年前，就是一九九九年，我們拒絕了IBM的邀請，加入他們的common platform。我們堅持自己做，因為加入就會過份倚靠他們，不能自立自主。我對拒絕有點担心。那時曾繁城做總經理，他跟我講，不參加肯定是對的決定。IBM邀請兩次不成，就去邀請聯電。那時候在做0.13微米，聯電在0.13微米之後就落後台積電了。

其實一九九七年也是非常關鍵性的一年。第一是Don Brooks走了。第二是我回來做CEO。其實我回來做CEO三次。二〇〇八年應該算是最後一次了。一九九七年第二波的人材開始進來。第一波的人材由FC（曾繁城）做代表，在座的好幾位像王建光、林錦坤、秦永沛、曾孟超等都是第一波的人才。第二波應該從左大川開始，左大川在一九九六年十二月進來帶領研發單位，後來調到行銷部門。

蔣尚義算是第三波。Burn是尚義請來的，二〇〇〇年Burn進台積電。那時候，他的微影團隊只有五十人左右。我剛剛問他現在有多少人，回答是將近七百人。0.13微米在Burn來的時候，是我們在technology的轉捩點。

我雖不能像英國首相邱吉爾對阿拉曼戰役（El Alemein）所說的："Before Alamein

we never had a victory. After Alamein we never had a defeat.”（在阿拉姆之前我們從未戰勝，在阿拉姆之後我們從未戰敗）來形容他，但是0.13微米確實是我們的轉捩點。我們跟聯電那時候是差不多的，可是0.13微米之後，我們就把聯電拋在後面。當然在十幾年以後我們又碰到一個很強的對手團隊。那是另外的故事，現在還沒有結束。

這幾年當中，Burn的建樹非常大。微影在半導體技術的邁進中扮演一個重要的角色。Burn是我們微影的功臣。Burn本身在學術界的地位也是蠻高的，他是美國國家工程院（US National Academy of Engineering）的院士，我想台灣很少人知道這工程院。美國是三億人口的國家。國家工程院有一千多名院士。台灣是兩千三百萬人口的國家，卻有兩百多名中央研究院院士。我可以告訴你，十個美國工程院的提名只選一個。Burn第一次被提名就選上了。他後來又是台灣的中央研究院院士。在台積電，他是唯一的中研院院士（註：董事長也是美國國家工程院的院士。他遠比我早。）

以上是他個人的學術地位。今天主要的目的是感謝Burn這十幾年對台積電的貢獻。假如沒有你和你所建立的團隊，台積電的微影不會有今天這規模。最後一點就是祝福你的退休生活。我很肯定你會有一個快樂的退休生活。

我們都感謝Burn十五年來對台積電的貢獻。謝謝。

魏哲家共同執行長：

董事長、夫人、FC（曾繁城）、夫人、Burn、Sue（黃修慧）、各位同仁大家好。其實禮拜四晚上，Mark（劉德音）要去美國看生病的母親時，他跟我說你能不能代我主持Burn的歡送會。我說當然可以。Mark微笑地說你必須講幾句話。我想現在是禮拜四嘛，還有禮拜五、六、日。不料禮拜五來了一個重要的客戶，就把這件事情忘記了。一直到了今天，我看到孫又文。她說你必須講幾句話，聽起來是董事長委派的任務。我就請她幫我寫幾句。她說不行，法說會可以，其他的會需要自理。

Burn的貢獻剛才董事長已經講了，主要在微影方面。我想再專注一點：在浸潤式微影的發明。Burn對台積電和工業界的影響非常巨大。這影響絕對不下於High K metal gate（高介電常數絕緣膜／金屬閘極）。坦白說，我並不是最佳的人來對Burn的成就有所講解。因為據我了解，所有的Ph.D對光學都很害怕，我也一樣。我只能講一點，就是Burn很了不起。Burn有多了不起呢？其實中央研究院幫我回答了這個問題——我的指導教授馬佐平教授今年終於被選上中央研究院的院士（編者按：Burn是一次當選）。

我在想：有個院士的師傅，我這個徒弟不算太差吧；當Burn被選上時，我覺得更高興非凡了，因為能當院士的老闆，我不是更厲害了嗎？

前幾天我跟Mark受邀跟Burn一起拍生活錄影片。我今年很榮幸跟兩位院士拍錄影片，很珍貴，我想我這一輩子會珍藏這兩段錄影片。

最後我在想：我參加了好幾次很重要而且很慎重的歡送會。各位知道怎樣定義很重要嗎？那要看誰參加這歡送會。今天有好幾位重要的人物都在這裡。上一回我參加的歡送會是蔣爸的。回來以後，我心裡就有好幾個感想。

剛開始的時候，我參加阿邦的歡送會。董事長讓阿邦去當TI-Acer的總經理，可是不到一年，阿邦就回來了。第二次就是蔣爸，我們幫蔣爸歡送完之後他又回來了。沒有關係，第三次還是蔣爸，再給他歡送一次。他又回來當董事長的顧問，所以這種來來回回，我已經不知道要說是很快樂或者依依不捨。

我不知道Burn會不會依此模式，但請Burn繼續跟我們保持聯絡，以免我們沒有辦法適應。在這個最後的時刻，我想再次表達我們這些Burn的同事，對Burn的敬意和謝意。

生活快樂，精神愉快。

蔣尚義前共同營運長：

董事長、Sophie（夫人）、Burn跟Sue還有各位朋友們，大家好。首先很感謝董事長邀請我參加Burn這個歡送會。在座的各位，你們開半小時的車子到這裡來。我坐了十幾個鐘頭的飛機來，所以我有這個特權在這裡講講幾句話。

剛剛董事長和執行長都已經把Burn的豐功偉業講得很多了，我不想重複。有一件事情不是每一位都曉得的。剛剛董事長講，在一九九九年時，我們決定不參加IBM，我的老闆曾繁城告訴我去找一些高手來。我第一個想到的是微影方面。我不認得Burn，但是我知道litho有一位中國人很厲害，想用什麼方法把他請過來。Tony（嚴濤南）認得他，符合聯絡他的條件，是Tony幫我聯絡的。所以我非常高興，也很意外能夠請到他。

我當時有兩點擔心：第一點，那時候Tony負責我們的微影。我請Tony找Burn，他會不會覺得老闆當得好好的，幹嗎要到外面找？可是我看得出來他非常非常真心，後來就成功了。第二點擔心：那時候我們的微影跟其他的模組（module）同一個部門，由梁孟松負責，要請梁孟松把微影分出來是一個風險。結果也非常順利，梁孟松一聽是Burn要來就毫不考慮地同意。他說要Burn隸屬給他，太不敢當了。所以也就很順利。

這都是Burn的聲望。

另外一個考慮就是，雖然他的技術這麼厲害，做研發的有技術非常好的，但是不喜歡管人，因為人比物理難搞。他到了不久以後，我發現Burn是一個非常好的經理，是很難找到的。我有時候到Burn的部門去走走，發現他們叫他Burn爺爺，叫我蔣爸，還有一位曾祖父（曾繁城）。這是對Burn很尊敬又很親切的稱謂。還有同事告訴我說：「我們是雅典，隔壁是斯巴達。」（隔壁就是梁孟松的模組，他們做事情的性質是差不多的。）這是很不同的認識。雅典是一個文明、民主，而且是一個很強的國家。事情都做得非常好。這就Burn做事的風格。

那時，我開玩笑地說：在公元前四百多年，雅典是被斯巴達滅掉的，是被斯巴達併吞的。

Burn給我印象最深的是，他能夠把要緊的事用數字很清楚地算出來。你能夠算出來，表示你了解什麼事情可以做，什麼事情不能做。他也開課。R&D和生產部門也可以來上課。建光和阿坤也記得這件事喔。我記得建光告訴我，生產部門的工程師來上Burn的課也收穫很多。所以他不但技術很好，是一個很好的經理，也是很好的老師。

後來我在二〇〇八年退休，也就是剛剛CC（魏哲家）講的。Burn說他二〇一〇年春天要退休。

然後，董事長二〇〇九年叫我回來。我第一件想到的事是Burn要退休了。我回來的第一件事趕快去找Burn，叫他不要走。我問退休以後要做什麼，他告訴我他要去傳教。Burn說他要去上神學院，其實他已在竹南勝利堂講道。我想他是真的計劃要去傳教。

我告訴他，你怎樣都不要走。他說有一個條件：要他不去傳教的話，他要董事長跟我答應接受他傳教。我說我自己可以答應，但只能轉告董事長。我真的向董事長報告，告訴他Burn很願意留下來，但是我們必須準備要接受他的傳教。我忘記董事長怎麼講。董事長未置可否，我也不敢問他。

Burn每次在教會講道，會很認真地先寫一份很清楚的稿子，會傳給我。對我來說，信教要有緣份，要有感動。我接受他傳教，但是我還沒有信。

現在，Burn，我還是非常謝謝你，你在台積為我們打拚了十五年。Sue我們也非常地謝謝妳，決定到台灣來陪他。希望你們退休過得美滿。

我知道他們兩位感情非常好。有一次晚上很晚的時候，我打電話到辦公室給Burn，結果他給我講了一句我認為很體貼的話。後來他告訴我Sue講好要打電話給他，他以為我是Sue。我不能告訴你們「他講了什麼」，但我知道他們的日子一定是過得非常幸福。

Burn，再次謝謝你。

退休心聲與臨別贈言

董事長、夫人：

謝謝董事長給我舉行這麼盛大的歡送會，這是終生難忘的。還有蔣爸、CC（魏哲家）、各位副總、各位同仁、各位來賓：

非常謝謝你們。我們都很忙。蔣爸從美國老遠飛來。有好幾位副總等一下還要趕去機場。Elizabeth（孫又文處長）和NPT的同仁們花了很多心血和時間來準備節目，我也非常地感謝。蔣爸的光臨對我是很榮幸的驚喜。我有一個感覺：蔣爸來台灣的行程和這歡送會有關，這些都令我深深地感動。

我在台積電一共工作了十五年六個月加六天，在我工作的生涯中佔了大約三分之一的時間。其他二十二年在IBM，還有九年在Linnovation（領創公司）——我自己在美國創辦的公司。Linnovation這字用Lin加上Innovation湊成，事實上比林書豪的Lin加insanity早很多。剛剛蔣爸說我能用數據支持我對科技的看法，這些數據是用Linnovation開發的軟件處理的。現在的微影技術比以前複雜，Linnovation的一些軟件已經不能勝任了。還堪用的軟件送給了台積電，變成了研發中心和工廠倚重的工具。

我在台積電這十五年，從數字上看是職涯的三分之一，可是在我心中的份量卻遠超過一半，比台積電的市佔率高。這是因為我在台積電認得的、並且有互動的高級主管，比在其他地方的要多很多。在台積電會做事、肯做事、頭腦清楚的人的密度，也比其他地方要高。假使我自己有什麼成就，受大家這麼好的薰陶是原因之一。

我的薰陶從董事長開始。

有一次他在會中告訴我們說，在台灣創業的一個動機是要證明誠信操守在東方社會是可行的，令我很尊敬。二〇〇〇年景氣很好，到了二〇〇一年董事長踩煞車，說不景氣即將來臨。後來證實董事長的先見，帶我們度過一關，令我很佩服。

後來從Integrity出發，我在自己的處中推行互尊、互信、互助，都是誠信操守帶出來的；在今天的很多投影片中常看到這些標語。互尊是不傷害別人的自尊心，避免他在眾人面前難堪，免得他士氣消沉，降低工作意志和工作熱誠，並且不願意幫助別人。

另外一種互尊是尊重同伴的工作成果，離職時不把團隊辛苦做出來的成果帶走，既使是自己為公司創造出來的東西，也要尊重這種屬於公司的智慧財產。互信是建立公平、公正、不徇私、不和屬下爭功的信譽。有了這些互信，才能放心的互相幫助，讓團隊達到1+1遠大於2的成果。

剛剛講到我在職業生涯所經過的年數。我人生中經過最長的年數不是職場的四十六年，更不是上學的二十四年。結婚的四十八年最接近，但也不是。

我十四歲時，便從極力反對基督教做了一個一百八十度的改變，接受耶穌基督做我的救主，一共已信了五十九年。這是我平生經過最長的階段。如果生命像放電影一樣可以重來一次，讓我在知道結果之後重新做一個選擇，我會毫不猶豫再選擇耶穌基督做我的救主，像我會再選修慧做我的妻子、台積電和IBM做我的公司一樣。有信主這麼好的東西，我不能不跟大家分享，尤其在這臨別秋波，以後和大家見面的機會減少了。

其實台積電和各位同仁在董事長的薰陶之下，心態和行為越來越像基督徒。大家的誠信操守和智慧都是世界級的。那我們跟有永生的基督徒的分別在哪裡？主要在有沒有口裡承認、心裡相信。

承認什麼？承認耶穌基督是我們的救主。相信什麼？相信主耶穌從死裡復活。哦！這就難了。死人怎麼會復活？林本堅這個美國工程院和中央研究院的院士，怎麼會相信這麼不科學的東西？其實我是用台積電最拿手的方法去驗證主耶穌的復活。

在台積電，問題發生後我們會去找根本原因（root cause），有時根本原因一時找不到，我們會接受有說服力的實驗結果來建立 Best Known Method（已知的最好結果）等等。主耶穌復活的根本原因在神愛世人，甚至用祂的獨生子耶穌在十字架上的所受的刑罰為我們贖罪，主耶穌釘死之後第三天，無所不能的上帝叫祂復活，作我們每一個人復活享受永生的開路先鋒。

可是有說服力的實驗結果在哪裡呢？耶穌被釘時，他的門徒躲的躲，逃的逃，大弟子彼得甚至三次不認祂。這些人覺得他們的老師被處死，自己的生命也陷入險境，根本不可能去傳教。過了三天，他們看到復活的耶穌，心態才完全改變。這些懦夫再也不怕死了，從此心裡相信，口裡承認，有永生的盼望。因此基督教才被傳開，變成世界最大的宗教。

我現在就把這經過時間驗證、上帝最好的禮物介紹給大家，希望我們從同事轉為朋友，更轉進為主內的弟兄姐妹。我信主後的五十九年怎樣維持生命？肉體的生命靠吸取足夠的營養，有適當的運動，靈活地運用頭腦。屬靈生命的成長靠讀聖經（神的話），明白神的話，操練祂的話，傳講祂的話，並經常禱告來吸取養份等等。到教會聚會和弟兄姐妹互動當然對靈命的成長很有幫助。像在台積電一樣，個人的效果有限，用團隊的力量就戰無不勝，事無不成。

我非常感激董事長給我開的歡送會，董事長和劉德音共同執行長給我很多特別的考量，人事部給我數不清的各種協助，各位副總們在百忙中抽空來一齊慶祝我的退休。請記得這一切如果沒有蔣爸把我聘進台積和給我機會，是不可能發生的。

在座有很多是奈米製像技術的同仁。他們花了很多心思和時間來跟我惜別。常常有人跟我說我的退休對台積電是一種損失。不會的！十五年來我本著雇用、栽培比我更有潛力的人為原則，為台積電組了一個世界級的微影團隊，將來會有幾百個比林本堅更厲害的人在台積電。

這團隊裡有很棒的、有創意、有遠見的同仁，有又會理論和做實驗的高手，有能夠解決世界級難題的天才，有克苦耐勞、任勞任怨的工程師。我對台積電最大的牽掛就是不要讓他們流失，讓台積電能繼續保持世界領先的地位。

切記要互尊、互信、互助。

珍重再見！不要忘了除了努力工作之外，還要努力奔跑天路！
期待我們是同事→同友→同主。

我最喜歡的兩首歌，和感人的臨去秋波

〈我願傳講我是基督徒〉是修慧和我很喜歡唱的詩歌，這詩歌道出我們對自己信仰的態度，和負起的使命。

我願傳講我是基督徒，靠祂的名不以為恥；
我願傳講我是基督徒，我與祂同行任何地。
對世人說耶穌拯救我，祂又賜給我新的生命；
我深知你若願信祂，祂也必賜你新的生命；
對世人說祂是我救主，無人像祂如此愛我；
我的生命已完全屬祂，任祂差遣我，我必去。

我願傳講祂必要再來，既在近處也在遠地；
應當儆醒等候祂再來，或許是明日或今日。
當祂再來，生命將過去，但信靠祂的必得永生；
祂為你也為我預備，眼未曾見的一切豐盛。
快向人說你是基督徒，靠祂的名不以為恥；
快向人說你是基督徒，祂與你同行任何地。

"The impossible dream"是電影夢幻騎士（Man of La Mancha）的主題曲。這曲子和我做事的態度非常相似。我花了九牛二虎之力把歌詞背下來，從八〇年代唱到現在。

To dream the impossible dream, 做不可能之夢，
To fight the unbeatable foe, 戰不能敗之敵，
To bear with unbearable sorrow, 忍不可忍之悲，
To run where the brave dare not go; 赴勇者懼之陣；
To right the unrightable wrong, 正那正不了的錯，

To love pure and chaste from afar,
To try when your arms are too weary,
To reach the unreachable star!
This is my quest to follow that star,
No matter how hopeless, no matter how far,
To fight for the right without question or pause,
To be willing to march into hell for a heavenly cause!
And I know, if I'll might only be true to this glorious quest,
That my heart will lie peaceful and calm when I'm laid to my rest.
And the world will be better for this,
That one man, scorn and covered with scars,
Still strove, with his last ounce of courage,
To fight the unbeatable foe,
To reach the unreachable stars!

追求遙遠真純的愛，
雙手疲累時繼續努力，
要搆那搆不著的星星！
追隨那星是我的渴望，
無論多渺茫，不管多遙遠，
為正義而戰，無須存疑或遲疑，
為成全天意，願進軍地獄。
深知我若對這榮耀的渴望忠心，
長眠時我的心必詳和寧靜。
世界必要變得更好，
因為有人被嘲笑，佈滿創傷，
仍然用他僅存的勇氣，
戰不能敗之敵，
去搆那搆不著的星星！

感人的投影片

退休慶祝晚會中播了一段投影片，是我的秘書沈明昭歷年來收集的照片及相關的同事提供的。她很用心，想到很多我沒有料到的。以下是這些投影片的片語，只是很可惜，在此無法原音重現當時感人的畫面和動人的音樂。

半導體技術突飛猛進的革命性技術。他的每一個研究成果都領先世界一步，在全球半導體產業裡動見瞻觀。他輔佐台積公司奠定技術領先的地位。

✣

一如他的英文名字Burn，一路走來他總是盡情地燃燒自己照亮周遭的所有人。出生於一九四二年越南西貢附近的堤岸市，十六歲那年帶著一位長輩送的相機和滿滿的期望與祝福，隻身來台就讀新竹中學，開始了此後六十年與台灣不解的緣分。台大畢業後在美國俄亥俄州立大學取得博士學位。此後四十六年的職業生涯對光學的熱情從未稍減。

✣

五十八歲那年，這位次微米光刻技術世界級權威加入了台積公司這個大家庭。當時半導體產業從193奈米到157奈米的製程上，出現了難以突破的瓶頸與極限，精通微影技術的Burn，獨排眾議摒除當時蔚為主流的乾式製程，以水為介質，發表「浸潤式微影」技術，透過水的折射將波長一舉減少到134奈米，不但比預定的157奈米更短，同時節省製程成本。此舉也幫助台積公司站上主導業界規格的風頭浪尖。「浸潤式微影」技術一直沿用至今，奠定台積公司領先業界的基礎。原本預估會在28奈米製程達到極限，但在Burn的持續突破下，目前已可應用到10奈米製程，為台積公司與全球半導體業界拓展出前所未見的新天新地。

IEEE Fellow、SPIE Fellow、NAE Member、台積電傑出科技院士、中研院院士、工研院院士、琳瑯滿目的頭銜彰顯了Burn在半導體研究的崇隆地位，卻沒有掩蓋他職業生涯的另外一面。他看起來像個老師多過於像個科學家。他可以把艱澀的半導體技術以淺顯的比喻深入人心。他在攝影、運動方面的深厚素養，啟發教育了接觸他的年輕晚輩（展示八張Burn拍的照片）。他的音樂涵養告訴我們，理性與感性可以在一個人身上並存。他堅定的信仰和信念為我們揭示了什麼是美好的見證。他不遺餘力於提攜幼苗，鼓舞一代又一代的年輕人。他的教育家氣質與他敦厚的處世之道，一樣令人折服。他在家庭、工作、信仰三方面的完美平衡，教育了許多一工作起來就玩命的科技人。他看著你的眼光可以讓最煩躁的心平靜下來。他舉重若輕誨人不倦，以柔克剛、以德服人。

✣

正因為留下的資產如此貴重，讓我們能笑中帶淚地揮手，歡送Burn卸下工作的重擔，開展人生的下一段美好旅程。Burn，台積的茁壯有你的付出。台積的每個角落都留下你孜孜矻矻的身影，台積人的心底都有你留下的溫暖，且讓我們放下不捨的心，祝福您此後的人生路有更多繁花似錦，因為我們知道您與我們並肩作戰的歲月，走過的路途，留下的典範，已鐫刻在台積的史冊裡，從此不朽。

（全書完）

國家圖書館出版品預行編目資料

把心放上去：「用心則樂」人生學（增訂版）／林本堅作. -- 二版. -- 臺北市：啟示出版：英屬蓋曼群島商家庭傳媒股份有限公司城邦分公司發行, 2022.05
面；　公分. --(智慧書系列；11)

ISBN 978-626-95790-7-5

1.CST: 臺灣傳記　2.CST: 自我實現

177.2　　111004688

啟示出版線上回函卡

智慧書系列

把心放上去：「用心則樂」人生學（增訂版）

作　　者／林本堅
責任編輯／彭之琬
版　　權／吳亭儀、江欣瑜
行　　銷／周佑潔、周佳葳
業　　務／黃崇華、賴正祐
總 經 理／彭之琬
事業群總經理／黃淑貞
發 行 人／何飛鵬
法律顧問／元禾法律事務所王子文律師
出　　版／啟示出版
臺北市 104 民生東路二段 141 號 9 樓
電話：(02) 25007008　傳真：(02)25007759
E-mail:bwp.service@cite.com.tw
發　　行／英屬蓋曼群島商家庭傳媒股份有限公司城邦分公司
台北市中山區民生東路二段141號2樓
書虫客服服務專線：02-25007718；25007719
服務時間：週一至週五上午09:30-12:00；下午13:30-17:00
24小時傳真專線：02-25001990；25001991
劃撥帳號：19863813；戶名：書虫股份有限公司
讀者服務信箱：service@readingclub.com.tw
城邦讀書花園：www.cite.com.tw
香港發行所／城邦（香港）出版集團
香港灣仔駱克道193號東超商業中心1F　E-mail: hkcite@biznetvigator.com
電話：(852) 25086231　傳真：(852) 25789337
馬新發行所／城邦（馬新）出版集團【Cite (M) Sdn Bhd】
41, Jalan Radin Anum, Bandar Baru Sri Petaling, 57000 Kuala Lumpur, Malaysia.
電話：(603) 90578822　傳真：(603) 90576622
Email: cite@cite.com.my
封面設計／李東記
排　　版／邵麗如
印　　刷／韋懋實業有限公司

■ 2018 年 3 月 29 日初版
■ 2023 年 1 月 6 日二版 2 刷
定價 480 元

Printed in Taiwan

城邦讀書花園
www.cite.com.tw

 ISBN 978-626-95790-7-5